청소년이 꼭 알아야 할

시사이슈 *2026*

청소년이 꼭 알아야 할

시사이슈 *2026*

초판 1쇄 발행 2025년 11월 25일

지은이 김남중 외 10명
펴낸이 이경민

편집 오경희
디자인 이재호

펴낸곳 (주)동아엠앤비
출판등록 2014년 3월 28일(제25100-2014-000025호)
주소 (03972) 서울특별시 서대문구 월드컵북로22길 21, 2층
홈페이지 www.dongamnb.com
전화 (편집) 02-392-6901 (마케팅) 02-392-6900
팩스 02-392-6902
이메일 damnb0401@naver.com
SNS

ISBN 979-11-6363-630-4 (04300)
　　　　979-11-87336-67-9 (세트)

* 원고 작성 기준은 2025년 10월 31일입니다.

청소년이 꼭 알아야 할
시사이슈 2026

김남중 외 10명 지음

동아엠앤비

"2025년 주목받은 이슈에는
어떤 것이 있을까?"

기자들은 분초를 다투며 이슈를 쫓는다. 이슈를 놓치거나 잘못 짚으면, 말 그대로 망한다. 독자들이 바로 등을 돌린다. 기자는 이슈에 가장 민감한 직업일 수밖에 없다. 정치, 경제, 사회 등 우리 삶의 전 영역에서, 그것도 최일선에서 치열하게 이슈를 쫓는 현직 기자들이 올해도 어김없이 뉴스의 바다에서, 살아 꿈틀거리는 '대어' 이슈 11개를 건져 올렸다. 열띤 논의에 논의를 거쳐 '청소년이라면 이것만은 꼭 알아야 할' 11개 이슈를 선정했다.

●●● 비상계엄과 탄핵

2025년은 12·3 비상계엄에 이은 대통령 탄핵 정국으로 시작됐다. 6월 대선 때까지 비상계엄, 내란, 탄핵, 대선이 모든 이슈를 집어삼켰다. 비상계엄 블랙홀 소용돌이 속에서 대한민국이 요동쳤다. 21세기 선진국 반열에 오른 민주주의 대한민국에서 비상계엄은 어떤 의미를 지니는 걸까? 두 번의 대통령 탄핵은 역사에 어떻게 기록될까?

●●● 개헌

12·3 비상계엄으로 제왕적 대통령제의 폐단이 다시금 지적되면서 개헌 논의가 급부상했다. 1987년 6월 항쟁으로 도입된 '대통령 5년 단임제(87년 체제)'를 끝내고, 새로운 시대에 맞는 새로운 정치 체제를 구축해야 한다는 내용이었다. 대통령 4년 중임·연임제, 의원내각제 등 여러 개헌안이 쏟아졌다. 새로운 헌법에는 어떤 내용을 담아야 할까?

●●● 관세전쟁

도널드 트럼프 미국 대통령은 2025년 1월 취임 이후 미국 산업 부흥을 위해 '관세' 카드를 꺼내 들었다. 트럼프 대통령은 피아를 구분하지 않고 무차별적인 고율의 관세를 퍼부었다. 대중 견제를 위해 중국산 제품에 고율의 관세를 부과하자 이에 중국이 반발하며 보복 관세로 맞대응하면서 '관세·무역 전쟁'이 격화했다. 두 강대국의 틈바구니에 낀 한국은 어떤 전략으로 관세 파고를 넘고 국익을 지켜 낼 수 있을까?

●●● 상법 개정

1·2차 상법 개정안이 통과됐다. 기업 이사의 충실 의무 대상 주주로 확대, 대주주 의결권 제한, 집중투표제 등이 핵심이다. 자사주 소각 의무화를 골자로 하는 '더 더 센' 3차 상법 개정안도 시행될 가능성이 없지 않다. 상법 개정안은 통과 전후 논란이 뜨거웠다. 코리아 디스카운트를 해소하고 한국 증시를 '밸류 업'할까? 아니면 기업 경영 활동을 옥죄고 국내 기업을 기업 사냥꾼의 먹잇감으로 전락하게 할까?

●●● 소비쿠폰

2025년 7월 전 국민에게 '민생회복 소비쿠폰'이 지급됐다. 1인당 15만~55만 원이 두 차례에 걸쳐 제공됐다. 취약 계층의 빚을 탕감하는 '신용사면'도 추진됐다. 7년 이상 된 5,000만 원 이하 빚을 탕감해 주는 게 골자다. 전 국민에게 현금을 나눠 주고, 연체된 빚을 탕감해 주면 침체된 경기가 되살아날까? 아니면 정치적 의도를 지닌 포퓰리즘 정책인 걸까?

●●● AI 패권 경쟁

인공지능(AI)이 21세기 세계 패권을 좌우하는 힘으로 떠올랐다. G2인 미국과 중국은 AI 왕좌를 놓고 말 그대로 'AI 전쟁'을 펼치고 있다. 우리나라도 AI 전쟁에서 살아남기 위해 국력을 쏟아붓고 있다. AI가 일상이 되고 진화를 거듭한다면 세계는 어떻게 바뀔까? 유토피아가 될까, 아니면 디스토피아가 될까?

●●● 스테이블 코인

도널드 트럼프 미국 대통령이 스테이블 코인 제도화 법안인 '지니어스 법안'에 서명하면서 스테이블 코인이 디지털자산 생태계의 빅이슈로 떠올랐다. 달러 기반 스테이블 코인이 암호화폐의 기축통화 역할을 하게 된다면 현 금융 생태계엔 어떤 영향이 있을까? 우리에게 득이 될까, 실이 될까?

●●● 중동전쟁

2025년 6월 13일 새벽 이스라엘이 이란의 핵과 군사 시설 등지에 기습 폭격을 퍼부으면서 중동의 화약고가 터졌다. 미국이 개입하면서 중동의 두 군사 강대국의 전쟁은 12일 만에 일단락되긴 했지만 중동의 권력 지형에 지각변동이 일어났다. '12일 전쟁'으로 불리는 이스라엘과 이란의 충돌은 어떤 의미를 지니고, 그 파장은 어느 정도일까?

●●● 검찰 개혁

2025년 9월 26일 국회에서 검찰청 폐지를 포함한 정부조직법 개정안이 통과되면서 78년 만에 검찰이 역사 속으로 사라지게 됐다. 검찰청 폐지 골자는 수사와 기소 분리다. 검찰청을 공소청과 중대범죄수사청(중수청)으로 분리해 기소는 공소청, 수사는 중수청이 맡는다. 수사와 기소가 완전히 분리되면 어떻게 될까? 인권이 신장되고 범죄가 줄어들까, 아니면 그 반대가 될까?

●●● 노동 개혁

주 4.5일제, 정년 65세 연장, 노동시장 유연화, 노동시장 이중구조 해소…. 노동 개혁 이슈다. 이재명 정부 출범 이후 '노란봉투법' 공포, '산재와의 전쟁' 선포 등 재계와 노동계에 변화의 바람이 몰아치면서 노동 개혁 논의도 급물살을 타고 있다. 주 4.5일제가 도입되고, 정년이 기존 60세에서 65세로 연장되면 우리의 삶은 어떻게 달라질까? 축복일까, 재앙일까?

1ST
WEEK
T NO. 1

billboard

HOT
100

●●● 케데헌 신드롬

넷플릭스 애니메이션 영화 「케이팝 데몬 헌터스(케데헌)」가 글로벌 흥행 돌풍을 일으키면서 역설적으로 K콘텐츠의 본질에 대한 의문이 제기됐다. 케데헌 제작사도 배급사도 외국이고 작곡가와 가수, 감독도 엄격히 따지면 외국인이다. 그런데도 케데헌을 K콘텐츠라 할 수 있을까? 케데헌으로 가상 아이돌 시대가 열렸다고 하는데, 가상 아이돌이 K팝 시장의 새로운 주류 문화로 떠오를 수 있을까?

김승훈

NO.1

ARTIST
HUNTR/X: EJAE,
AUDREY NUNA

차례

01

비상계엄과
탄핵

강병철

서울신문 기자

《서울신문》 정치부장. 서울대 국어국문학과를 졸업하고 같은 학과 대학원에서 석사학위를 받았다. 2008년 서울신문에 입사한 뒤 정치부 국회팀과 외교안보팀, 사회부 법조팀, 문화부 등을 거쳤다. 2018~2019년 서울신문 공정보도위원회 간사, 전국언론노조 민주언론실천위원으로 활동했고, 미디어 문제에 대한 꾸준한 관심을 바탕으로 『프리한 10대 미디어 프리』『슬기로운 뉴스 읽기』『나쁜 기자들의 위키피디아』 등을 썼다. 2023년부터는 1년간 미국 조지워싱턴대학교에서 방문연구원으로 공부했다. 한국기자협회 '이달의 기자상'을 수차례 수상했고 국제앰네스티 언론상, 유권자가 뽑은 총선보도상 등도 받았다.

©대통령실

12.3 비상계엄과 대통령 탄핵, 국민주권정부의 탄생

2024년 12월 3일 밤 10시 23분, 윤석열 대통령은 예정에 없는 대국민담화를 발표했다. 당시 야당이던 더불어민주당(이하 민주당)의 비협조적이고 일방적인 행태를 지적하던 윤 대통령은 "북한 공산 세력의 위협으로부터 자유대한민국을 수호하고, 우리 국민의 자유와 행복을 약탈하고 있는 파렴치한 종북 반국가 세력들을 일거에 척결하고, 자유 헌정질서를 지키기 위해 비상계엄을 선포합니다."라고 선언했다. 1981년 이후 44년 만에 대한민국 역사에 비상계엄이 다시 등장한 순간이었다.

이후 대한민국은 대통령 탄핵 심판과 대통령 선거를 거쳐 이재명 대통령의 '국민주권정부'가 출범할 때까지 수 개월간 격랑에 휘말린다. 윤 전 대통령은 왜 갑자기 비상계엄을 선포했고, 비상계엄은 어떻게 대통령 탄핵으로 연결되었을까? 그리고 21대 대선은 어떻게 진행되었으며 국민주권정부의 출범은 어떤 의미가 있는 것일까?

◆ 헌법도 계엄법도 어긴 비상계엄, 6시간 만에 해제

비상계엄은 전쟁과 같은 특수하고 제한된 상황에서 국가 질서를 유지하기 위해 군을 중심으로 나라를 운영하는 체제를 의미한다. 평소 군의 임무는 외부의 적으로부터 나라를 지키는 일이다. 하지만 계엄 상황에서 군은 평시에 경찰이 담당하는 치안과 질서 유지를 맡는 것은 물론, 각종 정부 부처와 심지어 법원에 대한 지휘, 감독 권한까지 가진다.

우리나라 역사에서 계엄령은 윤 전 대통령의 12.3 비상계엄까지 포함하면 총 17회 선포되었다. 1948년 여수·순천 사건을 시작으로 1950년 6.25전쟁, 1961년 5.16 군사쿠데타, 1979년 10.26 사태 전후 등이다. 12.3 비상계엄 직전 계엄이었던 1979년 계엄령은 처음에는 부마민주항쟁이 벌어진 부산 지역에만 선포되었다. 그러다 박정희 전 대통령이 서거한 10.26 사태(1979) 이후 제주를 제외한 전국으로, 이듬해 5.18 민주화운동(1980) 직전에는 대한민국 전 지역으로 계엄령이 확대되었다. 이 계엄령은 총 450일 동안 이어진 뒤 1981년 1월에야 해제된다.

━● 역대 주요 비상계엄 선포 사례

차례	이름	비상계엄 선포일	비상계엄 선포 이유
1	이승만	1948년 10월 25일	여수·순천 사건
2	이승만	1948년 11월 17일	4.3사건
3	이승만	1950년 7월 8일	6.25전쟁
4	이승만	1952년 5월 25일	부산정치파동
5	이승만	1960년 4월 19일	4.19혁명
6	박정희	1961년 5월 16일	5.16군사정변
7	박정희	1964년 6월 3일	6.3항쟁
8	박정희	1972년 10월 17일	10월유신
9	박정희	1979년 10월 18일	부마민주항쟁
10	최규하	1979년 10월 26일	10.26사건
※ 신군부, 1980년 5월 17일 계엄 확대, 1981년 1월 24일 해제.			
11	윤석열	2024년 12월 3일	야당의 계속된 탄핵소추안 발의, 감액 예산안 강행 처리.

특수한 상황에 국가의 안정을 유지하기 위해서라고는 하지만 군이 행정부와 사법부를 지휘·감독하는 막강한 힘을 가지면 당연히 국민의

기본권을 침해할 우려는 커진다. 5.18 민주화운동 당시 광주에서 벌어진 학살과 인권침해가 단적인 사례다. 그래서 우리나라 헌법과 계엄법 등은 계엄 선포의 조건과 절차를 까다롭게 정해 놓았다.

헌법 제77조 ①항에 "대통령은 전시·사변 또는 이에 준하는 국가비상사태에 있어서 병력으로써 군사상의 필요에 응하거나 공공의 안녕질서를 유지할 필요가 있을 때는 법률이 정하는 바에 의하여 계엄을 선포할 수 있다."라고 명시되어 있다. 계엄은 전쟁이 일어나거나 전쟁과 다름없는 대혼란 상황에서만 선포할 수 있다는 뜻이다. 계엄령을 영어로 "마셜 로(matial law)"라고 하는데, 이 역시 '전쟁이 벌어졌을 때의 법'이라는 의미다.

2024년 12월 3일 대한민국은 알다시피 전쟁 상황이 아니었다. 대통령의 대국민담화에도 전쟁 이야기는 없었다. 대신 그는 야당이 정부 출범 이후에 장관과 감사원장 등 총 22건의 관료 탄핵소추안을 발의한 점, 2025년도 예산을 대거 삭감한 점 등을 근거로 "국회는 범죄자 소굴이 되었고, 입법 독재를 통해 국가의 사법·행정 시스템을 마비시키며, 자유민주주의 체제의 전복을 기도하고 있다."라고 주장했다. 야당의 '폭거'를 비상계엄의 근거로 제시한 것이었다.

게다가 윤 전 대통령은 계엄 선포 전 국무회의 절차도 제대로 거치지 않았다. 계엄의 선포와 시행, 해제 절차 등을 규정해 둔 계엄법(2조 5항)에는 "대통령이 계엄을 선포하거나 변경하고자 할 때는 국무회의의 심의를 거쳐야 한다."라고 되어 있다.

비상계엄 선포 직후 계엄사령관으로 임명된 육군 참모총장 박안수 대장은 '포고령 1호'를 공포했다. 국회와 정당 활동, 집회, 시위 등 일체의 정치 활동을 금하고, 모든 언론과 출판은 계엄사령부가 통제하며, 포고령을 위반한 자는 처단한다는 내용이었다. 아무리 계엄 상황이라 할지라도 군이 입법부(국회)를 통제하는 건 불가하지만, 계엄사령부는 이런 포고령을 발표하고 군대까지 국회로 출동시켰다.

당시 대다수 국민과, 야당 국회의원들은 물론 여당 국회의원들 사이에서도 계엄 선포는 "아닌 밤중에 홍두깨"라는 반응이 많았다. 국회는 계엄 선포 2시간여 뒤인 2024년 12월 4일 새벽 1시 1분에 계엄 해제 결의안을 가결했다. 그때 국회에는 계엄 해제 논의를 막기 위해 특전사 병력 200여 명이 헬기를 타고 와 투입되었고 경찰들이 주변을 통제하고 있었다. 그러나 계엄 선포 소식을 듣고 국회에 몰려든 시민들이 길을 터 주었고, 국회 보좌진과 당직자 등이 본회의장 앞에서 군인들을 막아 냈다. 이 과정에서 우원식 국회의장을 비롯한 상당수 국회의원이 국회 담장을 넘어야 했다.

그 결과 총 300명 국회의원 가운데 본회의에 참석한 190명 전원 찬성으로 계엄 해제 결의안은 통과되었다. 헌법 제77조 ⑤항은 "국회가 재적의원 과반수의 찬성으로 계엄의 해제를 요구한 때에는 대통령은 이를 해제하여야 한다."라고 규정하고 있다. 국회가 계엄 해제 결의안을 처리하자 투입되었던 군대는 순차적으로 국회에서 물러났다. 정부는 국회가 계엄 해제를 결의한 지 3시간 30분 만인 새벽 4시 27분 한덕수 국무총리가 주재한 국무회의에서 계엄을 해제했다. 약 6시간 만에 비상계엄이 끝난 것이다.

계엄 관련 헌법 조문(헌법 제77조)

① 대통령은 전시·사변 또는 이에 준하는 국가비상사태에 있어서 병력으로써 군사상의 필요에 응하거나 공공의 안녕질서를 유지할 필요가 있을 때에는 법률이 정하는 바에 의하여 계엄을 선포할 수 있다.
② 계엄은 비상계엄과 경비계엄으로 한다.
③ 비상계엄이 선포된 때에는 법률이 정하는 바에 의하여 영장제도, 언론·출판·집회·결사의 자유, 정부나 법원의 권한에 관하여 특별한 조치를 할 수 있다.
④ 계엄을 선포한 때에는 대통령은 지체 없이 국회에 통고하여야 한다.
⑤ 국회가 재적의원 과반수의 찬성으로 계엄의 해제를 요구한 때에는 대통령은 이를 해제하여야 한다.

✦ 역사상 세 번째 대통령 탄핵소추

　계엄이 해제되었다고 해서 대한민국이 아무 일도 없었던 것처럼 일상으로 돌아갈 수는 없었다. 헌법과 계엄법을 따르지 않은 '불법 계엄'을 선포하고, 국회와 국민을 상대로 군대를 동원한 대통령을 그대로 둔다면 그가 또 무슨 일을 벌일지 모르기 때문이었다.

　특히 민주당을 비롯한 야당 의원들 사이에서는 이미 12.3 비상계엄 전부터 윤 대통령을 탄핵해야 한다는 주장이 나오고 있었다. 대통령을 배출한 여당 의원이 적고 야당 의원이 많은, 이른바 '여소야대(與小野大)' 상황에서는 대통령이 야당의 협조를 얻지 못하면 국정을 운영하기가 어렵다. 그런데도 윤 대통령은 총선 패배 이후에도 강경한 방식으로 나라를 이끌며 국론을 분열시켜 왔다는 것이 당시 야당의 생각이었다.

　또 영부인 김건희 여사를 둘러싼 각종 비리 의혹이 많았지만 '살아 있는 권력'에 대한 수사도 제대로 진행되지 않아 계속 불만이 쌓여 왔다. 이런 상황에 윤 대통령이 스스로 불법 계엄을 선포했으니 대통령 탄핵은 예정된 순서인 셈이었다.

　계엄이 해제된 날인 2024년 12월 4일 오후 민주당과 조국혁신당, 개혁신당, 진보당, 기본소득당, 사회민주당 등 6개 야당은 뜻을 모아 대통령 탄핵소추안을 발의했다. 탄핵안 발의에는 국민의힘 의원을 제외한 야당 의원 191명이 모두 참여했다. 우리나라 역사상 세 번째로 대통령 탄핵소추안이 발의된 순간이었다.

　탄핵이란 일반적인 징계 절차를 통해 처벌하기 곤란한 고위공무원이 헌법과 법률을 어기는 중대한 비위 행위를 했을 때 파면하는 절차다. 여기서 파면은 잘못을 저지른 공무원의 업무를 중지시키고 자리에서 내쫓는, 가장 강도 높은 징계에 해당한다. 대통령과 국무총리, 각 행정부처의 장관, 헌법재판관, 법관, 중앙선거관리위원, 감사원장, 감사위원 등이 탄핵 대상이 될 수 있다.

　국회가 탄핵안을 재판에 부치는 탄핵소추를 의결하면 헌법재판소에서 탄핵 여부를 최종적으로 결정한다. 국회에서 다수 의석을 가진 특정 정당이 일방적으로 탄핵소추를 한다고 끝나는 것이 아니라, 정말로 파면까지 시켜야 할 헌법과 법률 위반 행위가 있는지 헌법재판소가 꼼꼼히 따져 결론을 내린다. 그사이 탄핵소추 대상의 직무는 정지된다. 최종적으로 헌법재판소가 탄핵안을 받아들이면 그 대상은 즉시 파면되지만, 반대로 탄핵안을 기각하면(받아들이지 않으면) 다시 본래 자리로 돌아가 업무를 이어가게 된다.

대통령 탄핵소추는 국회 재적의원 과반수의 발의, 재적의원 3분의 2 이상이 찬성해야 한다. 현재 우리나라 국회의원 재적인원인 300명을 기준으로 하면, 대통령 탄핵소추안 발의는 151명 이상이, 탄핵소추 의결은 200명 이상이 동의해야 하는 셈이다. 그리고 헌법재판소에서는 헌법재판관 9명 가운데 6명 이상이 찬성해야 탄핵이 결정된다.

우리나라 대통령 중 처음으로 탄핵소추를 당한 인물은 노무현 전 대통령이었다. 2004년 3월 12일, 야당이던 새천년민주당과 한나라당 등은 대통령이 '정치적 중립 의무'를 위반했다며 탄핵소추안을 국회에서 처리했다. 하지만 헌법재판소는 그해 5월 14일, 대통령이 헌법과 법률을 일부 위반하긴 했으나 그 정도가 탄핵을 당할 정도로 중대하지는 않다며 소추안에 대한 기각 결정을 내렸다. 노 전 대통령은 즉시 직무에 복귀해 남은 임기를 모두 채웠다.

반면 두 번째로 탄핵소추를 당했던 박근혜 전 대통령은 우리 역사상 처음으로 탄핵 결정을 받고 중도에 대통령 자리에서 물러났다. 공식 직함이 없는 이른바 '비선 실세'인 최순실 씨에게 국정을 주무르게 하고 여러 기업으로부터 부당하게 돈을 받아내도록 했다는 국정농단 사태가 그 이유였다. 헌법재판소는 2017년 3월 10일, 재판관 8명(정원 9명 중 1명이 공석인 상태였음) 전원일치로 대통령 파면을 결정했다. 박 전 대통령은 5년 임기 중 약 4년 1개월만을 채웠다. 그뿐만 아니라 박 전 대통령은 국정농단 및 각종 법률 위반으로 수사와 재판을 받았다. 그 결과 총 징역 22년을 선고받아 감옥에서 생활하다가 2021년 12월 특별사면 조치로 풀려났다.

윤 대통령 탄핵소추안은 발의까지는 신속했지만, 국회 의결에는 일부 진통이 이어졌다. 문제는 탄핵소추안 의결 정족수가 국회의원 200명 이상인데 국민의힘은 '탄핵 반대'를 공식적인 정당의 입장인 '당론'으로 정해 놓았다는 점이었다. 여당 내부에서는 "대통령의 비상계엄 선포는 잘못되었으나 대통령 탄핵은 안 된다."라는 목소리가 컸다. 강제로 대통령을 파면하는 탄핵 대신에 자발적으로 대통령 자리에서 물러나는 '질서 있는 퇴진'이어야 혼란이 덜하다는 것이 주류 여당 의원들의 주장이었다.

당시 총원 300명인 국회의원 구성을 보면 민주당 170명, 국민의힘 108명, 조국혁신당 12명, 개혁신당 3명, 진보당 3명, 기본소득당 1명, 사회민주당 1명, 무소속 2명이었다. 야당과 무소속 의원을 합치면 대통령 탄핵에 분명히 찬성하던 의원은 총 192명이었다. 대통령 탄핵소추안이 가결되기 위해서는 국민의힘에서 최소 8명의 국회의원이 당론을 등지고 찬성표를 던져야만 했던 셈이다.

2024년 12월 7일에 있었던 첫 번째 표결 당시에는 국민의힘 의원 108명 가운데 3명만이 표결에 참석했다. 이들을 포함해 표결에 참석한 국회의원은 총 195명으로 의결 정족수가 채워지지 않아 투표함조차 열

━● 국회의원 구성 및 윤석열 대통령 탄핵 표결 결과

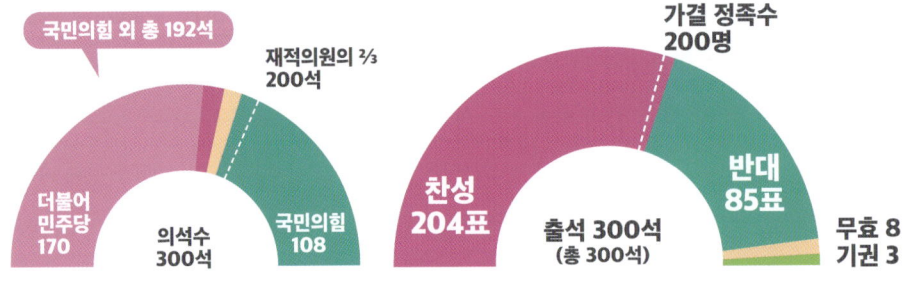

▲ 윤석열 탄핵소추안. 2024년 12월 12일 발의, 12월 13일 국회 본회의 보고, 12월 14일 표결.

어 보지 못했다. 이후 국민의힘은 엄청난 여론의 비판을 받게 되었다.

결국 여당 내부의 격심한 진통 끝에 일주일 뒤인 2024년 12월 14일 국회 본회의에는 국민의힘 의원들도 모두 참석해 각자 표를 던졌다. 이때 당론과 다른 이탈표가 상당수 발생하면서 윤 대통령 탄핵소추안이 가결되었다. 총 300명 의원 가운데 찬성 204표, 반대 85표, 기권 3표, 무효 8표였다.

◆ 헌법재판과 내란 수사를 둘러싼 격심한 사회적 혼란

우여곡절 끝에 국회에서 처리된 대통령 탄핵소추안은 헌법재판소로 넘어갔다. 헌법재판소는 곧장 탄핵 심판 절차에 착수했으나 혼란은 끝나지 않았다. 윤 대통령을 탄핵소추한 이후 오히려 사회적 혼란과 국론 분열은 이전보다 더욱 심각한 수준으로 치닫는 모습이 재현되었다. 박 전 대통령을 탄핵소추 했을 때도 여당 내부의 분열, '태극기 세력'으로 불리는 극렬 지지층의 반발이 물론 있었다. 하지만 윤 전 대통령 때는 그 정도가 훨씬 심각하고 광범위했다.

당시 사회적 혼란과 분열은 크게 두 갈래로 정리할 수 있다. 하나는 비상계엄을 이유로 대통령을 탄핵하는 게 맞느냐 아니냐 하는 헌법재판을 둘러싼 갈등이었고, 다른 하나는 직무가 정지되었더라도 아직 현직인 대통령을 강제로 수사하는 것이 옳으냐 그르냐 하는 내란 범죄 수사 차원의 갈등이었다. 이 두 부분은 서로 영향을 주고받았다.

탄핵 심판이 시작되자 고위공직자범죄수사처(공수처)와 검찰, 경찰 등은 한꺼번에 윤 대통령에 대한 강도 높은 수사에 착수했다. 그러자 위기 감이 커진 윤 대통령의 지지층이 결집하기 시작했고 국민의힘에서도 "대통령을 지켜야 한다."라며 공개적으로 목소리를 내는 국회의원들이 늘어나기 시작했다.

우선 헌법재판 부분에서 윤 전 대통령과 지지자들은 12.3 비상계엄을 두고 "계엄 선포는 대통령의 고도의 통치 행위이므로 사법부의 심사 대상이 되지 않는다."라는 논리를 펼쳤다. 또 당시 계엄군이 국회뿐만 아니라 중앙선거관리위원회에도 서버를 탈취하기 위해 침입했는데, 대통령 측은 "부정선거 증거를 확보하기 위해서"였다는 주장을 펼치고 있었다. 계엄을 선포한 뒤 약 2시간여 뒤에 국회에서 계엄 해제 결의안을 처리한 점에 착안해 "2시간짜리 내란이 어디 있느냐?"라는 항변 또한 하고 있었다. 탄핵 심판에서 국회 측은 12.3 비상계엄이 헌법 정신과 법 절차를 지키지 않은 불법 헌정 파괴 행위이자 친위 쿠데타였다는 점을 일관되게 역설했다.

헌법재판소 법정 밖에서는 매일 같이 지지자들이 모여 대규모 시위를 벌이면서 헌법재판관들을 압박했다. 헌법재판은 일반 재판과 다르게 여론까지 고려하는 이른바 '정치적 재판'이라는 판단에서였다. 헌법재판이 시작된 12월부터는 겨울이었는데, 탄핵 찬성과 반대로 갈린 시민들이 헌법재판소 앞과 광화문 거리에서 추위를 견디며 시위에 참석했다. 이때 은박 담요를 둘러싸고 추위를 견디는 시민들의 모습이 키세스 초콜릿과 닮았다고 하여 '키세스 시위대'라는 별명이 쓰이기도 했다.

헌법재판관 구성을 둘러싼 정부와 야당의 밀고 당기기도 치열했다. 헌법재판소는 소장을 겸하는 재판관을 포함해 총 9명의 헌법재판관으로 구성된다. 헌법 규정에 따라 대통령과 국회, 대법원장이 각 3명씩 후보를 추천하고 대통령이 임명한다. 윤 대통령 탄핵소추안이 넘어왔을 당시 헌법재판관은 6명뿐이었다. 국회가 추천한 3명의 임명 절차가 끝나지 않았던 탓이다.

대통령 권한대행이던 한덕수 총리에게 더불어민주당은 이 3명을 빨리 임명하라고 했고, 국민의힘은 임명해선 안 된다고 주장했다. 결국 한 총리는 이들을 임명하지 않고 버티다가 역시 탄핵소추가 되었다. 그리고 그다음 대행을 맡았던 최상목 부총리 겸 기획재정부 장관이 3명 가운데 2명을 임명하며 탄핵 결정을 내릴 수 있는 상황이 겨우 만들어졌다.

한편 내란 범죄 수사를 두고는 갈등이 더욱 컸다. 내란 수사를 주도했던 곳은 공수처였다. 일단 검사 출신 대통령을 검찰이 수사하는 것,

대통령의 영향력이 큰 정부 조직인 경찰이 수사하는 것에 부정적 여론이 상당했다. 공수처는 고위공직자 수사만을 담당하는 독립 기관이라는 점 때문에 여론의 지지를 받을 수 있었다. 그러나 윤 전 대통령 지지층은, 공수처는 내란 범죄에 대한 수사 권한이 없다며 공수처의 수사를 '불법 수사'라고 주장했다.

수사에 대응하는 윤 대통령의 행태는 갈등에 기름을 부었다. 그는 공수처의 몇 차례 소환 조사에 응하지 않았고, 결국 법원이 체포영장을 발부했으나 여기에도 응하지 않았다. 공수처 검사들이 영장을 들고 직접 윤 대통령을 체포하기 위해 서울 용산구 한남동에 위치한 대통령 관저까지 찾아갔으나 대통령은 경호처의 경호 뒤에 숨어 모습을 드러내지 않았다. 이렇게 되자 강제력을 최대한 동원해서라도 윤 대통령을 체포하라는 시민들과, 힘을 모아 윤 대통령을 지켜 내자는 시민들 간의 갈등이 일촉즉발 상황까지 이르렀다.

그러나 경호처 내부에서도 적법한 영장 집행을 막는 것은 경호처의 임무가 아니라는 목소리가 커졌고, 결국 경찰기동대까지 동원되면서 윤 대통령은 관저에서 나올 수밖에 없었다. 탄핵소추로 직무가 중지되긴 했으나 현직 대통령 신분으로서는 처음으로 수사기관에 체포된 것이었다. 이때가 2025년 1월 15일, 비상계엄을 선포한 지 43일 만이었다. 그리고 2025년 1월 19일 새벽, 충격적인 사건이 벌어진다.

윤 대통령을 체포한 공수처는 이틀 뒤 법원에 구속영장을 청구한다. 내란 범죄라는 혐의가 워낙 무거운 데다가 윤 대통령이 체포영장 집행과 조사까지 완강히 거부했기 때문에 당연한 수순이었다. 영장 심사를 맡은 서울서부지방법원 차은경 부장판사는 2025년 1월 19일 새벽 윤 대통령에 대한 구속영장을 발부했다. '증거를 인멸할(감추거나 없앨) 염려가 있다'는 이유에서였다.

이 소식이 알려지자 법원 앞을 지키고 있던 시위대가 법원을 습격해 건물과 집기를 마구잡이 부쉈다. 이른바 '서울서부지법 점거 난동(또는 서울서부지법 폭동 사태)'이었다. 대한민국 현대사에 많은 굴곡이 있었지만, 시

━━● 탄핵 심판 당시 헌법재판관 현황

	문형배	이미선	김형두	정정미	정형식	김복형	정계선	조한창	마은혁
사법연수원	18기	26기	19기	25기	17기	24기	27기	18기	29기
임기 만료	2025년 4월	2025년 4월	2029년 4월	2029년 4월	2029년 12월	2030년 9월			임명 보류
지명 주체	문재인 대통령	문재인 대통령	김명수 대법원장	김명수 대법원장	윤석열 대통령	조희대 대법원장	국회(민주당)	국회(국민의힘)	국회(민주당)

※ 2024년 12월 31일 현재. 12월 31일 최상목 대통령 권한대행 부총리 겸 기획재정부장관, 12월 26일 국회 임명동의를 거친 헌법재판관 후보 3인 중 마은혁 후보를 제외한 2인 임명.

위대가 법원을 공격 대상으로 삼아 난동을 부린 건 이때가 처음이었다. 당시 시위대는 법원 내부에서 방화를 시도했고, 영장을 발부한 차 부장판사를 찾아다니기도 했다.

이 사건으로 중상자 11명을 포함해 경찰과 기자, 시민 등 100명 가까운 사람들이 다쳤고 약 7억 원의 재산 피해가 발생했다. 엄정 대응을 예고한 경찰은 난동에 관여한 시위대 총 140명을 입건하고 90여 명을 구속했다. 이후 차례차례 재판이 이뤄졌는데, 2025년 10월까지 1심에서 50여 명이 징역형 실형을 선고받았다. 가장 높은 형량은 법원에 불을 지르려 한 피고인에게 내려진 징역 5년이었는데, 선고 당시 피고인의 나이는 19세였다.

◆ 가장 길었던 탄핵 심판, 이변은 없었다

윤 대통령 탄핵 심판이 오래 걸릴 것이라고 처음부터 예상한 사람은 별로 없었다. 수많은 국민들이 비상계엄 선포와 계엄군의 국회 습격 장면을 지켜보았기 때문에 사건의 사실관계에 대해서는 다툼의 여지가 별로 없었다. 헌법과 계엄법 규정을 어긴 것도 분명했다. 헌법재판관들이 판단해야 할 부분은 이런 일들이 대통령을 파면해야 할 정도로 '중대한 비위'인가 하는 것뿐이었다.

그런데 탄핵 심판은 끝날 줄 몰랐다. 정치권과 법조계, 언론 등이 "이번 주에는 결정이 나온다." "늦어도 다음 주에는 나올 것이다." 등등 되뇌었지만 선고는 계속 미뤄졌다. 그러다 보니 정치권에선 다수의 예상과 달리 탄핵소추안이 기각되거나 각하(소송 자체의 형식적 요건을 갖추지 못해 판단하지 않음)되어 윤 대통령이 복귀하는 게 아니냐는 이야기까지 돌았다. 당연히 민주당을 비롯한 야당에서는 위기감이 커졌고, 윤 대통령 지지층 사이에선 기대감이 부풀어 올랐다.

윤 대통령 탄핵 선고는 역대 가장 오랜 기간인 탄핵소추 111일 만에 내려졌다. 이변은 없었다. 문형배 헌법재판소장 권한대행을 포함한 헌법재판관 8인은 '전원 일치'된 의견으로 윤 대통령에 대한 파면을 선고했다. 2025년 4월 4일 오전 11시 22분 부로 윤 대통령은 전직 대통령이 되었다. 박 전 대통령에 이은, 대한민국 역사상 두 번째 대통령 탄핵이었다.

헌재는 윤 대통령이 군대와 경찰을 동원해 국회 등을 훼손하고 국민의 인권을 침해해 대통령의 '헌법 수호 의무'를 저버렸다고 지적했다. 그러면서 이는 "국민의 신임을 배반한 것으로 헌법 수호의 관점에서 용납될 수 없는 중대한 법 위반 행위"라고 밝혔다. 이어 윤 전 대통령이 헌법과 법률을 위반한 계엄 선포로써 국민을 충격에 빠트리고 사회·경제·정치·외교 전 분야에 혼란을 불러일으켰다고 언급하며 "피청구인(윤대통령)을 파면함으로써 얻는 헌법 수호 이익이, 파면에 따른 국가적 손실을 압도할 정도로 크다."라고 강조했다.

헌재는 심판 과정에서 윤 전 대통령 측이 내놓았던 계엄 정당화 주장도 하나하나 반박했다. 윤 전 대통령은 야당이 정부 관료들을 연속해서 탄핵소추하고, 예산을 대폭 삭감한 점을 계엄의 사유로 제시했다. 하지만 헌재는 그런 부분이 위법하고 부당하다 하더라도 법으로 정해 둔 다른 방식으로 대처할 수 있으니 계엄을 정당화할 수 없다고 지적했다. 윤 대통령은 "경고용 계엄이었다."라는 주장도 펼쳤는데, 헌재는 이에 대해 "경고성 계엄이라는 것은 존재할 수 없다."라고 했다. 부정선거 주장도 근거가 없다고 보았다.

윤 전 대통령은 그날 오후 변호사를 통해 "여러분의 기대에 부응하지 못해 너무나 안타깝고 죄송하다."라고 짤막한 입장을 냈다. 자신의 직무 복귀를 기대했던 지지층을 향해서만 사과의 메시지를 낸 것이다. 대통령으로서 자신의 결정과 그 때문에 발생한 피해에 대한 사과는 없었다. 당시 국회 탄핵소추위원이던 더불어민주당 소속 정청래 국회 법제

━● 비상계엄 선포부터 대통령 구속까지 주요 일지

2024년

12월 03일	윤석열 전 대통령, **비상계엄 선포.**
12월 04일	국회, 비상계엄 해제 요구결의안 통과, 비상계엄 해제.
12월 14일	윤 전 대통령 2차 **탄핵소추안 국회 본회의 가결.**

2025년

01월 03일	공수처, 윤 전 대통령 체포영장 집행 1차 시도, 실패.
01월 15일	공수처, 윤 전 대통령 **체포.** 10시간 40분 조사 후 서울구치소 구금.
01월 26일	검찰, 윤 전 대통령 '내란 우두머리 혐의' **구속 기소.**
02월 04일	윤 전 대통령, 서울중앙지법에 구속 취소 청구.
03월 07일	서울중앙지법, 윤 전 대통령 구속 취소 청구 인용.
03월 08일	대검, 구속 취소 즉시항고 포기. 윤 전 대통령 **석방.**
04월 04일	헌법재판소, 윤 전 대통령 **파면 선고.**
06월 12일	이재명 대통령, 3대 특검(내란 특검, 김건희 특검, 순직해병 특검) 임명.
06월 24일	내란 특검, 서울중앙지법에 윤 전 대통령 체포영장 청구.
06월 25일	서울중앙지법, **체포영장 기각.**
06월 28일	윤 전 대통령, 내란특검 1차 대면조사 출석. 15시간 조사.
07월 05일	윤 전 대통령, 내란특검 2차 대면조사 출석. 14.5시간 조사.
07월 06일	내란특검, 윤 전 대통령 구속영장 청구.
07월 10일	서울중앙지법, 윤 전 대통령 **구속영장 발부, 서울구치소 재입소.**

사법위원장은 "헌법의 적을 헌법으로 물리쳐 준 헌재의 현명한 역사적 판결에 깊이 감사드린다."라고 입장을 냈다.

파면 이후 윤 전 대통령은 대통령이 아닌 자연인 신분으로 내란 범죄 혐의에 대한 수사를 본격적으로 받게 되었다. 또 몇 달 뒤에는 내란 수사를 위한 특별검사, 김건희 여사의 각종 비리를 수사하기 위한 특별검사, 윤 전 대통령이 부당한 압박을 가했다는 의혹이 있는 순직 해병 수사 사건의 진상을 밝히기 위한 특별검사 등이 한꺼번에 출범했다. 이 3개 특검의 인력은 파견된 검사만 120명이었고, 수사관 등 다른 직원까지 합치면 총원은 577명에 달했다.

정치권에서는 윤 전 대통령이 느닷없는 계엄을 선포한 이유 가운데 하나가 '김건희 여사를 지키기 위해서'라는 분석이 많았다. 각종 비리 의혹이 계속 불거지고 여론이 너무 나빠져 수사를 막기 힘들어지자 계엄을 선포했다는 것이다. 하지만 계엄 선포의 결과 윤 전 대통령은 국민의 신뢰와 정치 권력을 한꺼번에 잃어버렸고, 김건희 여사는 물론 자신과 여러 측근 인물들까지 특검의 칼끝 앞에 설 수밖에 없게 되었다.

✦ 세 번째 도전 끝에 성공한 이재명 대통령, '국민주권정부의 출범'

현직 대통령이 파면되었으니 그다음 해야 할 일은 당연히 새 대통령을 뽑는 것이다. 그럼 대통령 선거는 언제 치러야 할까? 이 역시 법으로 정해져 있다. 공직선거법은 대통령이 사망하거나 판결 등으로 자격을 잃었을 때 60일 안으로 후임자를 뽑도록 하고 있다. 이를 근거로 중앙선거관리위원회는 2025년 6월 3일을 제21대 대통령 선거일로 공고했다.

대선 정국이 시작되자마자 많은 사람이 민주당의 대표인 이재명 후보가 별다른 변수 없이 대통령에 당선될 것이라고 예상했다. 변호사, 경기도 성남시장 출신인 이 후보는 2017년 처음 대선에 도전해 사람들에게 널리 이름을 알렸고, 직전 대선에서는 윤 전 대통령과 경쟁해 득표율

0.73%포인트라는 근소한 차이로 패배했다. 대선에 진 이후에는 야당의 대표로서 대통령을 강력하게 견제했고 국회에서 가장 많은 의석을 가진 민주당을 이끌며 정치권에서 커다란 존재감을 드러냈다. 더구나 윤 전 대통령의 이해할 수 없는 비상계엄 선포로 나라가 엉망이 되었고, 그로 인한 탄핵으로 치러지는 대선이었던 만큼 누구나 이 후보의 승리를 예측하기가 쉬웠다.

그러나 대통령 선거는 예상처럼 무난하게 이 후보의 승리를 향해서만 흘러갔던 것은 아니었다. 그는 윤석열 정부에서 여러 건의 검찰 수사를 받았다. 당시 검찰은 이 후보가 성남시장, 경기도지사 등을 지낼 때 있었던 각종 비리 연루 의혹을 집중적으로 캤고, 그와 부인 김혜경 여사, 측근 정치인들을 줄줄이 재판에 넘겨 둔 상황이었다. 이처럼 본인과 주변 사람들이 여러 건의 재판을 받는 이 후보가 대통령이 되어서는 안 된다는 여론도 적지 않았다. 이른바 이 후보의 '사법 리스크 논란'이었다.

특히 이 후보는 이전 대선 과정에서 사실과 다른 발언을 했다는 공직선거법 위반 혐의로 재판에 넘겨져, 비상계엄 이전인 2024년 11월 1심에서 징역 1년에 집행유예 2년을 선고받았다. 그대로 대법원에서 형량이 확정된다면 피선거권이 박탈되어 대통령이 될 수 없는 상태였다. 하지만 윤 전 대통령 탄핵 직전인 2025년 3월, 항소심(2심) 재판부는 1심과 달리 그에게 무죄를 선고했다. 죄가 없다는 법원의 판결이 나온 만큼 이 후보는 당장 급한 사법 리스크의 족쇄에서는 풀려났다.

그런데 이게 끝이 아니었다. 갑작스럽게 잡힌 대법원 전원합의체(대법관 전원이 참여하는 재판)는 대선 약 한 달 전인 2025년 5월 1일, 이 후보가 유죄라고 보고 이 사건에 대해 파기환송을 결정한다. 파기환송이란 2심 재판의 법적 판단에 오류가 있으니 재판을 다시 하라고, 대법원이 사건을 2심 법원으로 돌려보내는 것을 뜻한다.

대통령 후보의 운명이 법원의 판결에 따라 롤러코스터를 탔던 셈이다. 그런데도 이 후보는 민주당의 최종 대통령 후보로 결정되었다. 이

후보가 사실상 유죄라는 사실을 알면서도 투표할 것이냐, 아니면 다른 후보에게 표를 줄 것이냐, 국민의 선택만 남겨 둔 채 대선이 진행되었다.

한편 국민의힘은 경선 과정을 거쳐 김문수 전 고용노동부 장관을 최종 후보로 결정했다. 김 전 장관은 윤 전 대통령의 계엄령을, 국민을 일깨우는 '계몽령'이라 규정하고 그에 대한 탄핵과 수사를 반대해 온, 윤 전 대통령 지지 민심을 대표하는 인물이었다. 막판에 대선 출마를 선언한 한 총리와 후보 단일화를 둘러싼 진통까지 겪은 끝에 국민의힘 최종 후보가 된 김 전 장관은 이 후보와 맞붙었으나, 선거 기간 내내 여론조사 1위를 달린 이 후보를 꺾기에는 역부족이었다.

2025년 6월 3일, 이 후보는 최종 득표율 49.42%로 대한민국 제21대 대통령에 당선되었다. 김 전 장관의 득표율은 41.15%였다. 탄핵으로 치러진 대선이었고, 이 후보가 일찍부터 대세를 형성했던 점을 고려하면 예상보다는 2위 후보가 선전한 것이었다. 3위는 8.34%를 득표한 이준석 개혁신당 후보, 그다음은 0.98%를 획득한 권영국 민주노동당 후보였다.

이재명 대통령은 선거 다음 날 바로 대통령에 취임했다. 탄핵으로 대통령 자리가 비어 있었기 때문에 준비 기간 없이 곧장 임기를 시작한 것이다. 이 대통령은 취임선서식에서 모든 국민을 아우르고 섬기는 '모두의 대통령'이 되겠다고 선언했다. 계엄과 탄핵 등을 거치며 극심해진 우리 사회의 갈등과 분열을 해결하는 것이 대통령의 급선무라고 보았기 때문이다. 나라의 주권이 국민에게 있음을 강조하는 의미에서 정부의 별칭은 '국민주권정부'로 정했다. 그리고 사회의 통합, 여야 협치, 실용주의, 민생 회복, 평화 등을 강조하며 다시 힘차게 성장하는 대한민국을 만들겠다고 다짐했다.

대통령의 비리 또는 반민주적·반헌법적 행위에 국회가 대통령을 탄핵소추하고, 헌법재판소가 파면을 결정한 뒤에 평화로운 분위기에서 법적 절차에 따른 선거를 치러 다시 다음 정부를 세운 사례는 전 세계에

서 희귀하다. 그런 희귀한 일이 대한민국 역사에서는 이미 두 번이나 기록되었다. 특히 윤 전 대통령의 시대착오적인 비상계엄 선포는 우리 국민뿐만 아니라 전 세계를 놀라게 했다.

그러나 전 세계 시민들을 더 놀라게 한 것은 그 이후 대한민국이 보여 준 엄청난 '민주주의 회복력'이었다. 대통령이 군대까지 동원하는 친위 쿠데타를 벌였지만 대한민국의 민주주의 질서는 그대로 유지되었다.

▲ 대한민국 제21대 대통령 취임선서식에서 참석자들과 인사를 나누고 있는 이재명 대통령(2025. 6. 4. 국회의사당 본청 앞). © 대통령실.

그 대통령을 몰아낸 것도, 다음 정부를 수립하는 것도 모두 민주주의 절차에 따라서였고, 그 과정은 비교적 큰 혼란 없이 진행되었다. 이런 사례는 전 세계 역사에서도 흔치 않다.

ISSUE

02

개헌

박호근

MBN 기자

2000년《세계일보》공채 13기로 입사해 기자 생활을 시작했다. 통일부에 출입하면서 북한 이탈주민 200여 명을 취재해 쓴 기사 '2004 탈북자 보고서'로 한국기자협회 '이달의 기자상'을 수상했다. 남북 교류가 활발하던 시기에 공동기자단으로 평양을 두 차례 방문하기도 했다. 2009년 MBN으로 옮겨 정치부에서 국회를 출입했고 경제부와 산업부에서 경험을 쌓았다. 현장 기자로서 마지막 출입처인 서울시 경험이 가장 기억에 남는다. 전국부장과 편성기획부장, 시사제작부장을 거쳤다.

제7공화국 탄생하나?

123개 중 첫 번째라면 꽤 주목받을 만하다. 이재명 정부가 확정한 123대 국정과제 중 1호가 개헌이다. 인수위 없이 출범해 그 역할을 대신한 국정기획위원회가 2025년 6월 중순부터 두 달간 준비해 국정 운영 5개년 계획을 내놓았다. 그 속에 123대 국정과제가 들어 있다. 이 계획을 세우느라 55명의 기획위원을 중심으로 각계 전문가들의 의견을 반영했고 각 부처 핵심 인력들도 참여해 주말 없이 매달렸다고 한다.

370회 넘는 간담회와 업무 보고, 700회 넘는 분과별 회의를 거쳤다. 국정과제 1호 '진짜 대한민국을 위한 헌법 개정'에 무게감이 실리는 근거다. 하지만 1호의 상징성에 비해 내용이 부실하다는 지적도 나왔다. 322쪽의 국정 운영 계획 중 개헌 내용은 달랑 1장이다. 중점 전략과제에서도 개헌은 다루지 않았다. 다음과 같은 개정 헌법에 담길 주요 의제들을 던진 수준이다.

- 대통령 임기 4년 연임제 및 결선 투표제 도입
- 감사원 국회 소속 이관
- 대통령 거부권 제한
- 비상 명령 및 계엄 선포 시 국회 동의 의무화
- 검찰 영장 청구권 독점 폐지

• 행정 수도 명문화

　첫 번째 국정과제로 개헌을 내세웠지만 구체적인 실행 의지가 보이지 않고 고민도 부족하다는 평가가 나오는 배경이다.

　대부분 대선을 앞둔 후보들은 개헌을 약속하지만 집권하면 논의를 미룬다. 개헌이 블랙홀이 되어 모든 정치·사회적 이슈를 빨아들이면 국정 운영이 어렵기 때문이다. 그러다 집권 후반기에 지지율이 떨어지면 다시 개헌 논의에 불을 지피지만 이때는 야당이 반대한다. 대선에 대한 관심이 개헌에 묻힐까 우려해서다.

　현재 헌법은 1987년 6월 항쟁에서 대통령 직접선거 제도(직선제)를 얻어 내며 이뤄진 9차 개헌 이후 40년 가까이 유지되고 있다. 헌법 개정 필요성에는 큰 공감대가 이뤄져 있다. 개헌 논의는 주로 대선을 전후해 많이 이뤄졌지만 매번 정치적 이해관계 때문에 실행은 되지 못했다. 이재명 정부가 개헌을 국정과제 1호로 내세웠으나 실제로 임기 안에 이뤄지기까지는 수많은 고비가 예상되는 이유다.

▼ 이재명 대통령은 42회 국무회의(2025년 9월 16일)에서 123개 국정과제를 포함, 국정과제 관리계획을 확정했다.
© 대통령실.

'진짜 대한민국'을 위한 헌법 개정(국조실)

☐ **과제 목표**

- 개헌의 절차적 기반을 마련하고 개헌 내용에 대한 **사회적 합의 도출**
- 국민주권의 헌법정신을 구현하는 **새로운 헌정 체계** 실현

☐ **주요 내용**

- (국민투표법 개정) 헌법불합치 결정을 받은 재외국민 투표 관련 규정 개정을 통해 현행 「국민투표법」의 **위헌 상황 해소**
- * 국회 계류 **국민투표법 개정안 주요 내용**: ▲재외국민 투표 제도 마련 ▲투표 연령 18세 하향 ▲선상·사전 투표 도입 등 투표 제도 개선 ▲투표 운동 자유 확대

- (국회 개헌특위 구성 요청) 개헌 관련 **주요 의제 논의** 및 **개헌안 발의**

> * **개헌 주요 의제**
> - 5·18 광주 민주화운동 정신 등 헌법 전문 수록
> - 대통령 책임 강화 및 권한 분산 (4년 연임제 및 결선투표제 도입, 감사원 국회 소속 이관, 대통령 거부권 제한, 비상 명령 및 계엄 선포 시 국회 통제권 강화, 국무총리 국회 추천제 도입, 중립성 요구 기관장 임명 시 국회 동의 의무화)
> - 검찰 영장 청구권 독점 폐지, 안전권 등 기본권 강화 및 확대, 지방자치와 균형 발전을 위한 논의기구 신설, 행정수도 명문화

- 국회 개헌안 마련 논의 지원 및 정부 의견 제출
- (국민투표 실시) 개헌 논의 진행 경과에 따라 2026년 지방선거 또는 **2028년 국회의원 선거와 동시에** 개헌 찬반 투표 실시

☐ **기대 효과**

- 비상계엄 이후 훼손된 헌법정신 복원으로 **헌정 체제에 대한** 국민 자긍심 고취
- 지방분권 강화와 다양한 기본권 보장으로 **국민 삶의 질 향상**

▲ 「이재명 정부 국정운영 5개년 계획(안)」 2025. 8. 국정기획위원회, 32쪽.

◆ 핵심은 권력 구조 개편… 결론은 4년 연임제?

대통령 임기를 5년 단임에서 4년 연임으로 권력 구조를 바꾸는 내용

이 개헌 논의의 핵으로 떠올랐다. 이재명 정부가 국정과제 1호로 개헌을 천명하며 '4년 연임제'를 분명하게 제시했기 때문이다. 이재명 대통령 또한 대선 후보 시절부터 4년 연임제의 개헌 구상을 밝힌 바 있다.

2025년 5월 18일 당시 이 후보는 SNS에 "대통령의 책임을 강화하고 권한을 분산해야 한다. (…) 대통령 4년 연임제 도입으로 정권에 대한 중간 평가가 가능해지면 그 책임성도 강화될 것"이라고 강조했다. 동시에 불필요한 사회적 갈등을 줄이기 위해 대통령 선거 결선투표제를 도입하고 국무총리 임명을 국회 추천을 받아서 하자고 제안했다. 개헌과 관련한 이런 제안들이 대통령 당선 후 내놓은 국정과제에 고스란히 담긴 셈이다.

1987년 이후 38년간 5년 단임제가 유지돼 왔기 때문에 이번 개헌을 통해 추진하려는 4년 연임제는 사상 처음 도입되는 제도라고 착각하기가 쉽다. 하지만 대한민국 헌정사에서 대통령 임기를 두 번 할 수 있었던 시기가 과거에도 있었다. 정확히 말하면 연임이 아니라 중임이었지만 어쨌든 대통령을 한 번 더 할 수 있었다는 얘기다.

➤➤ 연임제와 중임제의 차이

연임제	정해진 대통령 임기 종료 후 다시 출마해 연속해서 더 임기 가능
중임제	정해진 임기 후 꼭 연속하지 않더라도 다시 출마해 더 임기 가능

1948년 탄생한 대한민국 제1공화국부터 대통령 임기는 4년 중임제였다. 정부 수립의 기틀을 마련한 제헌헌법(1948년 7월 17일 공포)은 국회에서 대통령을 선출하고 임기를 4년으로 하는 중임제를 명시했다. 4·19 혁명 후 내각책임제를 거쳐 1962년 박정희 대통령의 제3공화국을 출범시킨 5차 헌법 개정안도 대통령 4년 중임제를 채택했다.

제1공화국과 제3공화국에서 실행됐던 4년 중임제는 각각 당시 대통령인 이승만과 박정희의 장기집권에 악용되었다는 공통점을 가지고 있다. 이런 폐단 때문에 반작용으로 단임제가 등장했다.

✦ 장기집권 받침대 된 중임제… 반작용 단임제

1954년 11월 27일 2차 개헌이 이뤄졌다. 당시 헌법 개정안은 초대 대통령 이승만의 중임 제한을 폐지하는 내용을 담았다. 장기집권을 노린 이른바 '사사오입' 개헌이다. 그해 5월에 치러진 총선에서 여당인 자유당이 압승한 뒤 9월에 헌법 개정안을 제출했다. 국회에서 이 개정안에 표결한 결과 재적의원 203명 중 135명이 찬성해 3분의 2인 136명에 1명이 모자라 부결됐다.

하지만 이틀 뒤 자유당과 정부는 사사오입을 주장하며 개헌안이 가결되었다고 선포했다. 203명의 3분의 2는 135.333으로 정족수는 이 숫자보다 많은 136명이 맞지만 끝수가 절반 미만이면 버리는 반올림, 이른바 사사오입 논리를 끌어와 정족수 135명으로 통과되었다는 억지 주장을 펼친 것이다.

개정안의 주요 근거는 대단히 위급한 국내외 정세에 대응할 수 있도록 한다는 것이었고, 핵심 내용은 초대 대통령에 대한 중임 제한 규정을 폐지하는 것이었다. 이승만 대통령은 위헌적인 2차 개헌으로 3선의 길을 열었다. 1956년 5월 제3대 대통령 선거를 앞두고 민주당 대선 후보 신익희가 갑자기 사망한 상황에서 이승만이 당선되었다.

4년 뒤 1960년 3월 15일 실시된 제4대 대통령 선거 때도 한 달 전 조병옥 민주당 후보가 급사하는 바람에 이승만이 네 번째 대통령이 됐다. 당시 이승만의 당선은 확정적이었지만 이기붕 부통령 후보를 당선시키려고 사전투표와 개표 조작 등 미리 준비한 부정선거를 저질렀다. 이에 대한 국민적 저항이 들불처럼 번졌고 결국 4·19혁명으로 이승만은 하야했다.

제1공화국에서 중임제가 집권 욕심을 키우는 씨앗이 되었고 이것은 점점 자라 수많은 국민이 희생을 치르고서야 불행한 결말로 끝이 났다.

그럼에도 이 집권 욕망은 또 다른 독재자에 의해 다시 자랐고 어두운 역사는 반복됐다.

5·16 군사정변으로 권력을 잡은 박정희는 제3공화국을 출범시키며 1962년 12월 5차 개헌을 단행했다. 이때만 해도 장기집권의 욕망을 드러내진 않았다. 내각책임제를 폐지하면서 대통령 4년 중임제를 다시 도입했다.

박정희는 연임 후 더 이상 출마할 수 없었지만 두 번째 대통령 임기가 끝나 가자 재집권을 꿈꿨다. 1969년 1월 당시 길재호 민주공화당 사무총장은 현행 헌법의 미비점을 보완하고 개정하기 위한 문제가 여당 내에서 검토되고 있다며 개헌론에 불을 지폈다. 이후 야당인 신민당이 개헌 반대 범국민투쟁위원회를 만들어 반대 운동을 펼쳤다. 서울대를 비롯한 전국 20여 개 대학에서도 연일 개헌 반대 시위가 벌어져 경찰과 대치했다.

이런 상황에서 공화당은 1969년 9월 14일 새벽 2시 30분 국회 특별회의실에서 개헌안을 통과시켰다. 그해 10월 17일 국민투표에서 77.1%의 찬성으로 6차 개헌이 성사되었다.

6차 개헌의 주요 내용은 ▲ 대통령의 3선 연임 허용 ▲ 국회의원의 국무총리 및 국무위원 겸직 허용 ▲ 대통령에 대한 탄핵소추 결의 요건 강화 등이었다. '3선 개헌'으로 불리는 6차 개헌을 통해 박정희 대통령은 장기집권의 발판을 마련했고, 1972년 7차 개헌에서 6년 임기에 중임 제한을 없애 유신체제를 만들어 18년을 집권했다.

하지만 박 대통령이 1979년 10월 26일 김재규 중앙정보부장에게 시해되면서 그의 끝없는 권력 욕망은 끝이 났다. 유신체제가 막을 내린 뒤 1979년 12·12 군사반란으로 권력을 잡은 전두환은 이듬해인 1980년 10월 8차 개헌을 통해 제5공화국을 탄생시켰다. 이때 선거인단에 의한 간접선거 제도(간선제)로 대통령을 뽑도록 하고 임기는 7년 단임으로 정했다. 전임 대통령들이 장기집권의 유혹을 뿌리치지 못해 불행한 결말을 맺은 것에 대한 학습효과가 컸던 것으로 풀이된다.

실제로 전두환 전 대통령은 장기집권 욕심이 났지만 참았다는 취지로 말한 적이 있다. 전 전 대통령은 2012년 3월 14일 재임 시절을 회고하며 "임기 7년의 대통령직을 한 번 더 하려 했다."라며 비화를 공개했다. 당시 전 대통령은 연희동 자택에서 미국 예일대 학생들과 얘기를 나누면서 "내가 대통령을 7년, 7년 두 번을 프랑스식으로 하려다, 잘못하면 3~4번 해야겠다는 모순에 빠지거나 불행한 사태가 일어날까 봐 딱 7년만 했다."라고 말했다.

전두환 전 대통령도 후임 대통령을 통해 사실상 집권 연장을 노렸다. 1987년 대선을 앞두고 자신은 물러나지만 대통령 간선제를 유지해 친구 노태우에게 권력을 넘기려 했다. 하지만 대통령 직선제에 대한 국민의 요구가 커졌고 결국 6월 민주항쟁으로 이어졌다.

이에 집권당 대선 후보였던 노태우가 6·29 선언을 발표하며 개헌을 약속했다. 그해 10월 대선을 코앞에 두고 국민투표를 통해 헌법이 개정됐다. 이 9차 개헌을 통해 대통령 직선제와 5년 단

▼ 6.29선언을 하고 있는 당시 노태우 민정당 대표.

대한민국 개헌(1~9차) 주요 내용

제1공화국(이승만 대통령)

개헌	제정일	내용
제헌헌법	1948년 7월 17일	• 국회에서 대통령 선출 • 대통령 4년 중임제
1차(발췌 개헌)	1952년 7월 7일	• 국민이 대통령 직접 선출
2차(사사오입 개헌)	1954년 11월 29일	• 대통령 중임 제한 폐지

제2~제4공화국(박정희 대통령)

제2공화국

개헌	제정일	내용
3차	1960년 6월 15일	• 양원제, 내각책임제(의원내각제) 도입 • 국회에서 대통령 선출
4차	1960년 11월 29일	• 3·15 부정선거 관련자 소급 처벌 위한 개헌

제3공화국

개헌	제정일	내용
5차	1962년 12월 26일	• 내각책임제 폐지 • 대통령 4년 중임제
6차	1969년 10월 21일	• 대통령 3선 허용

제4공화국

개헌	제정일	내용
7차	1972년 12월 27일	• 통일주체 국민회의에서 대통령 선출 • 대통령이 국회의원 3분의 1 추천

제5공화국(전두환 대통령)

개헌	제정일	내용
8차	1980년 10월 27일	• 선거인단에 의한 대통령 간선제 • 대통령 7년 단임제

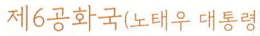

제6공화국(노태우 대통령)

개헌	제정일	내용
9차	1987년 10월 29일	• 대통령 직선제 • 대통령 5년 단임제

임제가 헌법에 명시됐다. 장기집권을 막기 위해 도입된 5년 단임제는 '87년 민주화 체제'의 상징으로 38년째 이어지고 있다.

✦ 왜 다시 연임제인가?

5년 단임제의 가장 큰 문제점으로 지적되는 것은 대통령이 제대로 일을 하기엔 기간이 너무 짧다는 것이다. 대통령에 취임한 뒤 업무 파악하는데 6개월에서 1년이 걸리고 마지막 1년이 남았을 때는 레임덕 현상(lame duck, 직역하면 절름발이 오리라는 뜻으로, 임기 말 권력 누수 현상을 가리킴)이 발생한다. 대통령이 실제 일할 수 있는 기간은 3년밖에 되지 않는다.

대통령 연임제를 실시하면 재선 가능성이 있기 때문에 장기적인 전략을 준비할 수 있고, 정부 부처 공무원들의 복지부동 태도를 줄여 정책의 효율성을 높일 수 있다는 얘기다. 또 단임제는 어차피 한 번으로 끝나고 중간에 평가를 받는 과정이 없기 때문에 임기 안에 '내 마음대로 하겠다'는 유혹에 빠지기 쉽다는 지적도 많다. 독단적, 제왕적 대통령이라는 말이 나오는 배경이기도 하다. 주어진 5년 안에 주요 정책을 반드시 펼쳐 성과를 남기겠다는 조급함에 밀어붙이기식 정책을 펼치다 보면 그만큼 실패할 확률도 커진다.

이런 단임제의 단점을 극복하고 대통령이 좀 더 안정적이고 책임감 있게 업무를 수행하려면 연임제가 필요하다는 주장에 힘이 실린다. 여론조사 결과 국민 10명 중 6명은 4년 연임 또는 중임으로 바꾸는 개헌에 찬성했고, 찬성이 반대보다 두 배 가까이 많은 것으로 나타났다. 중앙일보가 한국갤럽에 의뢰해 2025년 5월 24~25일 이틀간 실시한 여론조사에서 현

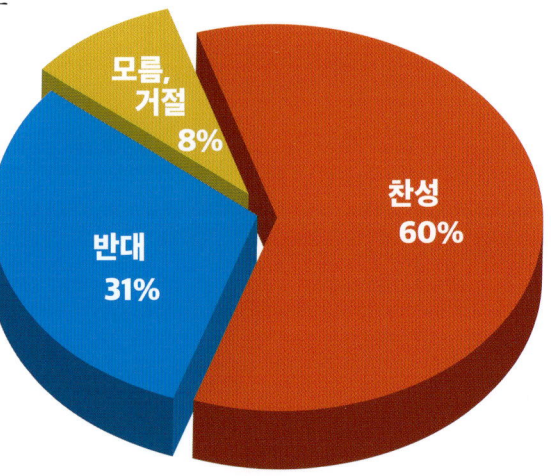

━○ 대통령제 4년 연임·중임 개헌 찬반 조사

모름, 거절 8%

반대 31%

찬성 60%

▲ 한국갤럽이 2025년 5월 24~25일 만 18세 이상 유권자 1,004명을 대상으로 휴대전화 면접 방식으로 조사함.

행 대통령 5년 단임제를 4년 중임 또는 연임으로 바꾸는 개헌 필요성을 묻는 질문에 60%가 '찬성한다'고 답했다. '반대한다'는 31%로 나왔고 '모름, 응답 거절'은 8%였다.

✦ 4년 연임제, 정답 아니다?

4년 연임제가 정답은 아니라는 반론도 있다. 권력 구조와 제도를 바꾸는 것보다 대통령의 리더십 변화가 더 중요하다는 주장이다. 새 대통령이 전임 대통령의 정책을 무조건 폐기하거나 바꾸려고 하지 않고 좋은 정책과 성과를 계승하는 자세라면 굳이 4년 연임제로 개헌하지 않고 단임제에서도 충분히 연임의 효과를 기대할 수 있다는 것이다.

반면 4년 연임제를 채택하더라도 재선에 성공하지 못해 4년마다 대통령이 바뀌면 5년 단임제보다 임기는 더 짧아지고 정책적 성과를 내기가 어렵게 된다. 이런 이유 때문에 현행 제도에 문제점과 한계가 있다고 해서 바꾸는 것보다 지금의 시스템이 제대로 작동되게 하는 것이 더 중요하다는 의견이 나온다.

일각에서는 대통령제에서 단임이냐 연임이냐를 고민할 게 아니라, 아예 내각책임제로 바꾸자고 주장한다. 이유로는 우선 선진국 중에 의원내각제 요소가 가미되지 않은 순수 대통령제를 채택하고 있는 나라는 미국밖에 없다는 점을 든다. 다른 다수 선진국은 의원내각제를 채택하고 있는데 그만한 이유가 있다는 것이다.

의회의 다수당이 내각을 구성하고 행정부를 이끌기 때문에 정책 결정과 집행이 빠르다. 여소야대 상황에서 국회가 대통령의 정책에 반대하고 사사건건 발목을 잡아 국정이 마비되다시피 하는 상황은 피할 수 있다. 내각과 의회가 유기적으로 연결돼 있고 내각 전체가 연대 책임을 지기 때문에 정책의 연속성과 안정성, 효율성이 높다. 국회와 정부가 대립하고 여야가 매일같이 물어뜯는 극단의 정치 폐해를 없애려면 의원내각제 도입이 불가피하다는 견해다.

내각책임제를 하면 미래의 장관과 총리를 미리 훈련하는 프로그램을 통해 안정적인 국정 운영이 가능하다는 것도 장점으로 꼽힌다. 국회의원 중에 초선과 재선은 부처의 차관보나 차관으로 참여해 내각 경험을 쌓고 3선과 4선 등 선수가 더 올라가면 장관, 나아가 총리에 오르게 함으로써 국정의 질을 높이고 안정을 꾀하자는 것인데, 이 주장도 설득력 있게 들린다. 이런 의견에 귀가 솔깃해지는 이유는 국정 경험이 없고 준비가 부족한 상태에서 갑자기 대통령에 당선됐다가 불행하게 물러나는 사례가 반복됐기 때문인지도 모른다.

◆ 이재명 대통령의 장기집권 플랜?

2025년 9월 18일 국회 대정부 질문에서 "대통령 4년 연임제로 개헌했을 때 현직인 이재명 대통령은 연임제에 해당이 안 되는 게 맞냐?"는 질문(나경원 국민의힘 의원)에 김민석 국무총리는 다음과 같이 답했다.

"일반적 헌법 원리상 그렇다는 것은 다 아실 것입니다."

김 총리가 언급한 헌법 원리란 현행 헌법 제128조 제2항을 말한다. "대통령의 임기 연장 또는 중임 변경을 위한 헌법 개정은 그 헌법 개정 제안 당시의 대통령에 대하여는 효력이 없다."라는 규정이다. 이 조항은 1980년 8차 개헌 때 처음 들어갔다. 그전까지 국민적 저항(1960년 4·19 혁명)의 결과물인 제2공화국 헌법(3, 4차 개헌)을 제외하고 나머지 개헌은 대통령의 집권 연장 수단으로 이용되었다.

이에 전두환 신군부가 대통령 임기를 7년 단임제로 바꾸면서 이른바 '헌법 개정 효력 제한' 규정을 넣은 것이다. 단임제에서 다시 연임제나 중임제로 바뀌더라도 재임 중인 대통령 본인을 위한 임기 연장이나 재출마를 하지 못하도록 막은 것이다. 이어 1987년 9차 개정헌법에서 대통령 임기를 5년으로 줄이면서 이 규정이 그대로 유지된 것이 현행 헌법 제128조 제2항이다.

이처럼 개헌을 하더라도 현직 대통령은 연임할 수 없다고 헌법에 명시돼 있다. 그런데도 야당은 왜 이재명 대통령이 장기집권을 하려고 한다고 주장하는 걸까? 그 주장의 배경은 뭘까?

야당이 의심하는 근거는 "개헌을 통해 임기 연장을 하더라도 당시 대통령에게는 효력이 없다."라는 이 제한 규정마저 없앨 수 있다는 것이다. 이재명 대통령이 임기 중에 4년 연임제로 개헌하면서 이 제한 규정을 제거하면 현 임기를 4년으로 줄이고 다시 출마해 재선에 성공해 8년간 집권할 수 있다는 시나리오다.

그 배경에는 임기를 5년에서 8년으로 연장하면 퇴임 후 기다리는 5건의 형사재판, 이른바 사법 리스크를 더 줄일 수 있다는 계산이 깔려 있다. 8년은 대통령의 인사권으로 행정과 사법, 언론계 등에 든든한 인적 방어막을 치기에 충분한 기간이라는 설명이다.

또 그 기간 동안 더불어민주당은 이재명 대통령의 면소(피고인의 행위를 처벌할 수 없는 법률상 사유로 소송 절차를 종료하는 것)를 이끌어 내기 위해 이 대통령과 관련된 처벌 조항을 폐지하는 법률 개정 등 법적 작업을 하는 시간을 벌 수 있다는 시각이다. 한발 더 나아가 국민의힘은 이재명 대통령이 연임제로 개헌하면 8년을 넘어 더 길게 집권할 수 있다고 지적한다. 여기서 등장하는 인물이 블라디미르 푸틴 러시아 대통령이다.

2025년 5월 18일 김문수 국민의힘 대선후보는 "이재명 후보가 말하는 연임제는 재임한 뒤에 한 번 쉬고 다시 재임할 수 있는 제도다."라고 주장했다. 그러면서 "러시아의 푸틴 대통령이 이를 악용해 사실상 장기집권을 이어가는 사례를 결코 간과해선 안 된다."라고 덧붙였다. 당시 국민의힘 중앙선대위 공동위원장이던 나경원 의원도 다음과 같이 말했다.

> "이재명 후보가 지난번에는 중임을 이야기하더니 이제 연임을 이야기한다.
> (…) 이 후보가 슬쩍 끼워 넣은 연임 두 글자에 푸틴의 그림자가 어른거린다.
> (…) 중임은 단 한 번의 재선 기회만 허용하고 8년을 넘을 수 없지만, 연임은 장
> 기집권을 가능하게 하는 혹세무민의 단어다."

왜 이 시점에 푸틴이 거론됐을까? 보리스 옐친 전 대통령의 사임으로
2000년 3월 처음 대통령에 당선된 푸틴은 2004년 재선에 성공했다. 이
후 3연임 제한 규정에 걸려 2008년에는 드미트리 메드베데프에게 대통
령직을 넘기고 실권 총리 역할을 한 뒤 2012년 대통령에 복귀했다. 이
어 2018년과 2024년 대선에서도 연달아 당선됐다.

이에 앞서 2020년 7월 개헌을 통해 "대통령 임기를 2회로 제한하되,
현직 대통령에게는 이전의 임기 수를 계산하지 않는다."라는 조항을 넣
었다. 이 조항 때문에 푸틴은 2030년 또 출마해 당선되면 2036년까지,
총 36년간 집권할 수 있다.

◆ 정말 푸틴처럼 할까… 대통령 속마음은?

2025년 5월 18일 당시 이재명 대선후보는 대통령 4년 연임제 개헌을
공약하면서 "재임 당시 대통령에게는 개헌이 적용되지 않는다."라고 분
명히 밝혔다. 현직 대통령 개헌 효력 제한 규정인 헌법 제128조를 언급
한 것인데, 하지만 며칠 뒤 이 조항을 없애는 것이 전혀 불가능한 것은
아니라는 취지의 발언도 했다. 당시 이 후보는 이렇게 말했다.

> "헌법을 개정하면 그 조항조차도 국민이 바꾼다는 뜻이기 때문에 그게 개정
> 당시 국민의 뜻이라면, 그 개정된 헌법에 따르는 게 국민주권주의에 더 맞다.
> 하지만 정치 도의상 어떻게 쉽게 어기겠는가?"

과거의 국민이 만든 제약보다 현재 국민의 의사가 더 중요하다는 뜻이다. 지금 상황에서 해석하면 4년 연임제로 개헌하면 그것이 국민의 뜻이기 때문에 현직인 이재명 대통령부터 적용하는 것이 맞지만 양심상 그렇게 하지 않겠다는 뜻으로 풀이된다. 이 후보는 다음과 같이 덧붙였다.

"저는 개헌 당시의 대통령이 헌법 개정을 해서 추가의 혜택을 받겠다는 걸 우리 국민들이 쉽게 용인하지 않을 거라고 본다. (⋯) 그게 쉬운 일이겠느냐?"

종합하면 4년 연임제로 개헌할 때 여론이 현직 대통령 배제 규정을 따로 두지 않는 쪽으로 기운다면, 본인도 연임이 가능하지만 국민들이 반대하면 굳이 추진하지 않겠다는 것으로 해석된다. 어쨌든 국민의 뜻이 중요하고 민심을 존중하겠다는 것인데, 연임 가능성을 완전히 배제한 것은 아닌 셈이다.

이재명 대통령이 2025년 9월 2일 더불어민주당 원외지역위원장단(국회의원 선거에서 당선되지 않은 지역(원외)의 정당 조직을 대표하는 위원장들로 구성된 단체)과 가진 비공개 만찬에서 "정말 할 일이 많은데 임기가 4년 9개월밖에 안 남았다."라고 한 발언이 알려지자 일각에서는 "대통령이 눈에 띄는 성과를 내 국민적 지지를 받는다면 연임할 수도 있다는 뜻"이라는 해석도 나왔다.

이와 관련해 2025년 9월 18일 국회 대정부 질문에서 "헌법 개정에서 현직 대통령은 해당하지 않는다는 그 부칙(헌법 제128조 제2항)도 개정하면 이재명 대통령도 연임할 수 있는 것 아니냐"는 주장에 김민석 총리는 "만약에 국민 100% 또는 강승규 의원처럼 생각하는 국회의원들이 100% 다, 이렇게 된다면 그거야 어떻게 막겠습니다만 굉장히 비현실적인 전제"라고 답했다.

현직 대통령 적용 배제 규정인 헌법 제128조 제2항 개정과 관련해 학계에서도 상반되는 두 의견이 맞서고 있다. 원론적으로는 그 조항을 없앨 수 있고 현직 대통령부터 연임제를 적용할 수 있지만 엄청난 국민적 저항에 부딪힐 것이라는 의견과, 제한 규정을 제거하는 개정은 가능하지만 현행 헌법 규정이기 때문에 소급 적용은 안 되고 차기 대통령부터 연임이 가능하다는 의견이다.

✦ 남이 하면 반대?… 무산된 개헌 논의들

1987년 개정된 현행 헌법을 바꾸자는 10차 개헌 논의는 의외로 빨리 있었다. 1990년 1월 22일 노태우, 김영삼, 김종필 세 사람은 당시 집권 여당 민주정의당(민정당)과 제2야당 통일민주당(민주당), 제3야당 신민주공화당(공화당)의 3당 합당을 선언하고 민주자유당을 출범시켰다. 이때 의원내각제 개헌을 합의한 비밀 각서가 있었다는 사실이 드러났지만 흐지부지되면서 실행에 옮기지 못했다.

1997년 제15대 대통령 선거에서 새정치국민회의와 자유민주연합이 협력해 김대중 정권이 들어섰는데, 이른바 'DJP 연합'의 전제가 내각제 개헌이었다. 하지만 한나라당 의석이 과반이라 여당이 의석 빼내기를 해도 개헌선에 모자랐고 여당이 갈라서면서 내각제 개헌 논의는 무산됐다.

노무현 참여정부(2003년 2월 25일~2008년 2월 24일) 이후에는 주로 대통령의 레임덕이 시작되는 임기 말에 개헌 요구가 나왔지만 차기 대선 주자들은 본인이 집권한 뒤 하겠다며 반대했고, 막상 권력을 잡으면 관심이 분산돼 국정 동력이 떨어질까 봐 개헌 논의를 미루는 행태가 반복됐다.

노무현 대통령은 임기를 1년 정도 남긴 2007년 1월 4년 중임제 개헌을 제안했다. 필요하다면 자신의 임기 1년도 단축하겠다고 했지만 야당인 한나라당이 반대해 추진되지 못했다. 이명박 대통령도 취임 2년차인 2009년 8·15 광복절 경축사에서 4년 중임제의 필요성을 강조했다. 2011년 1월 이 대통령은 당시 여당인 한나라당 지도부와 만찬에서 개헌을 논의했지만 당시 당내 주류였던 친박계의 반대로 진전되지 않

역대 대통령들의 개헌 관련 발언

대통령	시기·장소	개헌 발언 내용
김영삼	1996년 2월 신한국당 전당대회	"임기 중 대통령 중임제 도입이나 정경유착의 온상이 될 내각제 채택을 위한 개헌, 또는 어떤 형태의 개헌도 단호히 반대할 것이다."
김대중	1998년 4월 기자회견	"국민에게 약속한 대로 개헌을 추진해 나갈 것이다. 다만 지금은 경제위기 등 국난을 극복하는 일이 시급하므로 그 뒤에 논의해도 늦지 않으리라 생각한다."
노무현	2007년 1월 대국민 특별담화	"국민적 합의 수준이 높고 시급한 과제에 집중해 헌법을 개정하는 것이 필요하다는 판단에서 대통령 4년 연임제 개헌을 제안한다."
박근혜 (당시 국회의원)	2007년 1월	(노무현 대통령 개헌론을 비판하며) "참 나쁜 대통령이다. 대통령 눈에는 선거밖에 안 보이느냐. 민생 경제를 포함해 총체적인 국정 위기를 맞고 있고 선거가 1년밖에 남지 않은 시점에서 개헌 논의를 하면 블랙홀처럼 모든 문제가 빨려 들어갈 수 있다."
이명박	2011년 1월 한나라당 지도부 만찬	"현행 헌법이 변화된 시기에 맞지 않는 부분이 많다. 이왕 개헌 논의를 하려면 정략적이 아닌 국운 융성을 위해 당에서 제대로 해 보라."
박근혜	2013년 4월 민주통합당 의원들 만찬	"민생이 어렵고 남북관계도 불안한 상황에서 개헌 논의를 하면 블랙홀이 될 가능성이 있다."
	2016년 10월 국회 시정연설	"임기 내에 헌법 개정을 완수하기 위해 정부 내에 헌법 개정을 위한 조직을 설치해 국민의 여망을 담은 개헌안을 마련하겠다."
문재인	2017년 5월 5·18 민주화운동 기념식	"5·18 정신을 헌법 전문에 담아 개헌을 완료할 수 있도록 이 자리를 빌어서 국회의 협력과 국민의 동의를 정중히 요청드린다."
윤석열	2025년 2월 대통령 탄핵심판 11차 변론 최후 진술	"제가 직무에 복귀하게 된다면 먼저 87체제(1987년 6월 민주항쟁으로써 이뤄진 한국 민주주의를 아우르는 개념)를 우리 몸에 맞추고 미래 세대에 제대로 된 나라를 물려주기 위한 개헌과 정치개혁의 추진에 임기 후반부를 집중하려고 한다."

았다.

2012년 18대 대선에서 박근혜 후보는 4년 중임제 개헌 의지를 밝혔지만, 당선된 뒤에는 국정 추진력에 영향력을 줄 수 있다는 판단에 개헌 논의를 차단했다. 그러다 2016년 임기 말이 되어서야 개헌을 언급했다. 2016년 10월 24일 국회 시정연설에서 임기 내 개헌 완수를 천명하며 국회에서 준비해 달라고 요청했다. 하지만 얼마 지나지 않아 JTBC가 대통령 연설문 유출 보도를 하면서 '최순실 게이트'가 터졌고 개헌 논의는 중단됐다.

문재인 대통령도 2017년 대선 후보 때 "4년 중임제 개헌은 5년 단임제의 폐해를 극복하는 일"이라고 밝혔다. 당선 이후인 2018년 3월과 6월에 잇달아 개헌을 제안했지만 야당의 반대로 이뤄지지 못했다.

✦ 대통령이 직접 발의한 개헌안… 국회서 폐기

문재인 정부 때 국회가 아닌 대통령이 직접 개헌 발의권을 행사했다. 여야 합의가 되지 않으니 대통령이 국민과 한 약속을 지키겠다며 개헌을 발의했는데, 이는 정부와 여당이 추진하려는 개헌이 야당의 반대로 무산되는 과정을 잘 보여 준다.

당시 문 대통령은 2018년 신년 기자회견에서 그해 6월 지방선거 때 개헌 국민투표를 하겠다고 확인했다. 하지만 이후 정치권에서 진전이 없자 국민 중심의 개헌안 마련을 강조하며 준비를 해 나갔다. 대통령 직속 국민헌법자문특별위원회를 출범시켜 '국민헌법' 웹페이지를 통해 의견을 수렴하고 각 지역을 돌며 공청회도 열었다. 이런 과정을 거쳐 국민헌법자문특위는 2018년 3월 12일 문재인 대통령에게 보고할 '대통령 개헌안'을 확정지었다.

이 개헌안에는 대통령 4년 연임제가 채택됐고, 대통령 선출 제도로 결선투표제를 도입하기로 했던 것으로 전해진다. 현재 이재명 정부가 국정과제로 밝힌 개헌 추진 방향과 유사한 점이 많다.

2018년 3월 26일 당시 문 대통령은 아랍에미리트(UAE) 공식 방문 중에 아부다비 현지에서 전자결재로 헌법 개정안을 발의했다. 또 본인의 입장을 다음과 같이 밝혔다.

> "6월 지방선거 동시투표 개헌은 많은 국민이 국민투표에 참여할 수 있는, 다시 찾아오기 힘든 기회이며 국민 세금을 아끼는 길이다. (⋯) 내겐 부담만 생길 뿐 이익은 없지만 더 나은 헌법, 더 나은 민주주의, 더 나은 정치를 위해 개헌을 추진한다. (⋯) 국가의 책임과 역할, 국민의 권리에 대한 생각도 30년 전과는 비교가 되지 않는다. (⋯) 기본권과 국민주권, 지방분권의 강화는 국민들의 강력한 요구다."

하지만 문 대통령이 발의한 개헌안은 국회 문턱을 넘기가 쉽지 않았다. 정부와 여당은 개헌 국민투표를 2018년 6월 지방선거와 동시에 하자고 했는데, 야당인 자유한국당은 10월에 국민투표를 따로 치르자고 주장했다. 또 더불어민주당은 4년 중임제를 내세웠는데, 자유한국당은 '분권형 대통령제'를 들고 나왔다. 국민이 직접 선출하는 대통령이 국가원수로서 국가를 대표하고 국정 운영은 국회가 추천하고 선출하는 총리가 맡도록 하자는 것이었다. 이른바 책임총리제로 제왕적 대통령제를 종식시키겠다고 했다.

자유한국당이 개헌 국민투표와 지방선거 동시 실시를 강하게 반대한 이유는 선거 전략과 무관하지 않다는 해석도 있었다. 당시 개헌안 내용 중에는 국민소환제와 사회 기본권 확대 등 대다수 국민들이 지지하는 내용이 들어 있었다. 따라서 지방선거와 개헌 국민투표를 동시에 시행하면 자연스럽게 개헌 지지 분위기가 여당 지지로 연결될 가능성을 우려했다는 얘기다.

결국 지방선거와 국민투표 동시 실시는 무산됐지만 대통령이 발의한 개헌안은 국회에 머물고 있었다. 2018년 5월 24일 국회에서 대통령 개헌안에 대한 표결이 이뤄졌지만 투표자가 114명에 그쳐 투표 불성립이 선언되었다. 공들였던 개헌 기회가 여야의 대립으로 또 한 번 사라지는 순간이었다.

✦ 국민투표 못 해 개헌 불가능?

여야가 개헌안에 합의해 국회에서 재적의원 3분의 2 찬성으로 통과시키더라도 현재로선 개헌을 마무리할 수 없다. 헌법 제130조에 따르면 국회가 의결한 헌법 개정안은 30일 이내에 국민투표에 부쳐 국회의원 선거권자 과반수 투표와 투표자 과반수 찬성으로 확정된다. 그런데 현재로선 국민투표가 사실상 불가능하다.

국민투표는 선거와 달리 국가적 중대 사항에 대한 국민 의사를 직접 묻는 직접민주제 방식인데, 이를 다룬 국민투표법에 대해 2014년 헌법재판소가 일부 헌법불합치 결정을 내렸기 때문이다. 헌재가 문제 삼은 부분은 재외국민의 투표인명부를 다룬 국민투표법 14조 1항이다. 내용은 국민투표 공고 시점에 우리나라에 주민등록을 해 놓았거나 재외국민이더라도 국내 거소 신고가 돼 있어야 투표인명부에 이름을 올릴 수 있다는 것이다.

그런데 헌재는 이 부분이 재외국민의 투표권을 침해한다는 이유로 헌법불합치 결정을 내렸다. 당시 헌재는 "국내 거소 신고가 안 돼 있더라도 재외국민은 국민이므로 이들의 의사는 국민투표에 반영돼야 한다."라고 밝혔다. 헌재가 정한 시한(2015년 12월 31일)까지 국회가 법 개정을 하지 않아 2016년 1월 1일 이 조항은 효력을 상실했다. 위헌 요소가 있다는 국민투표법 제14조 제1항을 개정하기 전에는 투표인명부를 작성할 수 없기 때문에 국민투표 자체를 실시하기 어렵다는 의견이 중론이다.

2018년 문재인 정부가 지방선거를 앞두고 국회에 국민투표법 개정을 촉구한 이유가 여기에 있다. 지방선거와 동시에 개헌안 국민투표를 실시하려면 이 문제가 먼저 해결되어야 했기 때문이다. 꾸준히 개헌 필요성을 강조해 온 우원식 국회의장도 2025년 9월 1일 정기국회 개회식에서 2026년 6월 지방선거를 1차 시한으로 제시하며 신속한 개헌안 도출을 위한 개헌특위 구성 합의를 요청했다. 그러면서 국민투표법도 당시 정기국회 안에 개정하자고 제안했다.

✦ 권력 구조 외 주목해야 할 쟁점들

10차 개헌이 추진되면 대통령 4년 연임제를 포함한 권력 구조 외에도 논의할 쟁점이 많다. 주요 쟁점은 다음과 같다.

▶ 헌법 제1조에 '권력 행사' 추가

헌법 제1조에 "대한민국의 주권은 국민을 위해 행사되어야 한다."라는 문구를 삽입하자는 의견이 있다. 2024년 12월 3일 윤석열 대통령이 갑자기 비상계엄을 선포해 정치적 혼란과 경기 침체 등 국가와 국민의 피해가 컸던 만큼 원론적이지만 국민 주권 행사 내용을 헌법 제1조 제3항으로 명시하자는 주장에 힘이 실린다.

> **헌법 제1조**
> ① 대한민국은 민주공화국이다.
> ② 대한민국의 주권은 국민에게 있고, 모든 권력은 국민으로부터 나온다.
> ③ (추가) 대한민국의 모든 권력은 국민을 위하여 행사된다.

▶ 영토 논란

현행 헌법 제3조는 "대한민국 영토는 한반도와 그 부속 도서로 한다."이다. 그런데 한반도와 부속 도서 범위가 어디에서 어디까지인지 명확하지 않아 주변국이 악용할 여지가 있다는 지적이 있다.

한반도에서 '반도'는 삼면이 바다에 둘러싸인 땅을 뜻한다. 지리적으로 따지면 청천강 하구~원산만 이남만 반도이고 평안북도와 함경도는 대륙에 포함된다고 해석할 여지가 있다. 한반도와 대륙붕으로 이어지지 않은 울릉도와 독도 또한 부속 도서에 포함되지 않는다고 주장할 여지가 있어 논의가 필요하다는 것이다.

▶ 자유권적 기본권 보강

"모든 사람은 자유롭게 행동할 권리를 가진다."라는 행동 자유권을 헌법에 명시하자는 의견이 있다. 현행 헌법에 '자유로이 행동할 권리'를 규정한 조항은 없다. 다만 헌법재판소가 헌법 제10조의 행복추구권 속에 '일반적 행동 자유권'과 '개성의 자유로운 발현권'이 함축돼 있다고 판시한 사례가 있을 뿐이다. 따라서 일반적 행동 자유권을 헌법으로 규정하자는 주장이 나온다.

▶ 국민소환제 시행 가능성

선출직 공무원이 공약 불이행이나 비리 등으로 국민의 신뢰를 잃었을 때 투표를 통해 파면하는 국민소환제 도입도 10차 개헌의 쟁점이 될 전망이다.

▶ '근로자'를 '노동자'로

"모든 국민은 근로의 권리를 가진다."라고 규정한 헌법 제32조에 '근로자'라는 표현이 들어 있다. 이를 "모든 사람은 일할 권리를 가진다."라고 변경하고 '근로자'도 '노동자'로 바꾸자는 주장이 강하다.

1948년 제헌 헌법 때 노동자는 북한에서 사용하는 호칭이라 거부감이 있다며 근로자라는 단어를 사용해 지금까지 이어져 왔다. 그러나 노동계에서는 "근면하게 일한다."라는 뜻의 근로자 호칭이 노동을 비하하고 노동의 참된 정신을 파괴해 왔다며 노동자로 바꾸자는 요구를 줄기차게 해 왔다. 이 주장은 10차 개헌에서 받아들여질 가능성이 크다.

▶ 결선투표제 도입할까?

대통령 선거에서 당선자의 대표성과 정당성을 높이고 국민통합에도 기여할 수 있는 결선투표제 필요성이 꾸준히 거론돼 왔다. 하지만 현행 헌법은 단순 다수제를 가정하고 대통령 선거를 규정하고 있어서, 헌법을 바꾸지 않고는 결선투표제 도입이 어렵다.

중대선거구제나 연동형 비례대표제는 소수 정당에 유리해 양당 입장에서는 머뭇거리게 되지만, 결선투표제는 다당제 활성화를 도우면서도 양당 또한 손해 볼 것이 없어 실행 확률이 높다.

▶ 계엄령 요건 강화

2024년 12·3 비상계엄 사태를 겪으면서 계엄령 발동 요건을 '전시나 사변으로 인한 교전 발발 시'로 한정하자는 의견이 나온다. 계엄령을 선포하더라도 국회의 동의를 받지 않으면 무효로 한다거나, 국회가 계엄 해제를 결의하면 대통령의 계엄 해제 명령이 없더라도 자동으로 계엄이 해제되도록 하자는 주장도 있다.

✦ 제7공화국 언제 탄생할까?

이재명 정부는 개헌을 국정과제 1호로 정하고 2026년 지방선거 또는 2028년 국회의원 선거 때 개헌안 찬반 국민투표를 동시에 실시하는 방안을 내놓았다. 하지만 2026년 6월 지방선거 때 개헌 국민투표를 하기는 쉽지 않아 보인다. 물론 그동안 개헌 논의가 꾸준히 이어졌고 여러 안들이 만들어져 있기 때문에 하나를 선택하면 될 수도 있다. 그러나 A, B, C 개헌안 중 하나를 뽑아서 끝낼 일은 아니다.

앞에서 언급했던 여러 쟁점들이 있고 개헌 논의가 본격화되면 여야 입장 차이로 논쟁들을 조율하는 데 상당한 시간이 걸릴 전망이다. A, B, C 개헌안들을 검토해서 가장 적절한 내용을 찾아내고 서로 보완해서 새로운 D 개헌안을 만들어 내는 과정이 필요하기 때문이다. 따라서 2025년 안에 개헌특위가 만들어진다고 해도 실제 개헌안 국민투표는 2028년 4월 제23대 국회의원 선거 때 이뤄질 가능성이 커 보인다.

© 셔터스톡.

개헌을 한다고 해서 반드시 제6공화국에서 제7공화국으로 바뀌는 것도 아니다. 정부 형태나 통치 방식 등 권력 구조에 큰 변화가 있을 때 공화국 숫자가 달라지기 때문이다. 만약 10차 개헌에서 대통령제 4년 연임제가 채택되면 다음 정부는 제7공화국이 될 수 있다.

한편 김영삼 대통령이 이끈 문민정부를 제7공화국으로 부르는 방안이 논의되기도 했다. 당시 문민정부를 제6공화국 2기로 부를지, 제7공화국 1기로 할지에 대한 논쟁이 일었다. 그러던 중 김영삼 대통령이 1993년 3월 2일 한완상 통일원 장관 겸 부총리와 면담한 뒤 문민정부를 제7공화국으로 부르지 않기로 했다.

과연 이재명 대통령 임기 안에 제7공화국 탄생이 결정될까? 대한민국이라는 집을 떠받드는 법적 대들보가 40년 가까이 버티면서 여기저기 문제점이 드러나 보수가 불가피한 상황이다. 그럼에도 여야가 정치적 계산만 한다면 헌법이라는 대들보는 점점 부실해져도 고치기 어려워진다.

정치권이 개헌 수술을 하지 못하다면 결국 국민이 나서야 한다. 방법은 두 가지이다. 1987년 민주항쟁 때와 같은 대대적인 국민적 요구가 폭발하거나, 다음 총선에서 개헌을 하겠다는 정당에 표를 몰아서 의석수 3분의 2 이상을 차지하게 해 주면 된다. 언제, 어떻게, 어떤 방식으로 제7공화국이 탄생할까? 답은 국민의 뜻과 관심에 달렸다.

ISSUE

03

관세전쟁

김경미

중앙일보 기자

2008년 《머니투데이》에서 기자 생활을 시작했고 2011년 중앙
일보에 입사했다. 경제부, 사회부, 정치부, IT산업부 등을 거쳐 현
재 산업부에서 유통·바이오기업을 취재하고 있다. JTBC, 중앙선
데이, 차이나랩, 헤이뉴스, 더중앙플러스 등 다양한 플랫폼의 보
도 방식을 경험한 것이 큰 자산이다. 『차이나 인사이트 2021』(공
저) 『AI 임팩트』(공저)를 집필했다.

트럼프발 관세전쟁과 미·중 무역전쟁

도널드 트럼프 미국 대통령의 '관세전쟁'이 전 세계 경제를 뒤흔들고 있다. '미국 우선주의'를 표방하는 트럼프 대통령은 대선 후보 시절, 자국 산업 발전을 위한 주요 수단으로 고율 관세를 공약했다. 2025년 1월 시작된 트럼프 2기 행정부는 멕시코, 캐나다, 중국을 시작으로 각국과 새롭게 관세 협상을 진행했다.

◆ 흔들리는 자유무역

트럼프 대통령은 취임 후 스위스 다보스에서 열린 세계경제포럼(WEF, 다보스포럼) 화상 연설을 통해 미국 경제 활성화와 일자리 창출을 위해 각국에 관세를 부과하겠다고 발표했다. 미국 우선주의와 보호무역주의를 강조하는 트럼프 대통령의 정책 기조는 제2차 세계대전 이후 이어진 자유무역 질서에 정면으로 배치되는 내용이었다. 실제로 그는 캐나다와 멕시코에 25% 관세를 발표했고 철강, 알루미늄, 자동차, 기계 부품 등에도 25% 관세를 부과했다.

취임 3개월여가 지난 2025년 4월 2일(현지 시간), 트럼프 대통령은 모든 수입품에 보편관세 10%를 매기겠다고 밝혔다. 또 한국, 중국, 일본, 유럽연합(EU) 등 세계 140여 개국에 국가별 상호관세를 적용하겠다고 했다. 한국에는 25%의 상호관세를 매기겠다고 예고했다. 그러나 상호관세 발효일이던 2025년 4월 9일 트럼프는 상호관세 적용을 90일간 유예하겠다고 발표했다. 대신 중국에 대해서는 유예 없이 125%의 상호관세를 적용하기로 하고 이틀 후 중국도 미국에 대한 관세를 125%로 올렸다. 미국과 중국의 극단적인 관세전쟁이 이목을 집중시키는 가운데, 전 세계가 트럼프의 관세 정책으로 혼란에 빠졌다.

한국은 자유무역 덕분에 수출을 늘려 경제를 키운 대표적인 나라 중 하나다. 그간 세계 각국은 자유무역협정(FTA)을 체결한 국가 간, 상품과 서비스 교역에 대한 관세를 낮추거나 없애는 방식으로 무역장벽을 낮춰 왔다. 한국과 미국은 2012년 FTA를 체결했고, 한국은 미국에 자동차나 반도체를 수출할 때 별도 관세를 적용받지 않았다.

트럼프 대통령의 관세 정책이 본격적으로 적용되면 한국의 수출 경제에는 큰 타격이 불가피하다. 손실을 줄이기 위해서는 협상을 통해 상호관세율을 최대한 낮추는 것이 중요해졌다. 트럼프 행정부는 특히 중국과의 무역에서 유리한 고지를 점령하기 위해 높은 관세율을 앞세워 압박하고 있지만 중국 정부도 미국 제품에 동일한 관세율을 적용하며 맞대응 중이라 양국의 관세 충돌은 더 길게 이어질 수 있다는 전망이 나온다.

▼ 자유무역협정(FTA) 체결, 발효국가 © 산업통상자원부.

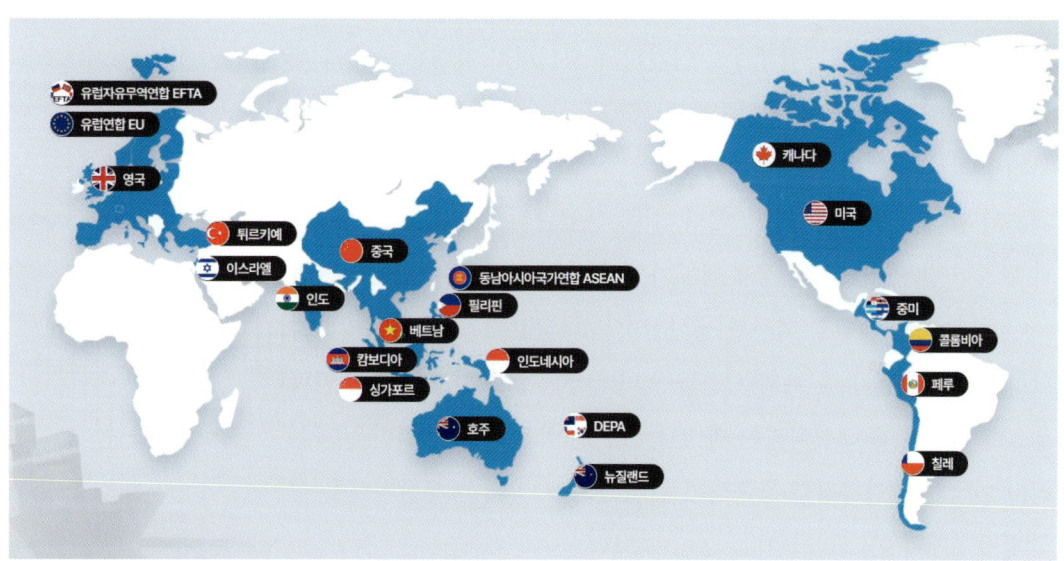

✦ 관세 부과 목적은

미국 정부는 왜 새로운 관세 정책으로 전 세계를 긴장하게 만드는 걸까? 트럼프 대통령은 새로운 관세 정책을 펼치는 첫 번째 이유로 미국의 무역적자를 꼽는다. 다른 나라들은 미국에 수출을 많이 하는 반면 미국산 제품과 서비스를 덜 수입하고 있어, 무역수지 불균형이 나타나고 미국의 손해로 이어진다는 설명이다.

지난 2024년 미국의 무역수지 적자는 9,184억 달러로 전년 대비 1,335억 달러(17%) 증가했다. 수출이 3조 1,916억 달러로 전년보다 1,198억 달러 늘었으나, 수입은 4조 1,100억 달러로 2,533억 달러 늘면서 무역수지 적자 증가의 원인이 됐다. 트럼프 대통령은 각 나라가 자국 기업에 보조금을 주는 바람에 현지에서 미국 제품이 공정한 경쟁을 펼치지 못한다고 보고, 미국 역시 수입 제품과 서비스에 관세를 부과하는 방식으로 맞대응하겠다는 입장이다.

두 번째 이유로는 미국 내 제조업을 회복시키겠다는 목적을 내세운다. 미국은 1980년대 이후 월스트리트 중심의 금융자본이 산업자본의 규모를 압도하기 시작했고 단기 수익성이 나쁜 US스틸, 제너럴모터스(GM), 웨스팅하우스 등 미국 경제를 주도했던 제조업체들이 해체되는 데 이르렀다. 다른 제조업체들도 인건비와 생산비가 저렴한 중국과 베트남 등 해외로 공장을 이전하는 전략(오프쇼어링)을 채택하기 시작했다.

거대 회사가 문을 닫거나 나라 밖으로 공장을 옮기자 미국 내에서는 제조업 일자리가 크게 줄어들었다. 기존 산업단지가 황폐화하는 공동화 현상이 발생하고 지역 경제 침체가 가속화했다. 트럼프 대통령은 관세 정책을 통해 해외로 이전한 생산설비를 미국으로 다시 되돌리고자 한다. 관세가 부담되는 해외 기업들이 미국에 공장을 짓고 미국의 인력을 고용해 제품을 생산하라는 의미다. 그는 미국의 제조업 기반을 되살리고 미국인의 일자리를 창출하기 위해서는 보다 많은 생산시설을 미국에 유치해야 한다고 말한다.

세 번째 이유는 세금 수입을 늘려 미국 정부의 재정을 확충하기 위해서다. 트럼프 행정부는 관세 인상을 통해 향후 10년간 6조~7조 달러(약 8,715조~약 1경 168조 원)의 세금을 벌어들일 것으로 예측한다. 트럼프 대통령은 전 세계를 상대로 새로운 관세 정책을 시행할 경우 세금 수입이 늘어나 미국 국민에게 부과하는 소득세를 폐지하는 것도 가능하다고 주장하고 있다.

무역과 관계없는 분야에서 협상력을 높이기 위한 카드로 관세 정책을 활용하는 측면도 있다. 캐나다와 멕시코의 경우 미국으로 유입되는 불법 이민자와 마약 문제를 해결하라며 관세를 매겼고, 한국과의 협상에서는 주한미군 방위비 인상을 논의 대상에 올려놓기도 했다.

◆ 한국에 미칠 영향

각국은 미국 정부와 꾸준히 협상을 벌이며 상호관세율을 최대한 낮추기 위해 노력했다. 한국의 경우 당초 25%의 상호관세율이 예고돼 있었지만, 관세 적용을 하루 앞둔 2025년 7월 30일(현지 시간) 미국 정부와 관세율을 15%로 내리는 데 합의했다. 대신 한국은 미국과 조선업 협력 등에 3,500억 달러(486조 원)를 투자하기로 했고, 액화천연가스(LNG) 등 미국 에너지 제품을 1,000억 달러(139조 원) 규모로 구입하기로 했다. 국내 민감도가 높은 쌀과 쇠고기 시장 추가 개방은 방어했다. 이재명 대통령은 협상 타결 직후 페이스북에 "큰 고비를 하나 넘었다. (…) 주요국들과 동등하거나 우월한 조건으로 경쟁할 여건을 마련했다."라고 평가했다.

상호관세율 15%는 앞서 일본과 EU 등이 미국과 타결한 수준과 같다. 협상 타결 직후 긴급 브리핑을 연 김용범 대통령실 정책실장은 "우리 주력 수출 품목인 자동차 관세도 15%로 낮췄다."라고 밝혔다. 다만 한국은 미국과 기존에 FTA를 맺고 있어 자동차 관세율이 0%였던 데 반면, 일본과 EU는 2.5% 관세율이었다. 상승 폭은 한국이 커서 상대적 경쟁력 하락 우려도 나온다.

한국이 조성하기로 한 3,500억 달러 미국 투자 펀드는 조선업 협력에 활용될 1,500억 달러와, 현금 투자 2,000억 달러로 구성돼 있다. 조선업 협력 방안은 이번 협상 과정에서 한국이 미국을 설득했던 가장 중요한 협상 카드였다고 한다. 미국은 쇠퇴한 자국 조선업의 한계를 보완하고, 중국과의 해군력 경쟁에서 우위를 확보하기 위해 동맹과의 조선업 협력에 관심이 많았다.

다만 트럼프 대통령은 협상 타결 이후 소셜미디어 '트루스 소셜'에 올린 글에서 "대한민국이 미국 제품(자동차, 트럭, 농산물 등 포함)에 대해 완전히 개방하기로 합의했다."라며 농산물도 개방 품목으로 썼다. 그러나 김용범 정책실장은 이를 "정치 지도자의 표현으로 이해한다. (…) 농·축산품 논의는 전혀 없었고 합의된 바도 없다."라고 재차 강조했다.

✪ 관세가 한국 산업에 미칠 영향은

1. 반도체

한국 협상단이 미국에 약속한 대미 투자 중에서 조선업을 제외한 2,000억 달러(약 278조 원)는 반도체, 2차전지, 바이오, 에너지 등에서 이뤄질 예정이다. 이 펀드는 삼성전자와 SK하이닉스의 반도체 공장 직접 투자와는 별개로 적용된다

한국 반도체 기업의 기존 대미 투자 규모는 이미 총 408억 7,000만 달러(약 57조 원)에 달한다. 삼성전자가 텍사스주 테일러 파운드리(위탁 생산) 공장에 370억 달러(약 54조 원)를, SK하이닉스가 인디애나주 웨스트라피엣 고대역폭메모리(HBM) 패키징 공장 건설에 38억 7,000만 달러(약 5조 원)를 투자하기로 했다.

반도체 업계는 반도체 품목 관세가 제품 가격에 더욱 큰 영향을 미칠 것으로 보고 있다. 품목 관세는 국가 간 상호관세(15%)보다 우선 적용되기 때문이다. 반도체 관세는 한국의 주요 경쟁국인 대만과 비교해 "불리하지 않은 수준"으로 조정하기로 했다. 미 정부의 보조금도 관건이

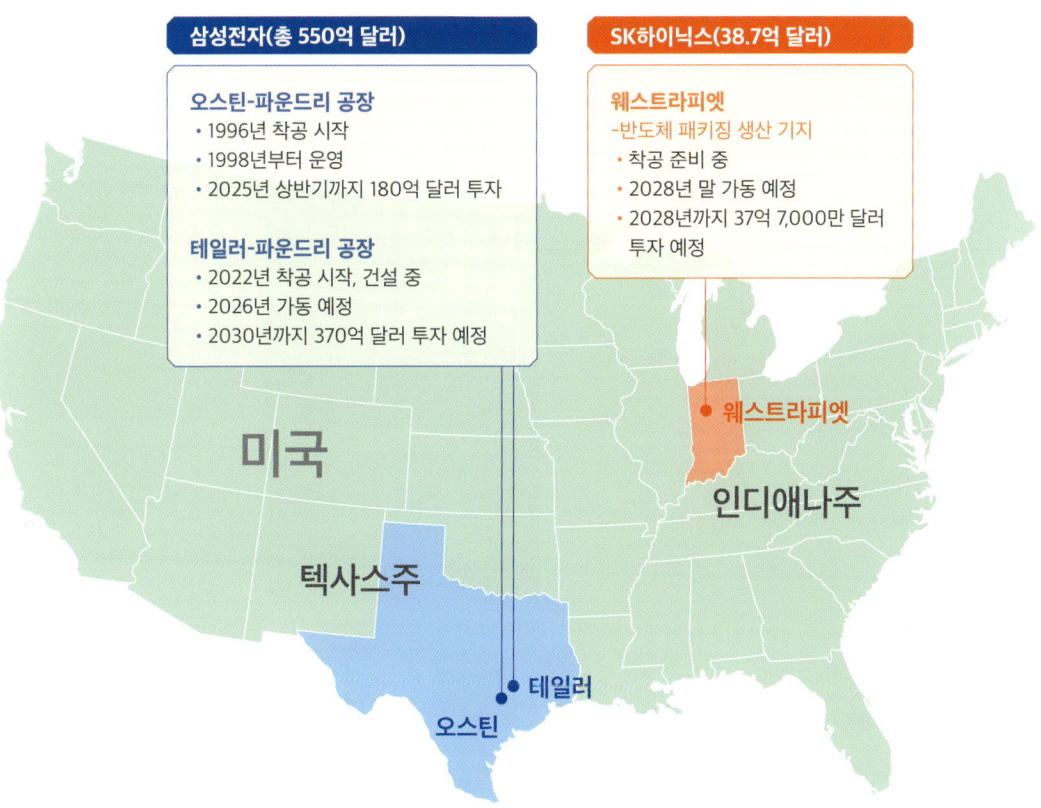

미국 내 삼성전자와 SK하이닉스 반도체 공장 현황

삼성전자(총 550억 달러)

오스틴-파운드리 공장
· 1996년 착공 시작
· 1998년부터 운영
· 2025년 상반기까지 180억 달러 투자

테일러-파운드리 공장
· 2022년 착공 시작, 건설 중
· 2026년 가동 예정
· 2030년까지 370억 달러 투자 예정

SK하이닉스(38.7억 달러)

웨스트라피엣
-반도체 패키징 생산 기지
· 착공 준비 중
· 2028년 말 가동 예정
· 2028년까지 37억 7,000만 달러
  투자 예정

미국

웨스트라피엣

인디애나주

텍사스주

테일러

오스틴

다. 삼성전자와 SK하이닉스는 2024년 12월 미국 투자에 대해 총 52억 300만 달러(약 7조 5,000억 원)의 보조금을 받기로 확정했으나, 실제 백악관이 발표한 'AI 행동 계획'에는 반도체 직접 보조금에 대한 구체적인 언급이 빠졌다.

2. 자동차, 철강

한·미 관세 협상으로 미국이 2025년 4월부터 한국산 자동차 및 자동차 부품에 부과하던 25% 관세가 15%로 10%포인트 내려갔다. 완성차 업계는 일본, EU 등 자동차 수출 경쟁국과 출발선을 맞춘 데 대해 '최악은 피했다'는 반응이다. 하지만 한·미 FTA로 얻었던 '무관세' 우위 효과는 완전히 사라지게 됐다.

━● 한·미 관세 어떻게 달라질까?

	2025년 현재 ➜	앞으로
자동차 자동차부품	**25%** (자동차는 2025년 4월, 부품은 5월)	**15%**
철강	**50%** (2025년 6월 4일부터)	**50%**
가전 (미국이 수입하는 철강으로 만든 파생 제품)	**50%** (2025년 6월 23일부터)	철강 함유량에 대해 관세 **50%** + 나머지 상호관세 **15%**

한국산 자동차는 2012년 3월 한·미 FTA 발효 이후 지난 13년간 기본 관세 2.5%를 적용받던 일본과 유럽 차보다 가격 경쟁력이 있었다. 자동차 업계는 이번에도 FTA 체결 국가임을 강조해 경쟁국보다 2.5%포인트 우위를 유지하기 바랐으나 결과적으로 실패했다.

2024년 한국의 대미 자동차 수출은 143만 대(약 48조 원)로 이 중 현대차그룹(현대차, 기아, 제네시스)이 101만 대, 한국GM이 42만 대다. 같은 해 현대차그룹 미국 자동차 시장 점유율은 12.2%로 GM과 토요타, 포드에 이어 4위였다. 경쟁국과 관세율이 같기 때문에 한국 차들은 우선 마진을 줄여서라도 시장 점유율을 지키려고 할 가능성이 커졌다. 지금도 미국 수출 차량의 마진이 낮은 한국GM의 경우 한국 생산 매력도가 떨어지게 됐다. 자동차 업계는 품질과 브랜드 경쟁력, 기술 혁신으로 경쟁력을 키워야 하는 상황이 됐다.

현대차그룹은 조지아주 신공장 메타플랜트 아메리카(HMGMA)에 연간 50만 대 생산체제를 조기 구축해 관세 영향력을 줄이겠다는 전략이다.

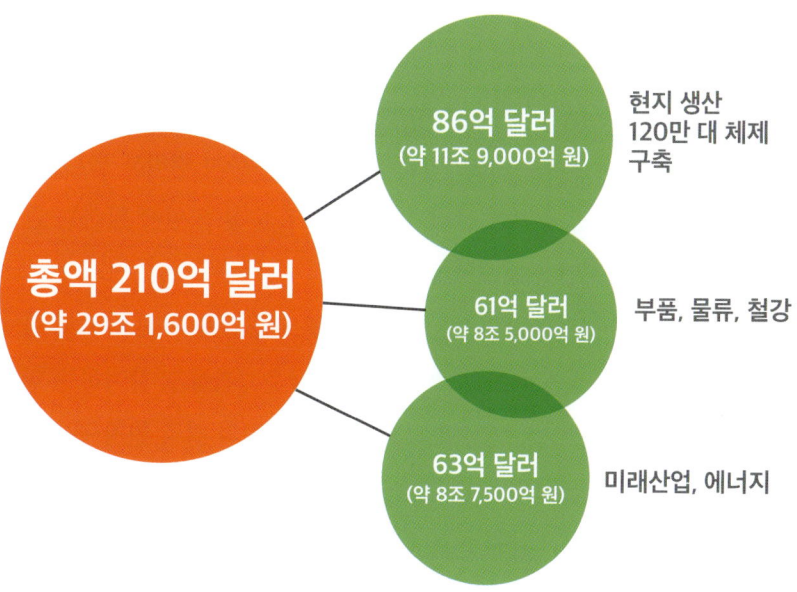

현대차그룹 대미 투자 210억 달러

총액 210억 달러
(약 29조 1,600억 원)

86억 달러
(약 11조 9,000억 원)

현지 생산
120만 대 체제
구축

61억 달러
(약 8조 5,000억 원)

부품, 물류, 철강

63억 달러
(약 8조 7,500억 원)

미래산업, 에너지

현재 조지아공장(34만 대), 앨라배마공장(36만 대) 생산분까지 합쳐 미국 전체 판매량(2024년 171만 대)의 70%인 120만 대를 미국에서 생산하겠다는 것이다.

철강과 알루미늄에 매겨진 50% 품목 관세는 유지됐다. 미국은 2025년 3월 수입산 철강에 25% 관세를 부과했고 6월부턴 이를 50%로 인상했다. 가전제품에 포함된 철강과 알루미늄 부품에도 50% 관세가 계속 부과된다.

현대자동차그룹은 2025년 3월 백악관에서 210억 달러(약 31조 원) 규모의 현지 투자 계획을 발표하며 루이지애나주에 제철소를 짓겠다고 했지만, 제철소가 양산을 시작할 2029년 전까지는 철강 관세 부담을 피할 수 없을 전망이다.

3. 조선

한국 정부는 미국과 관세 협상의 승부수로 '마스가(MASGA, Make American

Shipbuilding Great Again)' 프로젝트를 제안했다. "미국 조선업을 다시 위대하게"라는 뜻을 담은 '마스가'는 수십조 원 규모의 조선업 협력 프로젝트다. 마스가는 도널드 트럼프 대통령의 핵심 구호인 '마가(MAGA, 미국을 다시 위대하게)'에서 따왔다. 마스가 프로젝트에는 한국 민간 조선사의 미국 현지 투자와 이를 뒷받침할 대출, 보증 등 금융 지원까지 망라돼 있다. 한국 정부는 미국 측에 수백억 달러, 한국 돈으로 수십조 원에 달하는 금액을 구체적으로 제안한 것으로 알려졌다.

정부는 한국 조선업체들의 미국 진출 때 필요한 금융 지원을 위해 한국수출입은행과 한국무역보험공사 등 공적 금융기관들도 참여하는 방안을 검토하고 있다. 미국 측은 특히 한국 조선업체의 미국 현지 투자는 물론, 기술 이전과 인력 양성 지원 등을 요구해 왔다. 정부는 국내 조선사와 함께 현지 워크숍, 인증 프로그램, 직업교육 등을 통합하는 인력훈련 프로그램도 준비 중인 것으로 알려졌다.

조선업 재건은 트럼프 행정부의 주요 목표 중 하나다. 미국의 조선업은 1980년대 이후 보조금 축소와 과도한 산업보호정책 등으로 경쟁력을 상실하며 현재 세계시장 점유율이 1% 미만으로 떨어졌다. 기자재, 인프라, 부품, 인력 등 산업 생태계 전반적인 복원이 필요한 상황이다. 간신히 명맥을 이어 가고 있는 핵항공모함과 이지스함 등 첨단 군함과 달리 상선은 조선 능력이 사실상 상실됐다. 2024년 전 세계에서 발주된 상선 1,910척 중 미국 조선소가 수주한 물량은 2척에 불과하다. 이 때문에 상선 건조 능력 부활은 미국에서도 주요 과제다.

4. 배터리, 바이오 등

한·미 정부는 반도체, 원전, 2차 전지, 바이오 등 한국 기업들이 경쟁력을 보유한 분야에 대한 대미 투자 펀드를 2,000억 달러 규모로 조성한다고 밝혔다. 조선업 전용 1,500억 달러 규모 펀드와 별개로 구성되는 펀드다.

한국 배터리 업계는 이미 미국 현지 생산 거점 확보를 위한 대규모 투자를 이어 오고 있었다. LG에너지솔루션(LG엔솔)은 현재 미국 오하이오, 테네시주, 미시간주 등지에서 단독 혹은 합작 공장을 보유하고 있고, 향후 건설 예정인 생산 공장까지 합하면 30조 원에 가까운 투자를 단행하고 있다. SK온도 조지아주에 SK배터리아메리카(SKBA)를 가동하는 한편, 켄터키주와 테네시주에 포드 합작 공장을 짓고 있다. 삼성SDI는 인디애나주에 스텔란티스 합작 공장을 두고 있다.

특히 업계에선 이번 협상으로 미국에서 수요가 폭발적으로 늘어나는 에너지저장장치(ESS) 프로젝트 참여 기회를 넓히는 계기가 되기를 기대하고 있다. LG엔솔은 최근 총 5조 9,442억 원 규모의 리튬인산철(LFP) 배터리 공급 계약을 체결했는데, 미국 테슬라에 ESS용 LFP 배터리를 공급하는 계약으로 추정된다.

그간 무관세 혜택을 받았던 의약품에 관세가 적용되며 제약·바이오 기업들의 현지 생산설비 구축도 늘어날 전망이다. 미국과 관세 협상을 마친 유럽과 일본의 경우 의약품에 15% 관세를 적용받는다. 한국 의약품도 이에 준하는 관세율이 예상된다. 제네릭 의약품(복제약)의 경우 기존처럼 무관세를 적용받게 됐다. 한국의 주요 수출품목인 바이오시밀러(바이오의약품 복제약)는 아직 관세율이 결정되지 않았다. 미국은 글로벌 제약·바이오 업계에서 단일 국가로 가장 규모가 큰 시장이다. 2024년 한국의 대미 의약품 수출액은 약 14억 9,000만 달러(약 2조 688억 원)로 집계됐다.

식품업계는 15% 관세 부과가 가격 인상으로 이어지는 분위기다. '불닭' 브랜드의 수출 물량을 확대 중이던 삼양식품은 미국 현지 가격 인상을 검토 중이다. 라면은 그간 무관세로 미국에 수출해 왔지만 2025년 4월부터 10% 관세를 적용받았고, 2025년 8월 1일부터는 15%의 관세가 부과된다. 삼양식품은 미국 수출 제품 전량을 경남 밀양공장에서 생산하고 있다. 오리온과 오뚜기는 미국 현지 공장 건립을 추진 중이다. CJ제일제당과 농심의 경우 미국 내 생산설비를 통해 관세 대응이 가능하다는 입장이다.

◆ 미국의 관세 정책, 효과 어떨까?

트럼프 대통령은 이미 1980년대에 "다른 나라들이 미국을 약탈하고 있어!"라는 의견광고를 신문에 냈을 정도로 오랫동안 무역적자에 관심을 기울여 왔다. 전문가들은 "무역적자 = 손실 = 나쁜 것"이라는 트럼프 대통령의 의견에 모순이 있다고 지적한다. 무역적자에는 다양한 원인이 있고, 기축통화인 달러를 발행하는 미국은 무역적자를 피할 수 없는 구조인 데다, 기업의 적자와는 달리 무역적자를 꼭 '손실'로 봐서도 안 된다는 게 전문가들의 설명이다. 상대 나라와의 무역적자를 바탕으로 상호관세율을 정한 것도 문제로 지적된다. 상호관세는 경제학적으로 근거가 희박한 데다, 미국이 다른 나라를 상대로 흑자를 보고 있는 서비스 무역은 상호관세율 계산에서 제외한 것 또한 그렇다.

전문가들은 트럼프 정부의 관세 정책이 미국에 도움이 될지에 대해 대체로 부정적인 의견을 보이고 있다. 관세를 올리면 수입과 수출이 모두 줄어들 뿐, 무역적자가 줄지는 않을 것이라고 많은 전문가가 지적한다. 무역적자를 해결하는 게 목표라면 관세가 아닌 다른 정책을 써야 한다는 주장이 우세하다. 부품과 재료 등을 수입할 수밖에 없는 미국 제조업 기업이 관세의 타격으로 생산 차질을 겪는다면, 미국 기업의 수출이 줄어서 무역적자를 줄이는 것이 더 힘들어질 것이라는 이유에서다.

관세를 매겨도 미국 제조업이 과거처럼 세계적 수준으로 회복되기는 어려울 것이라는 의견도 많다. 트럼프 행정부는 이번 관세 제도를 통해 애플 아이폰처럼 생산 기지가 해외에 있는 기업들이 100% 미국에서 제품을 생산하게 될 것으로 기대하고 있지만, 실현 가능성이 전혀 없는 기대라는 지적이 우세하다. 기업들이 해외에 부품·재료 공급망을 구축하는 데 수십 년이 걸렸는데, 이 중 일부만 미국으로 옮긴다고 해도 최소 몇 년은 걸리기 때문이다. 또 중국과 동남아 공장의 생산성과 기술력, 인력 규모와 속도를 미국이 따라갈 수 있을지도 의문이다. 미국의 비싼 인건비를 감당하다 보면 원가가 치솟아 제품 가격 인상이 불가피하고,

이는 기존 미국 수출품의 가격 경쟁력을 떨어뜨릴 것이라는 관측이 나온다.

관세로 미국의 세금 수입이 대폭 상승할 것이라는 주장에 대해서도 과장된 수치라는 지적이 많다. 높아지는 물가와 상대 나라의 보복관세 등 관세의 부작용을 감안하면, 관세 수입만 따지는 건 의미 없는 일이라는 지적도 나온다. 실제로 트럼프 정부 1기 때 중국이 미국산 농산물에 보복관세를 매기면서 미국 농가의 수출이 크게 줄었는데, 트럼프 정부는 농민들을 지원하는 데만 수십조 원을 지출해야 했다. 수출과 수입의 상대적 효과를 무시한 정책이라는 지적이 꾸준히 나오는 이유다.

🔷 자유무역의 종말

트럼프의 관세 정책 때문에 자유무역을 바탕으로 하는 세계화가 전 세계의 질서로 자리 잡았던 시대가 저물고 있다고 한다. 지난 수십 년 동안 글로벌 무역은 각국이 가장 잘하는 일을 분업해 맡고 이를 조합하는 방식이 가장 효율적이라고 여겨 왔다. 자국의 기술자들이 최첨단 기기를 설계하면, 세계 곳곳에 있는 기업 중 가격과 품질이 뛰어난 곳과 계약을 체결해 내부 부품을 만들고, 인건비가 저렴한 중국과 베트남 등지의 공장에서 이를 조립하고 제품을 완성해 전 세계에 파는 방식이다. 이런 분업 체제를 통해 미국의 기술 기업뿐만 아니라 전 세계 기업이 제품의 품질과 가격 경쟁력을 지키고 산업을 발전시켜 왔다.

이 과정에서 부품과 제품들이 국경을 수십 번씩 넘나들 수 있도록 관세 같은 무역장벽을 없애자는 게 그동안 전 세계의 약속이었다. 각국의 비교우위를 따져 노동력이 많이 필요한 단순 생산 업무나 나사 같은 간단한 제품은 임금이 낮은 나라가 맡고, 설계 등 복잡한 일이나 인공지능(AI)처럼 부가가치가 높은 제품은 기술이 고도화한 선진국이 맡아서 하는 것이 모두에게 이익이 된다고 판단했기 때문이다.

미국은 이런 자유무역 질서를 전 세계에 퍼뜨린 국가이지만 트럼프 행정부 들어 이 기조가 완전히 무너졌다. 관세를 앞세운 트럼프식 보호주의 정책이 정착되면 전 세계 분업 체제와 공급망은 큰 타격을 입게 된다. 해외 공장에서 만든 제품을 미국으로 들여올 때 높은 관세가 적용되면 아무리 미국 제품이라도 제품 원가가 크게 치솟게 된다. 중국처럼 미국에 보복관세로 대응하는 국가가 늘고 자국에 생산망을 구축하려는 나라가 늘면 세계 무역이 위축돼 결국 글로벌 경기 침체로 이어질 거라는 전망도 나온다.

◆ 생산설비 이전, 생각대로 될까?

예기치 못한 변수도 등장했다. 2025년 9월 조지아주 현대차그룹-LG엔솔 합작 배터리 공장 착공 현장에서 한국인 근로자 300여 명이 미국 이민당국에 체포, 구금되는 일이 벌어진 것이다. 구금된 LG엔솔 직원 47명은 내년 공장 가동을 앞두고 장비와 전선 등 설비 구축을 맡은 팀장급 이하 인력이었다. 협력업체 직원 250명도 장비와 전선 등 설비 관련 인력이었다.

LG엔솔은 사태 직후 고객사 면담 등 불가피한 경우를 제외한 미국 출장을 전면 중단했다. 현대차도 비상대응팀을 가동했다. 미국 출장은 불가피한 경우 외엔 보류하도록 권고하고, 협력업체까지 고용·비자 검증 절차를 강화하기로 했다. 미국에서 공장을 짓는 SK온과 삼성SDI, 한화오션, LS전선, 효성중공업, CJ푸드빌 등도 긴급 점검에 나섰다.

이번 사태는 예고된 측면이 있다. 트럼프 정부는 관광이나 단기 출장 등을 위해 허용한 전자여행허가(ESTA)를 일부 한국 기업이 '90일짜리 취업비자'로 활용한다고 보고 입국 심사를 강화하기 시작했다. 2025년 6월에는 ESTA로 미국에 입국하려던 LG엔솔 기술자가 무더기로 입국을 거부당한 사례도 있다.

이 같은 단속 강화는 미국인 고용을 늘리라는 압박으로 풀이된다. 문제는 공장 건설이나 초기 가동에 필요한 수준의 기술 및 전문성을 갖춘 현지 인력을 구하기 어렵다는 점이다. 트럼프 1기 행정부 이후 한국의 대미 직접 투자는 2024년 1,300억 달러(약 181조 원)에 이를 만큼 미국 공장을 늘렸지만, 현지 숙련 인력 부족으로 애를 먹어 왔다. 미국에선 용접공 같은 제조업 필수 인력도 부족하기 때문이다.

현대차그룹의 경우 2005년 앨라배마주 현대차 공장 준공 이후 20년 동안 시행착오 끝에 자체적으로 인력을 양성해야 했다. 2024년 필리조선소를 인수한 한화오션도 한국인 50명을 파견해 현지 인력을 교육하고 있다. 양질의 인력이 충분히 공급되지 못하면 미국 조선업 재건을 돕겠다는 '마스가' 프로젝트 또한 순탄하게 진행되기 어려울 수 있다.

미국인 인력뿐만 아니라, 이후 미국 공장의 생산성도 한국 기준에는 한참 못 미친다. 현지 직원을 채용해 고도의 훈련을 집행하더라도 교육 과정 중 중도에 포기하고 퇴사하는 경우도 있다. 미국 최대 회계법인 딜로이트(Deloitte)는 "2033년까지 미국 제조업에 380만 명이 추가로 필요하지만, 인력 문제 해결 없이는 최대 190만 일자리가 채워지지 않을 것"이라고 분석했다.

특히, 한국 기업들이 최근 10년 새 미국에 지은 배터리, 자동차, 반도체 등 최신 공장에선 숙련 기술직이 더 중요하다. 단순 노동보다는 복잡한 기계 조작 및 유지, 보수를 맡을 기술 인력이 공장 생산성을 좌우하기 때문이다. 현지에 공장을 짓고 있는 한 업체 관계자는 "공장에 문제가 없는지 확인하고 안정화하는 과정에서 (비자를 발급받지 못한) 한국 기술자를 급히 보내 해결한 적도 있다. (…) 하청-재하청 구조 밑단으로 갈수록 비자 관리가 허술할 수 있다."라고 우려했다.

그러나 한국인이 미국 입국 시 전문직 취업 비자(H-1B)나 주재원 비자(L-1, E-2), 단기 상용 비자(B-1) 등을 발급받기는 쉽지 않다. B-1 비자 발급엔 최소 100일 이상 걸린다. 협력사는 원청 대기업보다 비자 발급이 더 어렵다. 주재원 비자 등을 받으려면 원청 기업과 직접 고용 관계를 맺어야 한다는 단서 조항 때문이다. 미국 국무부에 따르면 지난해 기준 B-1 비자 거절률은 27.8%에 달했다. 석 달 이상 기다려도 4명 중 1명 이상은 비자를 받지 못했다는 얘기다.

미국에 투자를 늘리라면서 정작 필수 인력에 대한 비자 발급에 깐깐한 트럼프 행정부의 움직임에 빠르게 대응해야 한다는 지적이 나온다. 한국무역협회와 국내 기업들은 한국인 전문가 비자 쿼터를 연간 1만 5,000개 신설하는 내용의 '한국인 전용 취업비자(E-4)' 신설을 미국에 요구해 왔다. 호주는 1만 500명, 싱가포르는 5,400명, 칠레는 1,400명의 쿼터를 확보했지만 한국은 아직 전용 취업비자가 없다.

◆ 제동 걸린 관세 정책

새로운 변수도 있다. 2025년 8월 29일(현지 시간) 미국 연방항소법원이 트럼프 대통령의 관세 정책 대부분은 불법이라고 판결했기 때문이다. 워싱턴DC 연방순회항소법원은 트럼프 대통령이 관세 부과 행정명령의 근거로 든 국제비상경제권한법(IEEPA)에 대해 다음과 같이 말했다.

> "대통령에게 비상사태 대응 권한을 주지만, 관세를 부과할 권한은 없다. (…) IEEPA에는 관세에 대한 언급이 없으며, 대통령의 관세 부과 권한에 명 확한 한계를 담은 절차적 안전장치도 갖고 있지 않다."

IEEPA는 1977년 제정된 법으로, 적대국에 대한 제재나 자산 동결처럼 국가 안보에 '이례적이고 비범한' 위협이 있을 때 대통령에게 경제적 조치를 취할 권한을 부여한다. 2025년 8월 29일 판결로 법원은 "이 권한이 관세까지 포함하는 것은 아니다."라고 선을 그은 셈이다. 이번 판결은 2025년 5월 관세 부과 권한은 의회에 있다고 밝힌 국제무역법원(USCIT) 판결에 미 정부가 항소한 데 따른 것이다.

트럼프 대통령은 판결 직후 자신의 소셜미디어에 "정치적으로 편향된 결정"이라고 반발했다. 그는 다음과 같이 말했다.

"관세가 사라지면 나라에 총체적 재앙(total disaster)이 된다. (…) 대법원의 도움 아래 우리는 그것(관세)들을 우리 나라에 이익이 되도록 사용할 것이다."

이번 소송은 트럼프 대통령이 '관세전쟁'을 시작하면서 2025년 2월 펜타닐 유입을 이유로 중국, 캐나다, 멕시코 등에 부과한 관세, 그리고 2025년 4월 전 세계를 상대로 부과한 관세를 대상으로 한다. 철강, 알루미늄 등 품목별 관세는 해당하지 않는다.

트럼프 행정부는 미 연방대법원에 항소한 상태다. 로이터는 "현재 보수 대 진보가 6 대 3 구도인 대법원은 그간 트럼프 행정부에 유리한 판결을 내리면서도, 오래된 법률을 확대 해석해 대통령에게 새로운 권한을 부여하는 데는 부정적 태도를 보여 왔다."라고 했다.

2025년 8월 29일 판결과 별개로 워싱턴 DC 법원도 IEEPA가 트럼프 대통령의 관세 부과를 승인하지 않는다는 판결을 내렸다. 트럼프 행정부는 패소하더라도 대법원 소송 대상이 아닌 무역확장법 등을 활용해 우회적으로 관세를 징수할 전망이다.

관세를 둘러싼 혼란은 계속될 전망이다. 2025년 10월, 캐나다 온타리오주는 1987년 로널드 레이건 전 미국 대통령의 라디오 연설 영상을 활용해 미국 관세를 반대하는 내용의 TV 광고를 제작했다가 트럼프 행정부의 공분을 샀다. 마크 카니 캐나다 총리의 사과에도 불구하고, 트럼프 미국 대통령은 캐나다에 추가 관세 10%를 부과하겠다고 밝혔고 더 이상 무역 협상을 재개하지 않겠다고 일축했다.

04

상법 개정

송은아

세계일보 기자

고뇌에 찬 기자와 날카로운 논객에 대한 동경을 안고 2004년 기자가 됐다. 청운의 꿈은 진작 희미해졌고 하루하루 아이디어 부족과 자괴감, 밀려드는 일로 정신을 못 차리는 사이 잠시 잠깐 뿌듯하게 반짝이는 순간들에 취하다 보니 21년차가 됐다.《세계일보》에서 서울시, 문화부, 사회부, 경제부, 산업부, 국제부 등을 거쳤다. 출입 기자로서 지난 21년간 역대 서울시장(이명박, 박원순, 오세훈)을 모두 겪은 나름의 '기록(?)'을 갖고 있지만, 서울이라는 도시는 아직도 낯설다. 기자로서, 인간으로서 아직도 세상사에 대해 확신을 갖고 웅변할 자신은 없다. 다만 유연함과 사랑, 관용이 가장 중요한 가치라는 생각은 갈수록 굳어지고 있다.

76.56 48.36

156445.487

68.47

SCANNING COMPLETE

25%

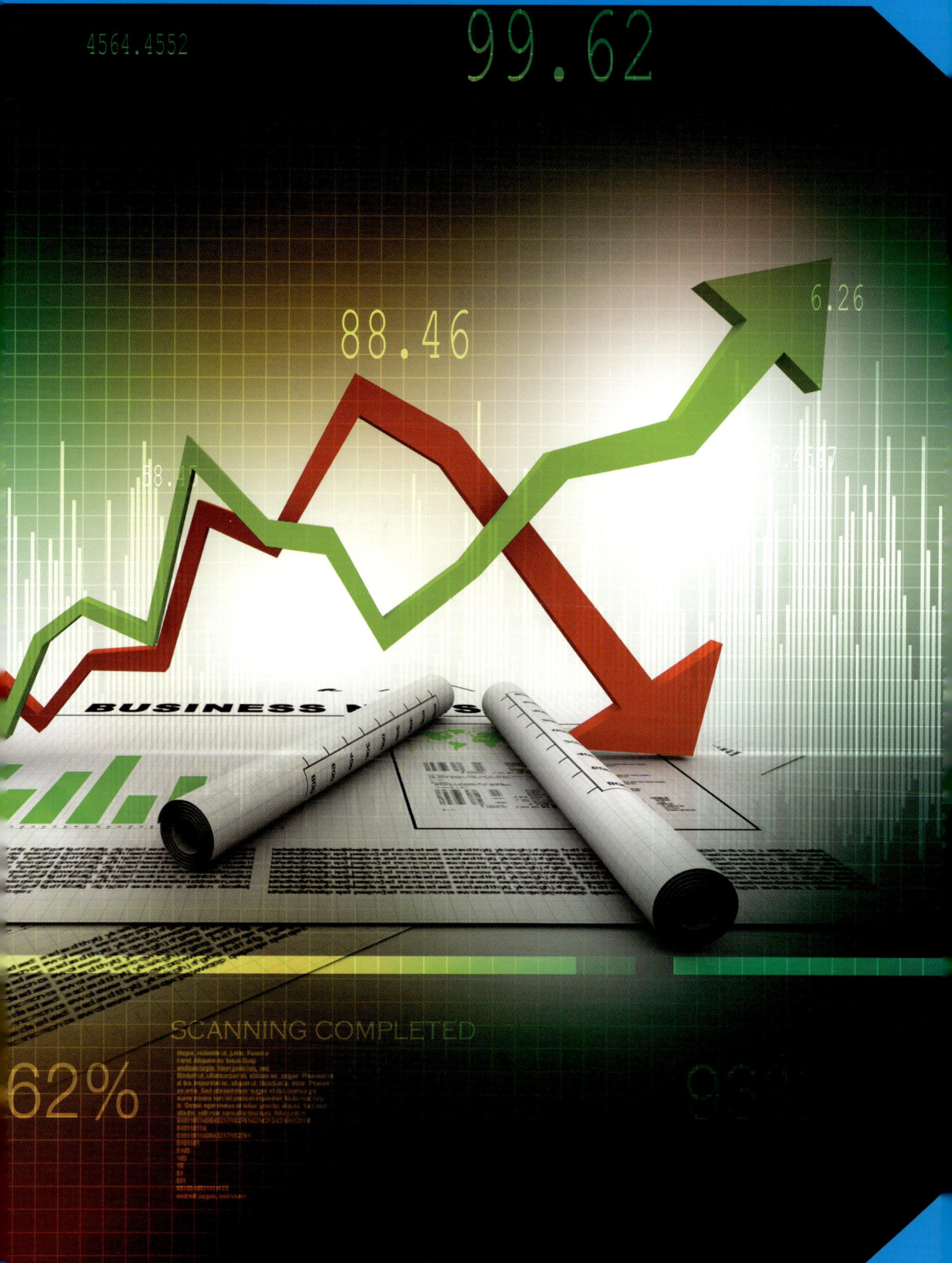
4564.4552
99.62
88.46
6.26
BUSINESS
SCANNING COMPLETED
62%

상법 개정은 한국 증시의 밸류업인가, 기업사냥꾼의 먹잇감인가?

"기업의 경영활동을 옥죄고, 기업사냥꾼의 경영권 탈취 시도가 쉬워질 것." vs "코리아 디스카운트 해소의 서막을 여는 신호탄."

2025년 7월 3일 국회를 통과한 상법 일부 개정안은 격렬한 찬반 논란을 불렀다. 찬성 측에서는 상법 개정을 통해 한국의 고질적 문제였던 기업 지배구조를 개선하고 일반 주주의 권익을 보호할 수 있다고 주장한다. 이를 통해 만년 저평가에 시달려 온 한국 증시의 '밸류업'(가치 상승)과, 나아가 '코스피 5000 시대'의 가능성 또한 기대한다. 반면 재계를 중심으로 한 반대 측에서는 경영권 방어 수단 마련 없이 추진된 상법 개정은 기업의 과감한 투자 결정을 저해하고 외국계 사모펀드 등 기업사냥꾼들의 공격을 더 쉽게 해 줄 뿐이라고 우려한다.

2025년 상법 개정은 세 차례에 걸쳐 이뤄졌다. 7월 15일 1차로 공포된 상법 개정안은 기업 이사의 충실의무 대상을 기존의 회사에서 주주로까지 확대하고, 대주주의 의결권을 제한한 '3% 룰' 등을 담았다. 이어진 '더 센 상법 개정안'은 집중투표제 도입, 분리 선출 감사위원 확대 등 추가 규제를 도입했다. 이어 자기주식(자사주) 소각 의무화를 담은 상법 개정이 3차로 추진됐다.

◆ 코스피 5000 가려면 자본시장 선진화부터

상법 개정 주요 내용을 살펴보기에 앞서, 개정 요구가 나온 배경부터 짚어 보자. 한국 증시는 오랫동안 저평가 논란에 시달려 왔다. 한국 기업이 해외 영토를 넓히며 글로벌 1위 상품을 배출하고 연이어 역대 실적을 갱신해도 코스피 지수는 빈번히 3000 문턱에서 고꾸라졌다. 10년, 20년 넘게 횡보를 거듭한 한국 증시를 두고 '코리아 디스카운트'라는 용어가 등장했다. 코리아 디스카운트란 국내 상장기업의 가치가, 비슷한 수준의 해외 상장기업에 비해 저평가되어 주가도 오르지 못하는 현상을 뜻한다.

연세대 법학전문대학원 김홍기 교수에 따르면, 한국 증시 저평가 원인으로 꾸준히 거론되는 것은 기업 수익성 둔화, 지정학적 리스크, 낙후된 지배구조, 주주 권익 보호 미흡 등이다. 이에 정부는 2024년 2월 26일 기업 가치의 제고와 주식시장 활성화를 위한 '기업 밸류업 지원 방안'을 발표했다. 같은 해 5월 28일에는 그 일환으로 이사의 충실의무 대상에 '주주'를 포함하는 상법 개정을 검토하겠다고 밝혔다.

상법 개정이 본궤도에 오른 건 2025년 1분기였다. 2025년 3월 당시 야당이던 더불어민주당이 주도해 상법 개정안을 국회 본회의에서 통과시켰다. 대통령 권한대행이던 한덕수 전 국무총리는 재의요구권(거부권)을 행사했고 법안은 폐기됐다. 이후 이재명 대통령 취임 후 민주당이 최우선 순위로 상법 개정안의 재입법을 추진했다.

상법 개정에 대한 이 대통령의 의지는 확고했다. 이 대통령은 대선 후보 시절이던 2025년 4월 사회관계망서비스(SNS)에 상법 개정 재추진 등을 담은 주식시장 활성화 정책을 발표하고 금융투자협회를 찾아 "회복과 성장으로 코리아 디스카운트를 해소해 주가지수 5000 시대를 열겠다."라고 말했다. 당시 이 대통령은 "상법 개정안은 특별한 제도를 마련하자는 게 아니라 다른 나라도 다 하는 정상적 기업 지배구조를 만들자는 취지"라고 설명했다. 상법 개정에 반대하는 목소리에 대해선 '이기적인 소수의 저항'이라고 규정했다.

이 대통령은 취임 한 달 후인 2025년 7월 기자회견 모두발언에서도 "자본시장 선진화를 통해 코스피 5000 시대를 준비하겠다."라고 말했다. 이 대통령은 "주식시장이 잘돼 가는 것 같다. (…) 상법 개정 등 제도 개선과 주가조작 등 부정 요소 제거만으로도 상황이 나아질 것으로 봤는데, 이런 점이 시장에 반영돼 다행이다."라고 밝혔다.

민주당 김병기 원내대표도 2025년 6월 새 원내지도부 구성을 마무리한 후 취재진에 "상법은 워낙 중요하고 코스피 5000으로 가는 데 굉장히 중요한 법안"이라며 "민생법안으로 상법 개정안을 가장 먼저 처리하려고 생각한다."라고 말했다. 결국 상법 개정안은 새 정부의 여야 첫 합의 법안으로 2025년 7월 3일 국회 본회의 문턱을 넘었다.

◆ 소액주주 피눈물 닦으려면 상법 개정해야

상법 개정의 당위성을 뒷받침하는 논거 중 하나는 한국 증시에서 끊이지 않는 소액주주 피해 사례들이다. 2016년 KB금융지주는 현대증권을 인수하는 과정에서, 대주주 지분 22.56%에 대해 당시 현대증권 주가(약 6,870원)의 3배 이상인 주당 2만 3,182원을 지급했다. 반면 소액주주들에게는 대주주 적용 가격의 30%에 불과한 주당 6,737원에 주식매수청구권을 부여했다. 소액주주들로서는 불만을 가질 수밖에 없는 액수다.

LG화학의 물적분할과 쪼개기 상장도 소액주주의 공분을 산 대표 사례다. LG화학은 2020년 9월 17일 배터리 사업 부문을 물적분할해 별도 법인을 설립하기로 하고, 2022년 1월 27일 분할로 신설된 LG에너지솔루션(LG엔솔)을 한국거래소에 상장했다. 물적분할은 떨어져 나간 회사가 신설 회사의 주식을 100% 소유하는 방식이다. 당시 배터리는 미래 신성장 산업이었다. LG화학의 알짜 사업을 통째로 도려내 신설 회사를 만들고 상장했으니, 배터리 사업의 성장성을 보고 투자했던 기존 LG화학 주주들은 과장을 보태면 빈껍데기만 손에 쥐게 된 셈이었다.

당연한 수순으로, LG화학의 주가는 크게 하락했다. LG엔솔 상장 이전 LG화학 주가는 90만 원에 육박했으나, 2022년 1월 27일 상장 이후에는 40만~50만 원대를 벗어나지 못했다. 2020년 9월 당시에는 물적분할에 대해 기존 주주가 주식매수청구권을 행사할 수 없었기에 LG화학 소액주주들은 큰 투자 손실을 봐야 했다.

최근 사례로는 고려아연이 있다. 고려아연의 최대 주주인 영풍과, 경영권을 가진 최윤범 회장 측은 오랫동안 경영권 분쟁을 벌여 왔다. 2024년 10월 30일 최 회장 측은 고려아연의 보통주 373만 2,650주를 주당 67만 원에 신규 발행하는 유상증자 계획을 공시했다. 영풍·MBK 파트너스의 적대적 인수합병(M&A)에 대응하기 위해서였다.

고려아연의 유상증자 계획은 주주가치를 훼손한다는 비판을 받았다. 특히 고려아연이 자사주를 공개 매수한 직후, 신주 발행을 통해 조달한 자금으로 자사주 매입에 쓴 차입금을 상환하겠다고 계획해 큰 논란이 일었다. 한국기업거버넌스포럼은 고려아연의 유상증자 공시를 두고 "주주에게는 메가톤급 충격이었다. (…) 회사의 주인이 (전체) 주주라고 생각한다면 도저히 생각할 수 없는 발상이다."라고 비판했다. 이 단체는 고려아연의 유상증자 결의에 대해 "일개 기업에 국한된 문제가 아니고 국제 금융시장에서 한국 기업에 대한 부정적인 인식을 키울 것"이라고 우려했다. 고려아연 주가는 경영권 다툼으로 상승 추세였으나 신주 발행 소식으로 크게 하락했다. 결국 고려아연은 2024년 11월 13일 유상증자 계획을 철회했다.

🔷 기업 이사의 충실의무 대상, 주주로 확대

이렇듯 한국 증시에서 소액주주 피해 사례가 쌓이고 기업 지배구조 문제가 도마에 오를 때마다 법 개정 필요성이 제기됐다. 새 정부 들어 상법 개정 논의는 급물살을 탔고, 찬반양론 속에 본회의에서 통과되고 법률 공포(7월 15일)가 이어졌다.

1차로 개정된 상법은 기업 이사의 충실의무 대상을 회사 및 주주로 확대(상법 제 382조의 3)하고, 이사가 직무를 수행함에 있어 주주의 이익을 보호하고 전체 주주의 이익을 공평하게 대우하도록 규정했다. 기존에는 충실의무 대상에 '회사'만 명시돼 있었디. 개정안은 "이사가 직무 수행에 있어 총주주의 이익을 보호해야 하고, 전체 주주의 이익을 공평하게 대우하도록 한다."라고 취지를 설명했다.

감사위원 선임과 해임 시 최대 주주와 특수 관계인의 의결권을 발행 주식 총수의 합산 3%로 제한하는 이른바 '3% 룰'(상법 제542조의 12 제4항)도 담았다. 기존에는 사내 이사인 감사위원을 선출할 때는 최대 주주와 특수 관계인의 지분을 '합산'해서 3% 룰을 적용하고, 사외이사 감사위원을 선출할 때는 최대 주주와 특수 관계인의 지분 '각각'에 3% 룰을 적용했다.

개정 상법은 이렇듯 사내·사외이사에 따라 서로 달랐던 기준을 모두 '합산' 3%로 일치시켰고, 그 배경을 "감사위원회 위원이 사외이사인지 여부에 따라 다르게 규율하고 있는 현행법 규정은 다소 기교적이고 복잡하다는 지적에 따라 감사위원회 위원 선임, 해임 안건과 관련해 최대 주주는 항상 특수관계인 등이 소유한 주식을 합산해 발행주식 총수의 3% 초과 소유 여부를 판단하게 하려는 것"이라고 설명했다.

개정 상법은 상장회사의 전자 주주총회를 의무화(상법 제542조의 14, 15)하고 사외이사의 명칭을 독립이사로 전환하는 내용 또한 포함했다. 독립이사의 이사회 내 의무 선임 비율도 기존 4분의 1 이상에서 3분의 1 이상으로 확대했다.

이사의 충실의무 대상 확대는 공포 후 즉시 시행됐다. 3% 제한 규정은 공포 1년 뒤 시행된다. 전자 주주총회 의무 개최 규정 등 일부는 2027년 1월 1일부터 적용된다.

상법 1차 개정 주요 내용

① 이사 충실의무 대상

- 이사가 충실의무를 가지는 대상을 기존 '회사' → '회사 및 주주'로 확대
- 즉시 시행.

② 3% 룰 확대

- 감사위원 선임·해임 시 최대 주주와 특수 관계인의 의결권을 발행주식 총수의 합산 3%로 제한하는 것.
- 기존에 사내·사외이사에 따라 달랐던 규정을 사내·사외이사 감사위원 모두 3% 룰 적용으로 변경.
- 2026년 7월 시행.

③ 전자 주주총회 의무화

- 대규모 상장회사의 전자 주주총회 도입 의무화.
- 2027년 1월 시행.

④ 사외이사 명칭

- 독립이사로 전환. 독립이사의 이사회 내 의무 선임 비율을 기존 4분의 1 이상 → 3분의 1 이상으로 변경.
- 2026년 7월 시행.

✦ 재계, "소송 남발 우려… 보완책을"

상법 개정이 추진되자 기업과 경제 단체들은 주주들의 소송 남발과 기업사냥꾼의 공격을 이유로 법안 철회를 주장했다. 경제 단체들은 이사의 충실의무 대상을 기존 '회사'에서 '회사 및 주주'로 확대하면 수많은 주주들이 기업과 이사를 상대로 손해배상이나 배임죄 소송을 우후

죽순 제기할 가능성이 커진다고 우려했다. 기업이나 이사회가 수천, 수만 명에 달하는 소액주주의 제각기 다른 이해관계를 모두 충족하기는 불가능하기에 소송 급증은 필연적이라는 것이다.

이사들이 소송 리스크를 의식해 몸을 사릴 경우, 이사회의 신속한 경영 판단과 과감한 투자 결정이 어려워질 수 있다. 특히 배터리, 석유 같은 장치 산업은 수년간 적자를 감수하더라도 미래 성장성을 위해 조 단위 설비투자를 단행해야 하지만, 주주 소송이 남발하면 장기 이익을 위한 투자가 쉽지 않을 것이라는 전망이 제기됐다. 스타트업도 사업 초반에 수익을 내기보다 대규모 투자를 하며 적자를 감내하는 성장기를 거치는 것이 필수인데, 당장의 재무 건전성이 나쁠 경우 주주들이 이를 탐탁하지 않게 여겨 분쟁으로 비화할 수 있다. 이 때문에 재계에서는 우리 기업의 혁신 성장 동력이 줄어들고 벤처가 중견기업으로 성장하는 생태계가 무너질 가능성이 있다고 본다.

경제 단체들은 또 외국계 헤지펀드들이 '이사의 충실의무 대상 확대'를 악용할 수 있다고 염려한다. 이들에게 한국 기업에 대한 경영권 공격

◀ 주주행동 플랫폼 액트, 상법 개정안 거부권 행사 반대.
2025년 3월 19일 인증 기반 주주행동 플랫폼 '액트'의 이상목 대표(왼쪽)와 윤태준 소장이 '상법 개정안 거부권 행사 반대 의사 성명서'를 최상목 당시 대통령 권한대행에게 등기 우편으로 발송하기 위해 들고 가고 있다. 이들은 국내 주식시장의 핵심 투자 주체인 개인투자자의 의견을 상법 개정안에 반영하기 위해 성명서를 전달했다.
© 인증 기반 주주행동 플랫폼 액트 제공.

수단을 하나 더 쥐여 주는 셈이라는 것이다. 외국계 헤지펀드와 관련해선 2019년 행동주의 펀드 엘리엇이 현대차그룹을 공격한 것이 대표적 사례로 꼽힌다. 당시 엘리엇은 주주가치 제고를 명분으로 고배당을 요구하며 경영권을 위협했다. 이 여파로 현대차그룹은 추진하던 지배구조 개편 작업을 중단했다.

경제 단체에 따르면 최근 한국을 대상으로 한 주주행동주의 펀드들의 공격은 증가 추세다. 대주주 지분율이 낮고 규모가 작은 기업에 이같은 공격이 집중되고 있어, 상법 개정으로 중소기업이 외국계 사모펀드의 경영권 공격 대상이 될 가능성이 커졌다고 경제 단체는 진단한다. 상법이 기업 규모를 가리지 않아 100만여 개 기업이 모두 적용 대상이 되는 것도 문제라고 재계는 지적한다. 나아가 대안으로 상장사 2,500개 정도만 해당하는 자본시장법을 개정하는 '핀셋 개선'안을 제시한다.

상법 개정 찬반 입장

① 찬성

- 금융권, 시민단체 주축.
- 집중투표제, 감사위원 분리 선출로 소수 주주 세력 연합. 이를 통해 기업 운영의 투명성 확보.
- 기업 지배구조 개선, 주주 보호를 통해 자본시장 신뢰 회복.
- 주식시장 '코리아 디스카운트' 해소 전망.

② 반대

- 재계 주축.
- 주주들이 이사를 상대로, 배임죄 등을 근거로 소송 남발 가능성 있음.
- 외국계 사모펀드 등 기업사냥꾼, '주주 충실의무 확대' 조항을 경영권 공격에 악용할 가능성 있음.
- 100만여 개 기업이 모두 적용 대상 돼 문제임.

◆ 배임죄 제도 개선… 경영 판단 원칙 명문화

2025년 7월 상법 개정안 본회의 통과 후 재계는 "자본시장 활성화와 공정한 시장 여건 조성이라는 법 개정의 취지에는 공감하지만 이사의 소송 방어 수단이 마련되지 못했고, '3% 룰' 강화로 투기 세력 등의 감사위원 선임 가능성이 커졌다는 점에 대해선 우려가 크다."라고 했다. 한국경제인협회, 대한상공회의소, 중소기업중앙회, 한국경영자총협회, 한국무역협회, 한국중견기업연합회, 한국상장회사협의회, 코스닥협회 등 경제 8단체는 '상법 개정안 국회 통과에 대한 입장문'을 통해 이처럼 밝혔다.

이들 단체는 "국회도 경제계와의 지속적인 소통을 통해 필요 시 제도를 보완하겠다는 입장을 밝힌 만큼 경영 판단 원칙 명문화, 배임죄 개선, 경영권 방어 수단 도입 등에 대한 논의가 조속히 이뤄지길 기대한다."라고 호소했다.

재계는 이사의 경영 판단에 대해 형법과 상법, 특정경제범죄 가중처벌 등에 관한 법률(특경법)이 중복적으로 배임죄를 적용해 소송이 빈번한

▼ **2025년 7월 24일 상법 개정 관련 경제 8단체 간담회.** 대한상공회의소 등 경제 8단체는 2025년 7월 24일 세종대로 대한상의회관에서 '상법 개정 관련 경제 8단체 간담회'를 가졌다. 박일준 대한상의 상근 부회장(왼쪽 5번째) 등 경제 8단체 부회장들이 기념 촬영을 하고 있다. ⓒ 대한상의 제공.

만큼 경영 판단 원칙을 시급히 도입해야 한다고 밝혔다. 경영 판단 원칙은 이사가 충분한 정보를 바탕으로 주의 의무를 다했을 경우 비록 회사에 손해를 끼쳤어도 의무 위반으로 보지 않는다는 것이다.

대한상공회의소는 2025년 8월 '배임죄 제도 현황 및 개선 방안 연구' 보고서에서 배임죄가 특경법상 35년 전 가중처벌 기준을 적용하는 데다 고소와 고발이 쉽고 민사 문제를 형사화하는 것이 문제라고 지적했다. 특경법상 배임죄에서 가중처벌되는 이득액 기준은 1984년 제정 당시 1억 원과 10억 원에서, 1990년 5억 원과 50억 원으로 한 차례 상향된 뒤 그대로 유지되고 있다. 고소와 고발이 비교적 쉽다 보니 경영상 판단에 따른 투자 실패임에도, 경영자가 배임죄로 고소당한 사례도 발생한다.

이는 모험적인 투자 의사 결정이 위축되는 부작용을 부를 수 있다. 사인 간 민사 분쟁을 배임죄와 같은 형사적 수단으로 해결하려는 시도에 대한 문제 제기도 끊이지 않아 왔다. 고소가 수사기관을 통해 상대방에 대한 민사 소송 증거 확보나 협박 수단으로 악용될 가능성도 있다.

주요국 중 한국만 특경법을 통해 가중처벌 규정을 두는 등 지나치게 무거운 처벌을 한다는 게 문제로 지적됐다. 현행 특경법상 배임을 통한 이득액이 50억 원 이상일 경우 기본 형량은 '5년 이상 징역 또는 무기징역'이다. 미국과 영국은 해당 사례를 배임죄 대신 사기죄로 규율하거나 손해배상 등 민사적 수단으로 해결하고 있다. 대한상공회의소는 다른 나라에 없는 가중처벌 규정과 이미 사문화된 상법 특별배임죄는 폐지하고, 여의찮다면 35년 전 설정된 이득액 기준을 현실화해야 한다고 제안했다. 아울러 판례에서 인정되는 경영 판단의 원칙을 상법과 형법 등에 명문화해 기소 단계부터 이사의 책임을 면해 줘야 한다고 요구했다.

정부와 여당은 재계의 이 같은 주장을 수용해 배임죄를 폐지하기로 했다. 당정은 2025년 9월 30일 당정 협의를 거쳐 1953년 도입한 형법상 배임죄를 폐지하는 내용을 핵심으로 한 '경제형벌 합리화 1차 방안'을 발표했다. 민주당 김병기 원내대표는 이렇게 밝혔다.

"과도한 경제형벌은 기업뿐 아니라 소상공인과 자영업자 등 기업인의 정상적인 경영 판단까지 범죄로 몰아 기업 운영과 투자에 부담을 줘 왔다. (…) 중요 범죄의 처벌 공백이 없도록 대체입법 등 실질적인 개선 방안을 마련하겠다."

재계는 또 그동안 논의가 보류됐던 차등의결권, 포이즌 필, 황금주 등 경영권 방어 수단 도입이 적극적으로 추진돼야 한다고 요구했다. 세 가지 모두 기업사냥꾼에 의한 적대적 인수합병(M&A)을 막기 위한 수단이다. 차등의결권은 창업주나 경영진이 보유한 주식에 일반 주식보다 더 많은 의결권을 부여해 경영권을 보호하는 제도다. 포이즌 필(독소조항)은 적대적 M&A나 경영권 침해 시도가 발생할 때 기존 주주에게 시세보다 훨씬 싼 가격에 지분을 매입할 수 있도록 권리를 미리 부여하는 정책이다. 황금주는 보유한 주식의 금액이나 수량에 상관없이 주주총회에서 의결된 중요사항에 대해 거부권을 행사할 수 있는 특별 주식을 말한다.

🔹 금융권 "경영 전반 체질 개선 유도할 것"

반면 금융권에서는 대체로 1차 상법 개정을 환영했다. 김두언 하나증권 연구원은 2025년 7월 보고서를 통해 상법 개정에 대해 "뜨거운 감자였던 3% 룰이 포함됐다. 이는 최대 주주 의결권을 제한함으로써 반대 급부로 소액주주를 보호하는 조치"라며 "상법 개정은 코리아 디스카운트 해소의 서막을 여는 신호탄"이라고 평가했다.

미래에셋증권 리서치센터는 "한국 증시가 오랜 기간 낮은 주가순자산비율(Price to Book Ratio, PBR) 수준을 지속한 것은 미흡한 주주환원 정책과 높은 거버넌스 리스크가 복합적으로 작용한 결과"라며 "상법 개정 같은 제도 개선책이 실행되면 기업의 자기자본비용(Cost of Equity, COE) 중 거버넌스 리스크 프리미엄이 축소될 것"이라고 밝혔다. 또 "거버넌스 리스크 해소는 단순히 COE를 낮추는 효과에 그치지 않고, 이사회 책임성과 투명성을 높이고 기업 의사 결정의 합리성을 제고하는 방식으로 경영 전반의 체질 개선을 유도할 수 있다. (⋯) 이런 변화는 중장기적 성장 기반 강화로 이어지고, 결과적으로 자기자본이익률(Return on Equity, ROE) 개선이라는 또 다른 가치 상승 요인을 창출할 수 있다.”라고 내다봤다.

금융권에서는 그간 상법 개정 필요성에 공감하는 목소리가 컸다. 2024년 자본시장연구원과 한국증권학회가 공동 개최한 정책 세미나에서 나현승 고려대 경영학과 교수는 지배주주가 계열사 지분을 활용해 절대적 지배권을 행사하고 사익을 편취하는 행위가 ‘코리아 디스카운트’의 원인이라며 주주의 권한과 정보 접근성을 강화하고 이사의 주주 충실의무, 감사위원 전원 분리 선임, 임원 보수와 내부거래의 주주 통제

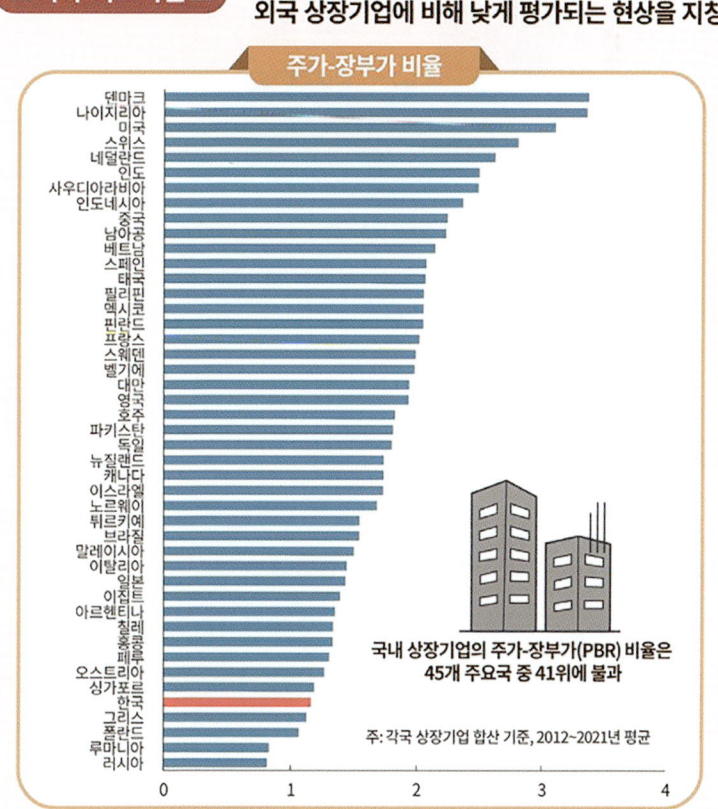

▶「코리아 디스카운트 원인 분석」(김준석, 강소현 글, 2023년 5월)
© 자본시장연구원.

◀ 「코리아 디스카운트 원인 분석」(김준석, 강소현 글, 2023년 5월), © 자본시장연구원.

코리아 디스카운트의 원인

45개국에 대한 실증분석 결과,
주가-장부가 비율에 가장 큰 영향을 미치는 요인은
주주환원 수준과 수익성·성장성 등 재무적 특성

● 다음으로는 거시경제 특성, 기업지배구조, 회계투명성, 기관투자자 비중의 순

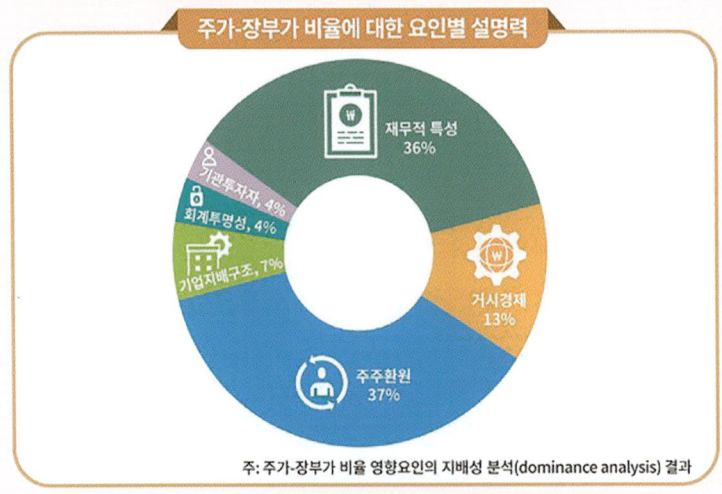

주가-장부가 비율에 대한 요인별 설명력

- 재무적 특성 36%
- 거시경제 13%
- 주주환원 37%
- 기업지배구조, 7%
- 회계투명성, 4%
- 기관투자자, 4%

주: 주가-장부가 비율 영향요인의 지배성 분석(dominance analysis) 결과

한편, 지정학적 위험이 기업가치 또는 코리아 디스카운트에
영향을 주는 요인이라는 근거는 확인되지 않음

강화 등 다양한 대안을 제시했다.

정은정 금융감독원 법무실 국장도 "그간 일반 주주의 이익을 보호하기 위한 정부의 다양한 제도 마련 노력에도 불구하고 여전히 쪼개기 상장 등 이사 및 지배주주가 주주가치를 훼손하는 사례가 반복되고 있다. (…) 열악한 기업지배구조를 근본적으로 개선하기 위해서는 이사의 주주에 대한 충실의무 도입과 더불어 이사의 책임이 과도하게 확대되지 않도록 경영 판단 원칙의 법제화에 대한 사회적 합의 도출이 필요하다."라고 밝히기도 했다.

✦ '더 센 상법 개정'도 시행

　더불어민주당은 1차 상법 개정 후 곧바로 추가 상법 개정에 착수했다. 1차에서 빠진 집중투표제 의무화와 감사위원 분리 선출 확대 등을 개정안에 담았다. 앞서 여야는 집중투표제와 감사위원 분리 선출 확대는 1차 개정안에서 제외하고 논의를 이어가기로 한 바 있다. 더불어민주당은 2025년 8월 초 임시국회에서 2차 상법 개정안을 통과시킬 계획이었으나, 국민의힘의 필리버스터(무제한 토론을 통한 합법적인 의사진행 방해) 등 반대에 가로막혀 처리를 미뤘고, 2025년 8월 25일 본회의에서 의결했다. 이 법은 공포 후 1년 뒤 시행된다.

　'더 센 상법'으로 불리는 2차 상법 개정안의 뼈대는 자산 2조 원 이상 상장사에 대해 집중투표제를 의무화하고 감사위원 분리 선출을 기존 1명에서 2명 이상으로 확대하는 내용이다. 집중투표제란 2명 이상의 이사 선임을 목적으로 하는 주주총회에서 3% 이상 지분을 보유한 주주로 하여금 1주당 선임할 수 있는 수만큼의 의결권을 집중적으로 투표할 수 있도록 하는 제도다. 소수 주주가 특정 후보자에게 표를 집중할 수 있게 해 대주주의 영향으로부터 독립된 이사를 선임하도록 하려는 취지다. 이로써 부여받은 의결권을 이사 후보 한 명에게 모두 사용하는 것이 가능해짐으로써, 소액주주들이 지지하는 후보가 이사회에 진입할 가능성이 커진다. 기존에는 회사 정관에 집중투표를 배제하는 규정을 둔 경우 집중투표를 청구할 수 없었다.

　2차 상법 개정안은 또 감사위원 분리 선임(분리 선출) 대상을 최소 1인에서 2인으로 확대했다. 분리 선임이란 감사위원을 이사와 별도로 선임하는 방식을 말한다. 일반적인 감사위원은 주주총회에서 먼저 선출된 이사들을 대상으로 뽑는다. 주주총회에서는 '3% 룰'이 적용되지 않기 때문에 대주주가 선호하는 이사가 감사위원이 될 가능성이 커진다.

　반면 분리 선임으로 뽑힌 감사위원이 당연직 이사가 되면 '3% 룰'의 효과가 발생한다. 감사위원 선임, 해임 시 최대 주주와 특수 관계인의 의결권을 발행주식 총수의 합산 3%로 제한하는 '3% 룰'이 2026년 7월부터 시행되는 상황에서 분리 선임 감사위원을 최소 2명으로 확대함에 따라 최대 주주의 영향력이 줄어들게 된다.

추가 상법 개정안 공청회에서는 여야의 찬반 입장이 격돌했다. 더불어민주당 박균택 의원은 "집중투표제 또는 감사위원 분리 투표제는 소수 주주 세력의 연합을 통해 기업 운영의 투명성을 확보하겠다는 취지"라고 말했다. 박 의원은 이를 '소수 정당도 당선될 수 있는 선거제도'에 비유하면서 "상법 개정안 반대론자의 논리는 마치 소수 정당이 제1당이 돼 정권까지 다 차지하는 상황을 가정하는 것과 마찬가지의 '공포 마케팅'"이라고 주장했다.

같은 당 전현희 의원은 "대한민국 주식시장은 오랜 기간 투명하지 못하고 낡은 지배구조 때문에 해외 투자자로부터 '코리아 디스카운트'라는 수모를 겪어 왔다. (…) 기업의 투명성 강화와 주주 보호를 통해 국내 자본시장의 신뢰를 회복하기 위해 개정안을 추진해야 한다."라고 주장했다.

반면 국민의힘 주진우 의원은 "헤지펀드 등 외국인 주주와 국내 투자자의 구도로 보면 상법 개정안의 위험성은 상당하다. (…) 외국인 헤지펀드들이 마음먹고 이사를 선임하고자 한다면, 가지고 있는 지분보다 더 많은 이사를 선임할 수 있는 위험성이 있다."라고 우려했다. 정우용 한국상장회사협의회 정책부회장 또한 "상법 개정안 통과 시 감사위원 분리 선출 확대로 해외 투기 자본이 지지하는 감사위원이 선임될 가능성이 있다. (…) 외부 인사 진입으로 우리 기업의 국가 핵심 기술 정보가 유출돼 글로벌 경쟁력을 상실할 우려가 있다."라고 우려했다.

이에 맞서 김우찬 고려대 경영대 교수는 "재계는 지배권 상실, 경영 개입, 위헌 소지, 글로벌 스탠더드 역행, 역차별, 기밀 유출 등의 이유로 반대한다. (…) 집중투표제도와 감사위원의 분리 선출로 지배권이 이전된다면 이는 해당 회사 대주주나 경영자에게 아주 심각한 문제가 있기

▶ **국민의힘, 철강업계 건의사항 점검**(오른쪽), **애로사항 청취**(아래).
임이자 국회 기획재정위원장과 박수영 국민의힘 간사, 권영세·박대출 의원이 2025년 8월 26일 충남 현대제철 당진제철소에서 상법 개정과 대미 관세 및 노조법 등과 관련한 철강업계의 애로 및 건의사항을 점검하고 있다. ©국민의힘.

때문이고, 이 경우에는 지배권이 이전되는 것이 오히려 바람직하다."라고 반박했다.

◆ 재계 "손발 묶어 놓고 싸우라는 것"

2차 상법 개정안이 2025년 8월 25일 국회 본회의를 통과하자 경제 단체들은 바로 유감을 표명하는 성명을 발표했다. 한국경제인협회, 대한상공회의소, 한국경영자총협회, 중소기업중앙회, 한국중견기업연합회, 한국상장회사협의회, 한국무역협회, 코스닥협회 등 경제 8단체는 공동 입장문을 내고 "1차 상법 개정 이후 불과 한 달 만에 추가 상법 개정안이 국회를 통과한 것에 대해 유감스럽게 생각한다."라고 밝혔다.

경제 8단체는 다음과 같이 촉구하고 제안했다.

> "이번 상법 개정으로 경영권 분쟁 및 소송 리스크가 증가할 가능성이 크다. (…) 국회는 입법 부작용을 최소화하는 균형 있는 입법에 힘써 주길 바란다. (…) 우선 투기 자본의 경영권 위협으로부터 자유로운 기업 활동을 보장할 수 있도록 글로벌 스탠더드 수준의 경영권 방어 장치 마련이 시급하다. (…) 기업이 미래를 위해 과감한 결정을 내릴 수 있도록 '경영 판단 원칙'을 명문화하 고, 배임죄도 합리적으로 개선해야 한다. (…) 아울러 기업이 혁신과 성장에 매진할 수 있도록 경제형벌과 기업 규모 별 차등규제, 인센티브를 대대적으로 정비해 나갔으면 한다."

경제 8단체는 2차 상법 개정이 추진될 때부터 반대 목소리를 내 왔다. 이들 단체는 2025년 7월 '경제위기 극복을 위한 경제계 대국민 호소문'을 통해 대내외 위기 속에 여당의 추가 상법 개정으로 경영권 위협이 현실화할 경우 기업들이 글로벌 경쟁력을 잃어 경제 전반에 악영향이 있을 수 있다고 우려했다. 경제 단체들은 "추가적인 상법 개정은 해외 투기 자본의 경영권 위협에 우리 기업들을 무방비로 노출할 수 있다. (…) 기업의 펀더멘틸(기초 체력) 악화와 가치 하락을 초래해 결국 주주가치 훼손으로 이어질 수 있다."라고 지적했다.

대한상공회의소는 300개 상장사를 대상으로 설문 조사한 결과를 공개했다. 조사에서 응답사의 77%가 2차 상법 개정이 기업 성장에 부정적 영향을 줄 수 있다고 답했다. 집중투표제 의무화와 감사위원 분리 선출 확대가 동시에 반영될 경우 경영권이 위협받을 가능성이 있다는 응답도 전체의 74%에 달했다. 2025년 현재 자산 1조~2조 원 규모 상장사는 137개인데, 이들 기업이 상법 규제를 피하기 위해 성장을 기피할 우려가 있다는 관측 또한 제기했다. 대한상공회의소 측은 "이미 '중소→중견' 성장 메커니즘에 문제가 있는 상황에서 2차 상법 개정 시 '중견→대기업' 성장 메커니즘까지 심각한 왜곡이 발생할 가능성이 크다."라며 우려했다.

상법이 개정될 경우 최대 주주가 확보할 수 있는 이사 수가 줄어들 수 있다는 분석도 나왔다. 최준선 성균관대 법학전문대학원 명예교수는 국회의 상법 개정 공청회에서 2차 개정안 적용 대상인 자산총액 2조 원 이상 206개 기업의 주주총회 이사 선임 과정을 시뮬레이션한 결과를 발표했다. 206개 기업의 이사 수는 평균 7.5명, 최대 주주 측 평균 지분율은 42.9%인 현황을 토대로 분석해 보니, 이사 수를 7명으로 가정했을 때 최대 주주 및 특수관계인이 확실하게 확보할 수 있는 이사 수는 2~3명에 그쳤다. 반면 2대 주주 이하 주주들이 선임할 수 있는 이사 수는 최대 4~5명이 됐다. 최대 주주 측에 반해 주요 의사 결정을 내릴 수 있는 구조가 되는 셈이다. 왜냐하면 3% 룰에 따라 1대 주주는 본인과 특수관계인 지분을 합해 3%까지만 의결권을 행사할 수 있지만, 2대 주주 이하 주주들은 집중투표를 통해 추가 2~3명의 이사 자리를 확보할 수 있기 때문이다.

2차 개정안이 시행되면 50대 그룹에서 감사위원 선출 시 의결권이 제한되는 오너(총수) 일가의 우호 지분이 38%에 달한다는 분석도 나왔다. 기업분석연구소 리더스인덱스는 오너가 있는 자산 상위 50대 그룹의 상장사 중 오너 일가 지분이 존재하는 계열사 130곳을 분석해 이 같은 결과를 얻었다.

리더스인덱스에 따르면 130개 계열사에서 우호 지분에 해당하는 오너 일가는 평균 5.8명, 계열사는 1.1개, 공익재단은 0.6개였으며, 지분율은 40.8%이다. 2차 개정안이 시행되면 130개 사 중 자산 2조 원 이상인 94곳이 법 적용을 받는다. 이 경우 우호 지분 40.8% 중 37.8%는 의결권을 행사할 수 없게 된다. 우호 지분을 보유한 평균 5.8명의 오너 일가 가운데 4.8명이 의결권을 잃고, 공익재단을 통한 의결권 행사 또한 불가능해질 전망이다.

◆ 3차 개정… 자사주 소각 의무화

더불어민주당은 1, 2차 상법 개정에 이어 3차 개정 과제로 '자사주 소각 의무화'를 택했다. 국회에 발의된 개정안들은 신규 자사주를 취득 시 즉시 소각하거나 6개월~1년 내 소각하도록 했다. 기존 자사주는 법 시행 후 6개월~5년 내 태워 없애도록 했다. 아울러 임직원 보상 등 정당한 사유가 있는 경우에 한해서는 예외적으로 자사주 보유를 허용하도록 했다.

'민주당 코스피 5000 특별위원회' 위원인 김남근 의원은 1, 2차 상법 개정안 통과 이후 자사주 소각을 언급하며 "자사주를 과도하게 보유했다가 경영권에 문제가 있을 때 우호 세력에 싼값에 넘겨 주가가 하락하는 폐해를 방지할 제도를 마련해야 한다."라고 말했다. 민주당은 자사주가 지배주주의 이익을 위해 언제든 시장에 풀릴 수 있다는 투자자들의 우려가 잠재적으로 주가를 억눌러 왔다고 보고 있다.

통상 기업이 자사주를 매입해 소각하면 전체 주식 수가 줄기 때문에 주가 상승으로 이어지곤 한다. 자사주 소각 의무화가 개미투자자들의 숙원 사업으로 꼽히는 이유다. 반면 재계는 자사주 소각 의무화 시 투기자본의 경영권 탈취 위협에 대항할 수단이 없어진다고 반대한다.

당초 상법은 기업의 자사주 취득을 원칙적으로 금지했고 주식 소각, 합병 등 특정 목적에 한해서만 예외를 뒀다. 그러나 2011년 이명박 정부에서 상장사가 취득한 자사주를 이사회가 자유롭게 처분할 수 있도

주요국 자기주식 소각 의무화 입법례 비교

구분	미국 (델라웨어, 뉴욕)	미국 (캘리포니아)	영국	일본	독일
도입 여부	×	○	×	×	△
소각 의무	-	'미발행주식' 간주(사실상 소각과 동일)	-	-	자본금 10% 초과 시 초과분 3년 이내 처분 의무(처분 못 할 시 소각)

록 규제를 대폭 완화하며 상황이 달라졌다. 기업들이 자사주를 지배구조 안정화 수단으로 활용하자 시장에서 비판이 불거졌다.

최준선 성균관대 법학전문대학원 명예교수는 3차 상법 개정에 대해 "자사주도 기업의 자산 중 하나로, 직원들에게 스톡옵션을 주거나 적대적 방어 수단 등으로 활용할 수 있는데 이를 강제적으로 제거하게 되면 기업에 굉장한 타격이 갈 수밖에 없다. (…) 미국이 한다고 해서 우리나라도 해야 한다는 것은 좋은 것만 취하려는 '체리 피킹(cherry picking)'으로, 전체적인 구조나 시스템을 봐야 한다."라고 말했다.

최태원 대한상공회의소 회장은 자사주 소각 의무화에 대해 대한상의 하계포럼 기자간담회에서 "(법이 개정되면) 자사주를 살 사람이 앞으로 이걸 과연 사겠느냐?"라고 되묻기도 했다. 자사주의 투자 매력 저하라는 양면성을 고려해야 한다는 뜻이다.

한편 정부는 증시 활성화를 위해 '배당소득 분리과세' 제도를 신설하는 방안도 마련했다. 기존에는 배당·이자 등 금융소득이 연 2,000만 원을 초과하면 근로소득 등과 합쳐 최고 45%의 세율을 적용했는데, 향후 3년간 한시적으로 배당소득을 따로 과세하고 최고세율도 내리기로 했다.

정부는 2025년 7월 발표한 세제 개편안에서 배당소득 최고세율을 35%로 인하하는 안을 제시했으나 2025년 11월 10일 더불어민주당과 당정협의회를 통해 최고세율을 25%까지 낮추기로 의견을 모았다.

소비쿠폰

조현아

뉴시스 기자

대학 시절 통신원으로 활동했고, 지금은 통신사에서 기자 생활을
이어가고 있다. 2009년 《뉴시스》에 입사해 사회부 사건팀, 법조
팀, 정치부 정당팀, 경제부 등을 거쳤다. 현재 금융·증권부에서
금융권 취재를 맡고 있다. 사회 이슈를 기록하면서 그 속에 담긴
이야기를 전하려 한다.

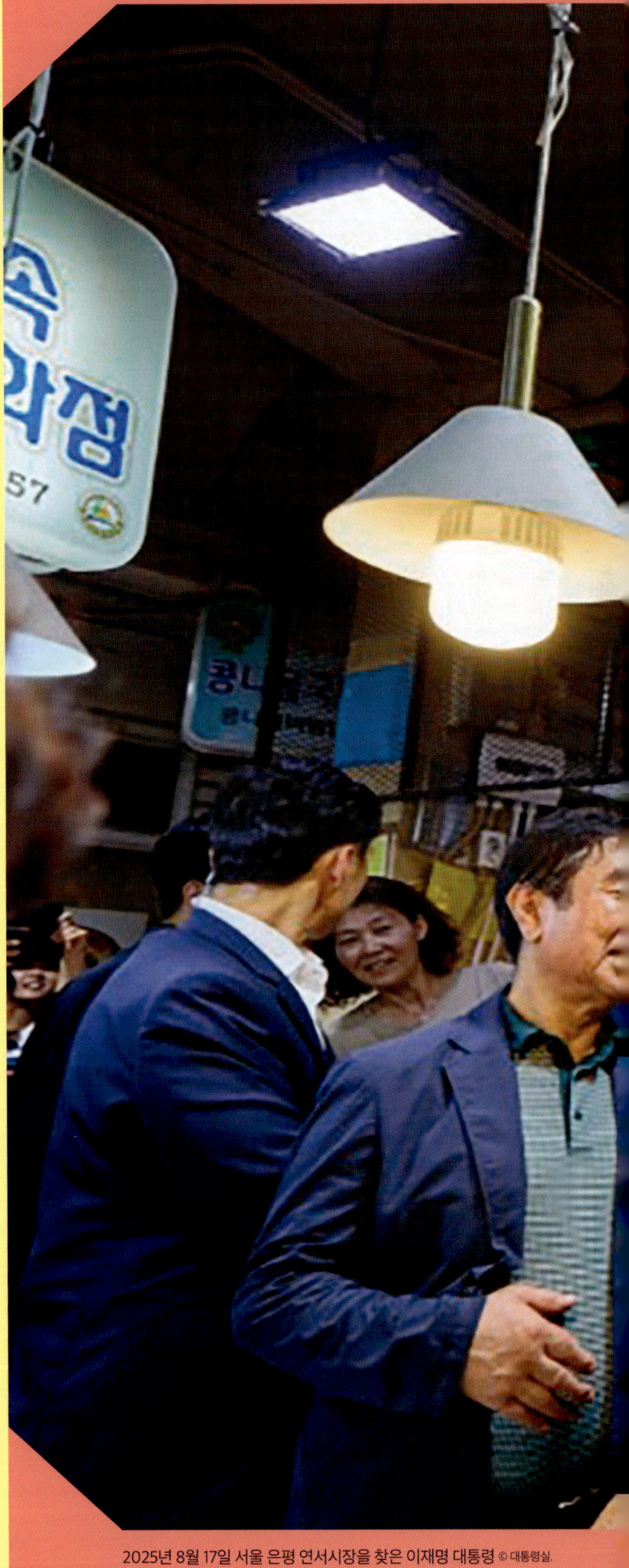

2025년 8월 17일 서울 은평 연서시장을 찾은 이재명 대통령 © 대통령실.

소비쿠폰, 신용사면…
경제에 훈풍 될까?

2025년 7월 전 국민에게 '민생회복 소비쿠폰(이하 소비쿠폰)'이 1차로 지급됐다. 소비쿠폰은 이재명 정부가 출범 이후 얼어붙은 민생경제 회복을 위해 추진한 첫 대규모 경기 부양책의 핵심 사업이다. 정부는 국내에 거주하는 전 국민을 대상으로 소득에 따라 1인당 15~55만 원을 1, 2차로 나눠 단계적으로 지급했다. 우선 15~40만 원을 지급했고, 이후 전 국민의 90%에게 10만 원을 추가 지급했다.

사람들은 미용실에서 머리를 하거나, 안경원에서 안경을 맞추거나, 가족들과 외식을 하는 등 저마다의 방식으로 소비쿠폰을 사용했다. 고물가 속 장바구니 부담이 커진 가계 경제에 1인당 기본 15만 원, 4인 가족일 경우 기본 60만 원에 달하는 소비쿠폰이 소소한 보탬이 된 셈이다.

애초 취지대로 소비쿠폰이 위축된 소비 심리를 되살리고, 침체한 경제에 활력을 불어넣을 수 있을지 판단하기는 아직 이르다. 정부의 공언대로 0% 대 저성장의 늪에 빠진 한국 경제를 살릴 마중물이 될 수도, 전형적인 '포퓰리즘(대중의 인기에 영합한 정치 형태)'으로 반짝 효과에 그칠 수도 있다. 소비쿠폰은 과연 한국 경제에 훈풍을 일으킬 수 있을까?

◆ 민생회복 소비쿠폰, 어떻게 결정됐나?

소비쿠폰은 '이재명 대통령표' 대표 민생 지원 정책이다. 이 대통령은

2015년 성남시장 시절 지급했던 지역화폐(지역사랑상품권) 정책을 발판으로, 2025년 6·3 대통령 선거 이전부터 전 국민을 대상으로 한 지원금 지급을 꾸준히 요구해 왔다. 더불어민주당은 22대 국회에서 '전 국민 25만 원 민생회복 지원금'을 1호 당론 법안으로 추진하기도 했다.

2024년 8월 전 국민에게 1인당 25~35만 원의 지역사랑상품권을 지급하는 '민생회복 지원금 지급을 위한 특별조치법안'이 민주당 주도로 국회 본회의에서 통과됐으나, 윤석열 정부의 반대로 결국 무산됐다. 당시 정부는 대규모의 현금성 지원은 재정적, 경제적 부작용이 예상되고, 막대한 나랏빚이 돼 미래 세대에 고스란히 전가될 것이라는 이유를 들어 법률안 수용을 거부했다.

2025년 6월 이재명 정부가 출범하면서 소비쿠폰 지급은 속전속결로 추진됐다. 기획재정부는 이 대통령이 취임한 지 약 보름 만인 6월 19일 민생회복 소비쿠폰 지급 내용 등이 담긴 2025년 제2차 추가경정예산(이하 추경예산)안을 편성했다. 2차 추경예산은 총 31조 8,000억 원 규모로 책정됐다. 소비쿠폰 지급 예산은 총 13조 9,000억 원으로 12조 2,000억 원가량은 국비로, 1조 7,000억 원은 지방자치단체 예산으로 충당됐다. 추경예산이란 정부가 이미 국회에서 의결한 본예산에 추가로 편성하거나 변경한 예산을 말한다.

소비쿠폰 예산이 담긴 추경안은 2025년 7월 4일 국회에서 통과됐다. 이 대통령은 다음 날인 7월 5일 국무회의를 열고 추경안을 곧바로 의결했다. 이 대통령은 다음과 같이 말했다.

> "새 정부의 첫 번째 추경이 매우 어려운 국민 경제 상황에 따라 긴급하게 편성됐다. (…) 하루라도 빨리 집행돼 국민 삶의 마중물이 될 수 있도록 해 달라."

정부는 추경안 편성 약 한 달 만인 2025년 7월 21일부터 소비쿠폰 지급에 나섰다. 우선 전 국민 1인당 15만 원을 기본으로 하고 소득별로 나눠, 차상위계층과 한부모가족에겐 1인당 30만 원, 기초생활수급자에겐

━● 민생회복 소비쿠폰 지원 금액

단위: 원

구분	상위 10%	일반 국민	차상위·한부모가족	기초수급자
1차 선지급 (비수도권/농어촌 인구 감소지역)	15만 (+3만/+5만)	15만 (+3만/+5만)	30만 (+3만/+5만)	40만 (+3만/+5만)
2차 추가지급	-	+10만	+10만	+10만
합계 (비수도권/농어촌 인구 감소지역)	15만 (18만/20만)	25만 (28만/30만)	40만 (43만/45만)	50만 (53만/55만)

© 행정안전부.

1인당 40만 원을 지급했다. 이와 별도로 서울, 경기, 인천을 제외한 비수도권 지역 주민에겐 3만 원을, 농어촌 인구 감소 지역 84개 시, 군 주민에겐 5만 원을 추가로 지급했다. 2025년 9월에는 소득 상위 10%를 제외한 전 국민 90%에게 10만 원을 추가로 지급했다.

지역경제 활성화 취지에 맞춰 소비쿠폰은 거주지역에 한정해 연 매출액 30억 원 이하 소상공인 사업장에서만 사용할 수 있도록 했다. 소비쿠폰은 빠른 속도로 풀려 나갔다. 행정안전부에 따르면 1차 소비쿠폰이 풀린 지 약 한 달 만인 2025년 8월 13일 기준 신청자 수가 4,893만 명으로 전 국민 5,060만 7,067명의 96.7%에 달한 것으로 나타났다.

◆ 경기 회복 마중물 vs. 포퓰리즘 신호탄

소비쿠폰은 경기 침체와 소비 위축이 장기화한 가운데 경기 회복의 마중물이 될 것이라는 기대에서 출발했다. 소비 심리를 회복시켜 소상공인과 자영업자의 매출에 긍정적 영향을 주고, 결국 경기 회복과 성장의 선순환을 이끌겠다는 취지다. 재정 건전성에 부담이 있더라도, 당장 급한 불부터 끄고 보자는 게 정부의 입장이다.

실제 소비 심리는 개선세를 보였다. 한국은행의 소비자동향조사 결과에 따르면 2025년 8월 소비자심리지수(Composite Consumer Sentiment Index,

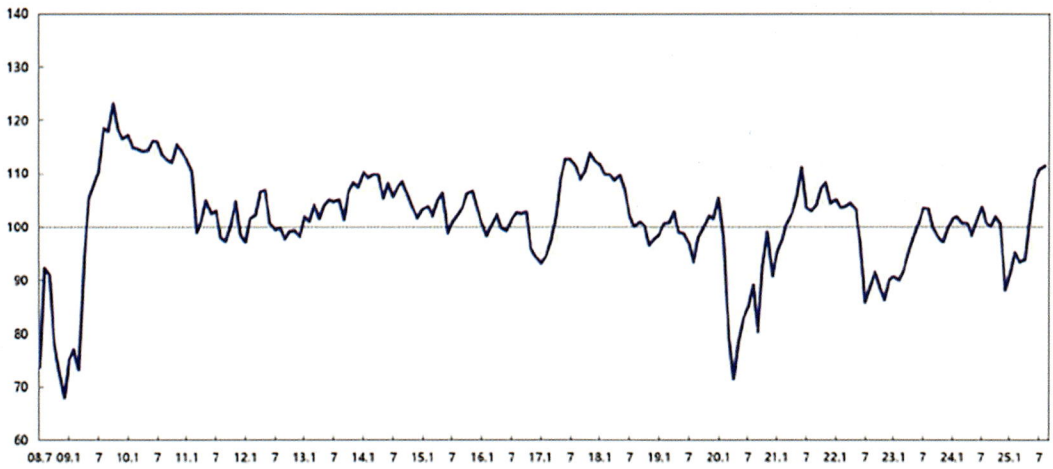

━○ 소비자심리지수* 추이

▲ 2025년 8월 소비자심리지수는 전월 대비 0.6포인트 상승한 111.4다. © 한국은행.
*2003~2004년 중·장기 평균치를 기준값 100으로 하여 100보다 크면 장기 평균보다 낙관적임을, 100보다 작으면 비관적임을 의미한다.

CCSI)는 111.4로 전월 대비 0.6포인트 상승했다. 이는 지난 2018년 1월 (111.6) 이후 7년 7개월 만에 나타난 가장 높은 수치다. 소비자심리지수는 소비자들의 체감 경기를 보여 주는 지표로, 장기 평균을 기준값 100으로 두고 그 이상이면 소비자가 경기 상황을 낙관적으로 인식하고 있다고 본다. 소비쿠폰이 풀리자 차갑게 식은 소비 심리에 변화가 일어난 것이다.

소상공인과 자영업자의 매출도 반등했다. 행정안전부(이하 행안부)에 따르면 소비쿠폰 지급 첫 주(2025년 7월 21~27일) 9개 카드사 가맹점의 전체 매출액은 26조 2,298억 원으로 직전(7월 14~20일) 대비 21조 9,455억 원 (19.5%) 증가했다. 전년도 같은 기간 대비로도 5.5% 늘었다. 소비쿠폰 지급 둘째 주(2025년 7월 28~8월 3일) 매출액도 23조 7,887억 원으로 직전 대비 8.4% 늘었다.

이는 행안부가 2025년 7월 21일부터 2주간 9개 카드사의 매출액 자료 등을 제공받아 분석한 결과다. 사용처는 대중음식점이 41.4%로 가장 많았고 이어 마트·식료품(15.4%), 편의점(9.7%), 병원·약국(8.1%), 의류·잡화(4.0%), 학원(3.8%), 여가·레저(2.9%) 순이었다. 메마른 내수 경제에 소비쿠폰이 단비처럼 스며든 것으로 보인다.

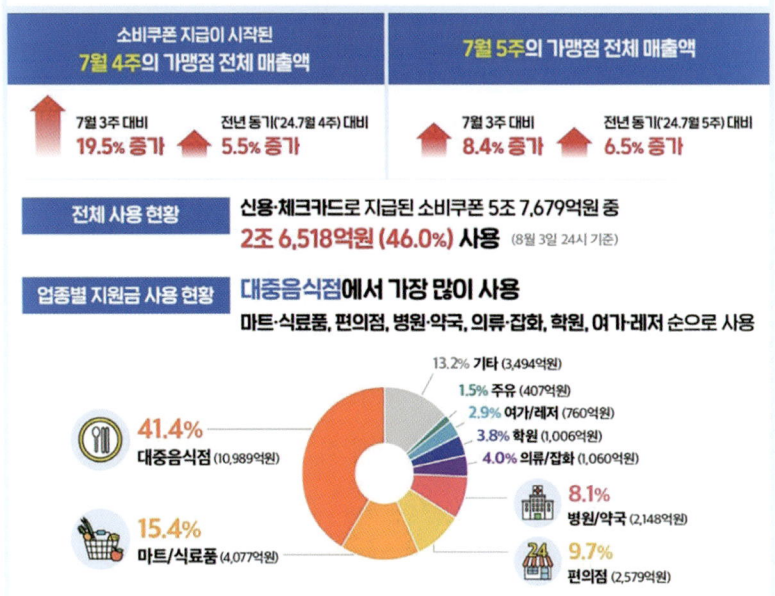

하지만 부작용 우려는 지속되고 있다. 국민의힘은 국가 재정 상황이 악화하고 있는데도 소비쿠폰을 지급하는 것은 '선심성 현금 살포' '전형적인 포퓰리즘 정책'이라며 강하게 비판했다. 소비쿠폰 반대론자들은 이번 지급으로 지역 상권의 매출이 일시적으로 상승하더라도 실질적인 경기 부양 효과는 제한적이고, 결국 재정 부담과 물가 상승만 키울 것이라고 우려한다.

정부의 살림살이는 녹록지 않은 상황이다. 기획재정부에 따르면 2025년 두 차례 추경으로 총지출은 703조 원으로 늘어났다. 관리재정

수지 적자 폭은 111조 6,000억 원에 이를 것으로 전망되고 있다. 관리재정수지는 통합재정수지에서 국민연금 등 4대 사회보장성 기금 수지를 제외한 실질적인 정부의 재정 상황을 나타내는 지표다.

국가 부채도 가파르게 증가하고 있다. 국가 채무는 역대 처음으로 1,300조 원을 넘어 1,301조 9,000억 원에 달할 전망이다. 이에 국내총생산(GDP)에서 국가 채무가 차지하는 비율도 2차 추경 집행 전 48.4%에서 49.1%로 상승할 것으로 전망된다. 정부가 대규모 재정 투입을 위해 국채 발행을 늘리면서 국채 이자 비용도 불어나고 있다. 2024년 28조 2,000억 원까지 불어난 이자 비용은 2025년 30조 원을 넘어설 전망이다.

오세훈 서울시장은 소비쿠폰 지급에 지방자치단체의 재정 부담, 특히 서울시의 예산이 과도하게 투입되는 점을 놓고 불만을 표하기도 했다. 다른 지자체의 재원 부담 비율은 10%인데 반해, 서울시는 25%를 부담해야 하기 때문이다. 정부는 서울시의 재정자립도가 높다는 이유로 지방비 부담 비율을 25%로 상향 조정했다. 이에 따른 서울시의 소비쿠폰 부담액은 3,500억 원으로, 이를 마련하기 위해 시는 빚으로 충당하기로 했다.

오 서울시장은 2025년 8월 서울시의회 제332회 정례회 시정질문에서 다음과 같이 말했다.

> "수년 동안 허리띠를 졸라매 6,000억 원의 부채를 줄여 왔는데 3,500억 원의 지방채를 발행해 소비쿠폰 재원을 마련해야 한다. (…) 지방채를 발행하려면 지방재정법을 개정해야 하는데, 당장 재원이 필요하다 보니 지방채 발행에 편법을 동원하고 있다. (…) 이런 편법을 동원해서까지 소비쿠폰을 발행해 뿌려야 하느냐?"

재정 건전성 악화 우려가 커지고 있는 가운데, 소비쿠폰 지급에 막대한 재정을 쏟아붓는 것은 미래 세대의 부담만 키우는 것 아니냐는 지적이 나온다. 소비쿠폰 같은 현금성 복지 지출의 경우 '승수 효과'가 크지 않아 결국 "밑 빠진 독에 물 붓기"에 불과할 수 있다는 우려다. 승수 효과란 정부 지출이나 투자가 경제에 미치는 파급 효과를 나타내는 것으로, 연쇄 작용을 거쳐 최종적으로 산출된 총효과를 의미한다.

정부가 재정 곳간을 채우기 위해 적자 국채 발행을 확대할 경우 시장 금리 상승(채권값 하락)을 초래해 가계와 기업의 대출 및 자금 조달 부담이 커지고, 민간의 소비와 투자가 위축되는 부작용이 나타날 것이라는 지적이 제기되고 있다. 소비쿠폰이 경기 회복의 출발점이 될지, 단순 불씨로만 그칠지 여전히 논쟁 속에 있다.

◆ 민생회복 소비쿠폰 풀렸더니…

소비쿠폰이 지급된 이후 가장 많은 수혜를 입은 업종은 무엇일까? 한국신용데이터(KCD)가 소비쿠폰 정책 시행 이후 4주간 전국 소상공인 매출 데이터를 분석한 결과, 카드 평균 매출이 전년 동기 대비 약 6.4% 증

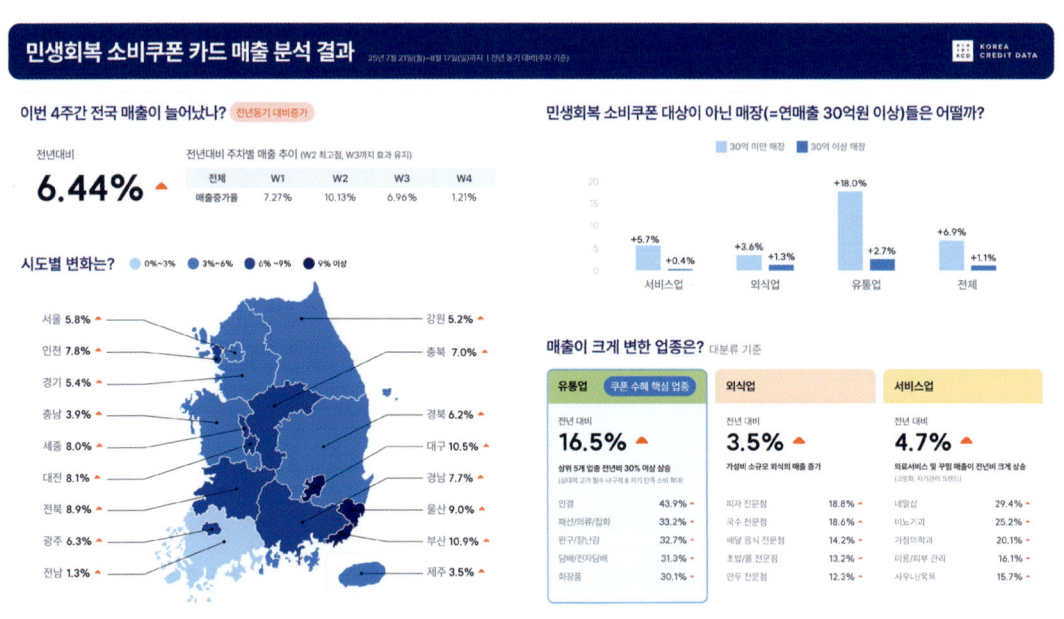

© 한국신용데이터(KDC).

가한 것으로 나타났다. 가장 매출이 많이 오른 업종은 유통업으로 전년 대비 16.5% 상승했다.

세부적으로 안경원 매출이 43.9% 올라 상승 폭이 컸다. 다음으로 패션·의류(33.2%), 완구·장난감(32.7%), 전자담배(31.3%), 화장품(30.1%) 순이었다. 전체 서비스업 매출은 4.7% 늘었고, 네일숍(29.4%), 비뇨기과(25.2%), 미용·피부관리(16.1%) 순으로 매출 순위가 집계됐다. 외식업 매출은 3.5% 늘었다. 피자 전문점(18.8%), 국수 전문점(18.6%), 초밥·롤 전문점(13.2%) 등 가성비 위주의 외식 업종에서 매출 증가세가 두드러졌다.

✦ 현금성 지원 정책, 경제적 효과는?

전 국민을 대상으로 한 현금성 지원 정책은 경기 침체가 장기화하거나 소비가 위축된 상황에서 정부가 쓸 수 있는 극약 처방 중 하나다. 국민에게 직접 현금을 지원해 굳게 닫힌 지갑을 열게 하고, 소비를 활성화하는 것이 목적이다.

코로나19 팬데믹이 발생했을 때도 세계 여러 나라가 경제 위기를 최소화하기 위한 방안으로 현금성 지원 정책을 선택했다. 미국에서는 팬데믹 초기인 2020년 3월 도널드 트럼프 전 행정부가 경기부양 법안인 'CARES Act(Coronavirus Aid, Relief, and Economic Security Act)'를 마련해 성인 1인당 1,200달러, 부양 자녀 1인당 500달러 규모의 1차 재난지원금을 지급한 바 있다.

국내 현금성 지원 정책 사례로는 2020년 문재인 정부가 실시한 '전 국민 긴급재난지원금' 정책이 대표적이다. 2020년 5월 정부는 1차 긴급재난지원금으로 1인 가구에 40만 원, 2인 가구에 60만 원, 3인 가구에 80만 원, 4인 가구 이상에 100만 원을 지급했다. 총투입 규모는 14조 2,000억 원이었다. 이후 2021년까지 2, 3, 4차 긴급재난지원금을 편성해, 코로나19로 직격탄을 맞은 취약계층과 소상공인, 자영업자 등을 중심으로 선별적으로 지원했다.

현금성 지원 정책의 경제적 효과에 대해서는 의견이 분분하다. 경기 침체 상황에서 현금 지급이 소비 진작에 중요한 역할을 했다는 견해가 있는가 하면, 내수 진작 효과가 제한적이라는 분석도 나온다. 한국개발연구원(KDI)이 2020년 12월 발표한 「긴급재난지원금 지급에 관한 연구 Ⅱ」 보고서에 따르면 1차 긴급재난지원금 지급에 따른 신용·체크카

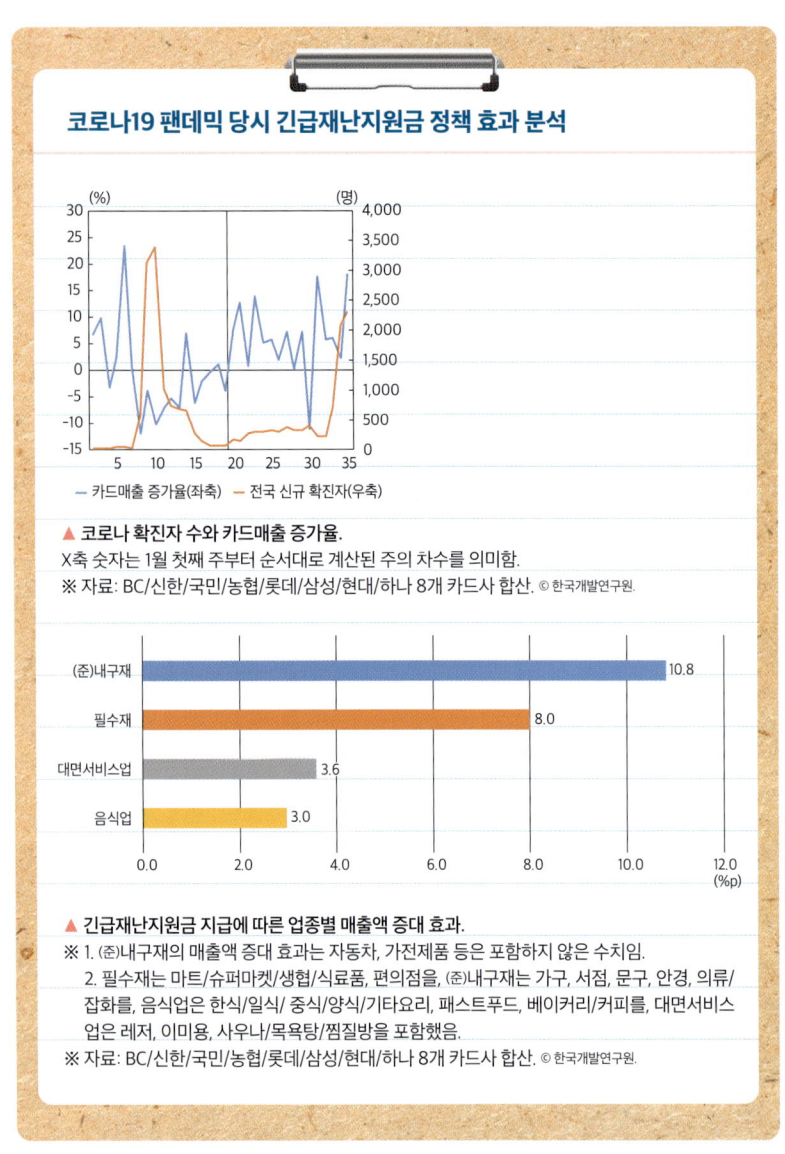

코로나19 팬데믹 당시 긴급재난지원금 정책 효과 분석

▲ 코로나 확진자 수와 카드매출 증가율.
X축 숫자는 1월 첫째 주부터 순서대로 계산된 주의 차수를 의미함.
※ 자료: BC/신한/국민/농협/롯데/삼성/현대/하나 8개 카드사 합산. © 한국개발연구원.

▲ 긴급재난지원금 지급에 따른 업종별 매출액 증대 효과.
※ 1. (준)내구재의 매출액 증대 효과는 자동차, 가전제품 등은 포함하지 않은 수치임.
  2. 필수재는 마트/슈퍼마켓/생협/식료품, 편의점을, (준)내구재는 가구, 서점, 문구, 안경, 의류/잡화를, 음식업은 한식/일식/중식/양식/기타요리, 패스트푸드, 베이커리/커피를, 대면서비스업은 레저, 이미용, 사우나/목욕탕/찜질방을 포함했음.
※ 자료: BC/신한/국민/농협/롯데/삼성/현대/하나 8개 카드사 합산. © 한국개발연구원.

드 매출액 증가분은 약 4조 원으로, 투입 재원 대비 26.2~36.1% 수준에 그친 것으로 나타났다. 정부가 지원금 100만 원을 지급했다면, 그중 약 26~36만 원만 소비로 이어졌다는 뜻이다.

이 보고서에 따르면 정부의 현금성 지원금이 기존 지출을 대체하는 수단으로 쓰이면서 새로운 소비는 크게 늘어나지 않았다. 소비로 이어지지 않은 나머지는 저축이나 채무 상환에 쓰인 것으로 추정됐다. 전체 카드 매출액은 긴급재난지원금 지급 직후(5월 11~6월 21일) 전년 동기 대비 약 7.3% 증가했다가, 7~8월에는 증가 폭이 6.1%로 점차 축소됐다. 이를 두고 긴급재난지원금이 '반짝' 소비 진작 효과를 발휘하긴 했지만, 투입된 재원에 비해 그 효과가 미미한 것 아니냐는 지적이 나오기도 했다.

전혀 상반된 분석도 있다. 고려대 이우진 교수, 중앙대 강창희 교수, 명지대 우석진 교수가 공동 작성한 「2020년 코로나19에 대응한 정부의 긴급 소득지원금이 가구 소비에 미친 영향」이라는 논문에서는 2020년 2, 3분기 코로나19 재난지원금의 한계소비성향을 0.654~0.782 정도로 추정했다. 한계소비성향이란 새로 늘어난 소득 중 소비지출이 차지하는 비율을 의미한다. 0~1 사이의 값에서 1에 가까울수록 소득 증가분의 대부분을 소비했다는 뜻이다.

위 논문 필진은 당시 정부가 지급한 1차 긴급재난지원금뿐만 아니라 1차 긴급고용안정지원금, 서울시의 재난긴급생활비 등 지원금 총액 약 21조 7,000억 원 중 14조 2,000억~17조 원 정도(약 65~78%)가 소비지출에 사용됐다고 분석했다. KDI가 분석한 1차 긴급재난지원금의 한계소비성향(26.2~36.1%)보다 두 배가량 높게 추정한 것이다. 코로나19 팬데믹에 따른 방역 조치로 소비 활동이 제한된 점을 감안했을 때 정부의 긴급 지원에 따른 소비 효과는 낮은 수준이 아니라는 게 이들의 견해다.

현금성 지원 정책은 정부의 다른 재정 지출 방식에 비해 경기부양 효과가 크지 않다는 연구 결과도 있다. 2020년 한국은행 조사국이 분석한 '거시계량모형(BOK20) 구축 결과'에 따르면 정부 소비와 정부 투자,

그리고 이전지출이 각각 1조 원 늘어났을 때 실질 GDP는 3년 평균 각각 9,100억 원, 8,600억 원, 3,300억 원 늘어나는 것으로 분석됐다. 같은 재정을 투입하더라도, 현금성 지원 방식인 이전지출이 경제성장에 기여하는 정도가 훨씬 적은 셈이다. 정부 소비는 공공서비스 제공을 위해 직접 돈을 쓰는 것을 의미하고, 정부 투자는 도로, 철도 등 사회 간접자본(SOC) 건설이나 연구개발(R&D) 등에 투자하는 것을 말한다. 이전지출은 정부가 현금 또는 현금성 혜택을 직접 주는 것을 의미한다. 연구팀은 "정부 소비와 정부 투자는 총수요에 직접 영향을 주는 반면 이전지출은 가처분소득 등을 통해 간접 영향을 주기 때문에 승수가 작은 편"이라고 설명했다.

◆ 쿠폰플레이션(소비쿠폰+인플레이션) 올까?

고물가가 장기화한 국면에서 정부의 소비쿠폰 지급으로 물가가 자극받을 수 있다는 우려도 제기된다. 소비쿠폰과 인플레이션을 합한 '쿠폰플레이션'이라는 신조어까지 만들어졌을 정도다. 수요와 공급의 법칙에 따라 공급은 그대로인데, 단기적으로 소비 수요가 급증하면 물가가 오를 수 있다는 논리다. 실제 정부가 긴급재난지원금을 지급한 직후인 2020년 6월 돼지고기 가격은 전년 동월 대비 16.4%, 한우 가격은 10.5% 폭등한 바 있다. 당시 1등급 한우 등심의 소비자가격은 처음으로 킬로그램당 10만 원을 돌파하기도 했다. 재난지원금을 받은 각 가정에서 축산물 소비를 늘린 영향으로 풀이됐다.

정부 지출과 부채가 늘면 소비자물가가 상승한다는 분석도 있다. 한국재정학회의 「재정 건전성이 물가에 미치는 영향」이라는 논문에 따르면 재정 건전성 악화가 물가 상승을 유발하는 것으로 나타났다. 정부 부채 대비 재정 지출이 1.11%포인트 늘어나면 소비자물가는 최대 0.13%가 상승하고, 정부 부채가 1.0% 증가하면 소비자물가는 최대 0.15% 상승한다는 분석이다.

연구 결과 정부가 지출과 부채를 늘리면 경제 주체들은 미래에 물가가 오를 것이라는 기대를 형성하게 되고, 이 '기대 인플레이션'이 실제 물가를 끌어올리는 요인으로 작용했다. 재정 적자 상황에서는 물가 상승 효과가 컸다. 재정이 흑자인 경우는 정부가 재정 지출이나 부채를 늘리더라도 물가가 일시적인 상승에 그쳤지만, 재정이 적자인 경우는 물가 상승이 지속됐다.

정부의 재정 적자 규모가 불어나는 상황에서 한국은행의 추가 금리 인하까지 더해지면 물가에 상승 압력을 줄 수 있다는 우려가 나오는 이유다. 긴축재정에서 확장재정 기조로 돌아선 정부가 2026년 총지출 규모를 2025년 본예산 대비 8.1% 늘어난 728조 원으로 편성하면서 재정 부담은 더 커질 전망이다.

국내 소비자물가 상승률은 2020년 0.5%에서 2021년 2.5%, 2022년 5.1%까지 치솟은 뒤 2023년 3.6%, 2024년 2.3%로 다시 2% 대로 내려왔다. 한국은행에 따르면 2025년 소비자물가 상승률은 2.0%로 전망되고 있다. 반면 2025년 경제성장률 전망치는 0.9%로 0% 대에 그칠 전망이다.

이창용 한국은행 총재는 2025년 8월 금융통화위원회(이하 금통위) 회의 이후 가진 기자간담회에서 다음과 같이 말했다.

"올해(2025년) 정치적 요인이 굉장히 컸고, 미국 행정부의 관세정책 불확실성도 크다는 점 등을 고려하면 올해 성장률은 잠재 성장률(2%)보다 낮은 것을 어느 정도 받아들여야 한다. (…) 내년 상반기까지는 낮은 성장률이 지속될 가능성이 있기 때문에 적어도 내년 상반기까지는 인하 기조가 유지될 가능성이 클 것으로 본다."

저성장 국면에 접어든 가운데 경기를 부양하면서도, 물가 상승을 방어해야 하는 정부의 정책 역량이 시험대에 오르게 됐다.

◆ 빚 탕감, 신용사면… 500만 명 수혜

정부는 소비쿠폰 지급과 함께 취약계층의 빚 탕감 정책도 내놨다. '배드뱅크(장기 연체 채권 채무 조정 프로그램)'를 통해 7년 이상 된 5,000만 원 이하 무담보채권을 탕감해 주는 것이 이 정책의 골자다. 배드뱅크는 금융기관의 부실채권이나 자산을 사들여 정리해 주는 공공 주도의 구조조정 전담 기구로, 주로 금융위기 상황에서 활용됐다.

이재명 대통령이 성남시장 시절 공동 은행장을 맡았던 주빌리은행(현 롤링주빌리)도 운영 주체가 민간이라는 점만 다를 뿐 배드뱅크와 유사한 형태다. 주빌리은행은 금융회사의 장기 연체 채권을 원금의 3~5%에 해당하는 헐값으로 사들여 빚 탕감에 나섰다. 이재명 정부 들어 배드뱅크는 10월 1일 '새도약기금'이라는 이름으로 본격 출범했다. 새도약기금은 한국자산관리공사(캠코)에서 출자한 채무조정기구로, 장기 연체 채권을 일괄 매입한 뒤 소득·재산 심사를 거쳐 채권을 소각하거나 채무를

━○ 소상공인 채무 부담 완화 추경 주요 내용

	새도약기금(배드뱅크) 출범	새출발기금 개선
지원 대상	7년 이상, 5,000만 원 이하 장기 연체 채권(113만 4,000명)	총채무 1억 원 이하, 중위소득 60% 이하 저소득 소상공인까지 확대(10만 1,000명) 2020년 4월~2025년 6월 사업 영위
지원 내용	· 상환 능력 상실 → 채권 소각 (중위소득 60% 이하, 회생이나 파산 등으로 재산이 없는 경우) · 상환 능력 부족 → 채무 조정 (원금 최대 80% 감면, 잔여 채무 10년 분할 상환)	채무 원금 최대 90% 감면, 최대 20년 분할 상환
추경 예산	4,000억 원 총 소요 재원은 8,400억 원으로 나머지 4,400억 원은 금융권 조달 계획	7,000억 원

© 금융위원회.

조정하는 방식으로 운영된다.

중위소득 60% 이하면서, 회생·파산 인정 재산 외 처분 가능한 재산이 없는 것으로 판단되면 채무 전액을 탕감해 준다. 상환 능력이 부족한 연체자의 채무는 원금의 최대 80%를 감면해 주고, 10년간 분할 상환이 가능하도록 조정한다. 총매입 채권 규모는 16조 4,000억 원이다. 투입 예산은 약 8,400억 원으로 이 중 4,000억 원은 정부 추경으로, 나머지는 금융권 지원으로 마련된다. 배드뱅크를 통해 빚 탕감을 받는 개인과 개인사업자는 약 113만 4,000명에 이를 것으로 추산됐다. 배드뱅크를 추진한 금융위원회는 다음과 같이 말하며 그 배경을 밝혔다.

"장기 연체자는 강도 높은 추심에 따른 고통, 불안, 취업 제한 등으로 정상적 경제생활이 불가능하다. (⋯) 제도권 금융에서 배제돼 병원비 등 긴급 자금을 구하지 못해 불법 사금융 이용이 불가피해지고 범죄에도 쉽게 노출된다. (⋯) 사회적 약자들에 대한 재기 기회를 제공하고 우리 사회 통합 차원에서 장기 연체 채권 채무 조정 프로그램을 추진했다. (⋯) 치열한 삶의 현장에서 뒤처져 장기간 빚의 늪에 빠진 이웃들을 돕기 위한 것이다."

대대적인 신용사면도 단행했다. 정부는 코로나19 이후 발생한 5,000만 원 이하의 연체 채무를 연말까지 전액 상환하면 연체 이력을 삭제해 주는 방안을 2025년 8월 발표했다. 코로나19 극복 과정에서 불가피하게 늘어난 채무에 대해 재정이 책임질 필요가 있다는 판단에서다. 코로나19가 장기화하면서 일이 끊긴 탓에 소액의 빚을 연체했다가 추후 전액을 갚았는데도, 시중은행에서 대출을 받지 못하거나 모든 카드 거래가 정지되는 등 불이익을 받는 경우가 있었다. 연체 기록이 최대 5년간 남기 때문이다. 이런 채무자의 연체 기록을 삭제해 재기할 수 있도록 돕겠다는 게 정부의 취지다.

금융위는 "고금리로 인한 경기 침체 등으로 서민과 소상공인이 불가피하게 채무 변제를 연체했더라도 성실하게 전액을 상환하는 경우, 정상적인 경제생활에 복귀할 수 있도록 신용 회복을 지원하는 것"이라고 신용사면의 배경을 설명했다. 2021년과 2024년에도 정부는 소액 연체자가 전액을 상환하면 연체 이력을 삭제하는 신용사면을 시행한 바 있다. 당시에는 2,000만 원 이하 연체 차주를 대상으로 지원했다면, 이번에는 2020년 1월 1일부터 2025년 8월 31일까지 5,000만 원 이하를 연체한 개인과 개인사업자를 대상으로 한다. 해당 기간 연체가 발생한 370만 3,000명 중 연체 채무를 전액 상환한 257만 7,000명은 2025년 9월 30일부터 연체 이력 정보가 즉시 삭제됐다. 연체액을 아직 갚지 못한 112만 6,000명도 2025년 말까지 연체액을 전액 상환하면 별도의 신청 없이 신용사면을 받는다.

정부는 코로나19로 피해 입은 소상공인과 개인사업자의 채무 조정 지원도 강화했다. 기존 '새출발기금' 제도를 확대해 총채무 1억 원 이하, 중위소득 60% 이하 저소득 소상공인의 빚을 90%까지 감면한다. 나머지 채무에 대해서는 최대 20년간 분할 상환을 지원한다. 기존에는 채무의 60~80%를 감면하고, 최대 10년간 분할 상환을 지원했으나 지원 범위를 넓힌 것이다. 이렇게 되면 6조 2,000억 원의 채무를 진 10만 1,000만 명이 지원받을 것으로 추정된다. 정부의 각종 빚 탕감 정책으로 500만 명에 육박하는 연체자들이 수혜를 입을 전망이다.

◆ 성실히 빚 갚으면 손해?… 논란은 계속

정부의 빚 탕감 정책을 둘러싼 도덕적 해이 논란은 반복되고 있다. 재정을 풀어 개인의 빚을 탕감해 주는 것이 과연 온당하냐는 것이 논란의 핵심이다. 빚 탕감 정책은 이번이 처음은 아니다. 대선 때마다 어김없이 등장하는 공약으로 역대 정부에서도 여러 번 추진됐다.

2008년 이명박 정부는 720만 명에 대한 신용사면을 추진했다. 저신용자의 채무를 재조정하고, 생계형 신용불량자의 채무불이행 기록을 없애는 게 핵심이었다. 박근혜 정부는 2013년 국민행복기금을 통해 장기 채무의 최대 50%를 탕감해 주었다. 기초수급자의 빚은 최대 70%까지 줄여 주었다. 1억 원 이하의 신용대출을 6개월 넘게 갚지 못한 연체자가 그 대상이었다.

문재인 정부와 윤석열 정부도 코로나19로 발생한 소액 연체자의 채무를 탕감해 주는 신용사면을 시행했다. 문 정부는 10년 이상 연체한 1,000만 원 이하 개인 차주의 빚을 100% 탕감하는 방안을 추진했다. 윤석열 정부도 새출발기금을 조성해 코로나19 피해 소상공인의 채무를 최대 90%까지 깎아 주는 정책을 시행했다.

이처럼 대규모 신용사면이 반복되면서 "돈을 빌린 뒤 제때 갚지 않아도 된다."라며 도덕적 해이 논란이 되풀이되고 있다. "빚 갚으면 손해" 등 성실 상환자에 대한 역차별 우려도 뒤따른다. 국민의힘 강민국 의원에 따르면 2020년부터 2025년 4월까지 7년 이상 연체, 5,000만 원 이하 채무를 상환한 채무자는 361만 명으로, 상환 금액은 1조 581억 원에 달했다. 강 의원은 2025년 6월 국회 정무위원회에서 다음과 같이 지적했다.

> "올해(2025년) 4월까지 빚을 상환한 사람이 31만 명이 넘는데, 이분들은 힘들고 어렵지 않아서 돈을 갚은 것이 아니다. 시중에 '빚 갚으면 바보가 된다'는 말이 있다. (…) 이렇게 되면 금융 모럴해저드(도덕적 해이)가 굉장히 심각하게 들어갈 수밖에 없다."

채무자가 도덕적 해이 없이 신용을 회복하도록 하기 위해서는 장기 연체 전 선제적 관리가 필요하다는 주장도 제기된다. 국회입법조사처 김대성 입법조사관은 「개인 채무자, 신용 회복 어떻게 지원할 수 있을까?」라는 보고서에서 "개인 채무자가 도덕적 해이 없이 신용 회복을 통해 경제적 자활의 계기를 성실하게 마련할 수 있도록 장기 연체 전 선제적, 효율적 관리가 필요하다. (…) 장기 연체자의 성실한 상환 유도, 채무자 맞춤형 신용 회복체계를 마련해야 한다."라고 강조했다.

© Pixabay, Akash Kumar Naik

　반면 정부는 도덕적 해이 문제가 우려만큼 크게 발생하진 않을 것으로 보고 있다. 금융위는 "채무 불이행에 따른 추심이나 압류 등 감내하기 어려운 연체의 고통을 감안할 때 고의 연체 가능성은 크지 않을 것"이라고 선을 그었다. 성실 상환자가 상대적 박탈감을 느낄 가능성에 대해서는 "충분히 공감한다. 다만 누구나 장기 연체자가 될 수 있고 사회 통합과 약자에 대한 재기 기회를 제공한다는 차원에서 양해를 바란다." 라고 강조했다.

이 대통령도 2025년 7월 소상공인, 자영업자 빚 탕감 정책과 관련해 다음과 같이 말하며 도덕적 해이 논란에 반박했다.

> "갚을 능력이 되는데 빚을 탕감해 줄지 모르니까, 7년 신용불량으로 살아 보시 겠냐. (…) 코로나19 시기에 다른 나라는 정부가 빚을 졌고, 우리나라는 개인에 게 빌려줘 소상공인이 빚쟁이가 됐는데 정부가 책임져야 하지 않겠냐. 정리를 해 주는 것이 형평성에 맞다."

AI 패권 경쟁

김정욱

서울경제 기자

어릴 때부터 역사와 과학, 사회 이슈에 관심이 많았는데 신문으로 관련 지식을 많이 접했다. 항상 신문과 TV 뉴스를 봐야 한다는 지론을 가진 공무원 출신 아버지 덕분에 초등학교 때부터 신문을 매일 봤다. 당시 신문들은 한자를 혼용해 초중고 시절에는 부모님에게 한자를 물어 가며 신문을 읽기도 했다. 기자가 된 후에는 정치부와 사회부에서 주로 활동했고, 특히 사회적 이슈가 되는 것들을 집중 취재하며 기사를 쓰고 있다.

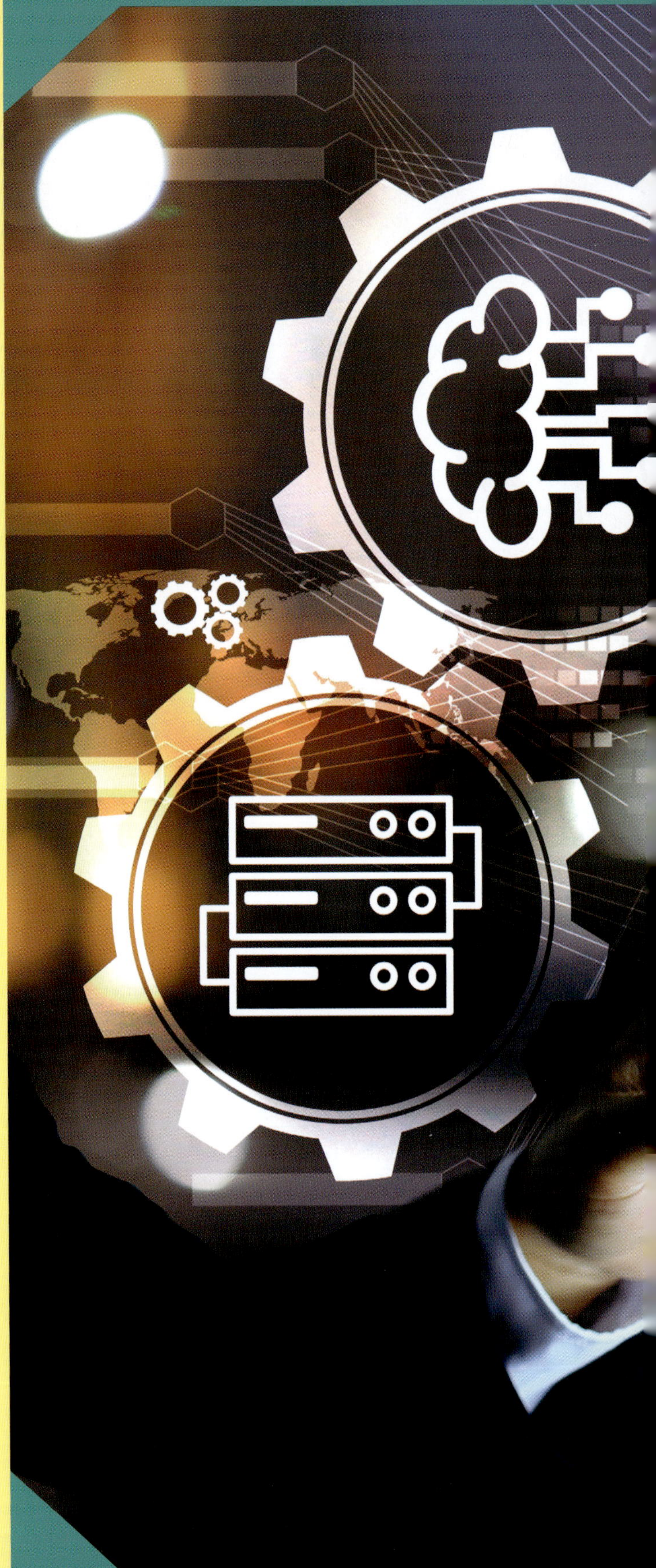

ⓒ셔터스톡

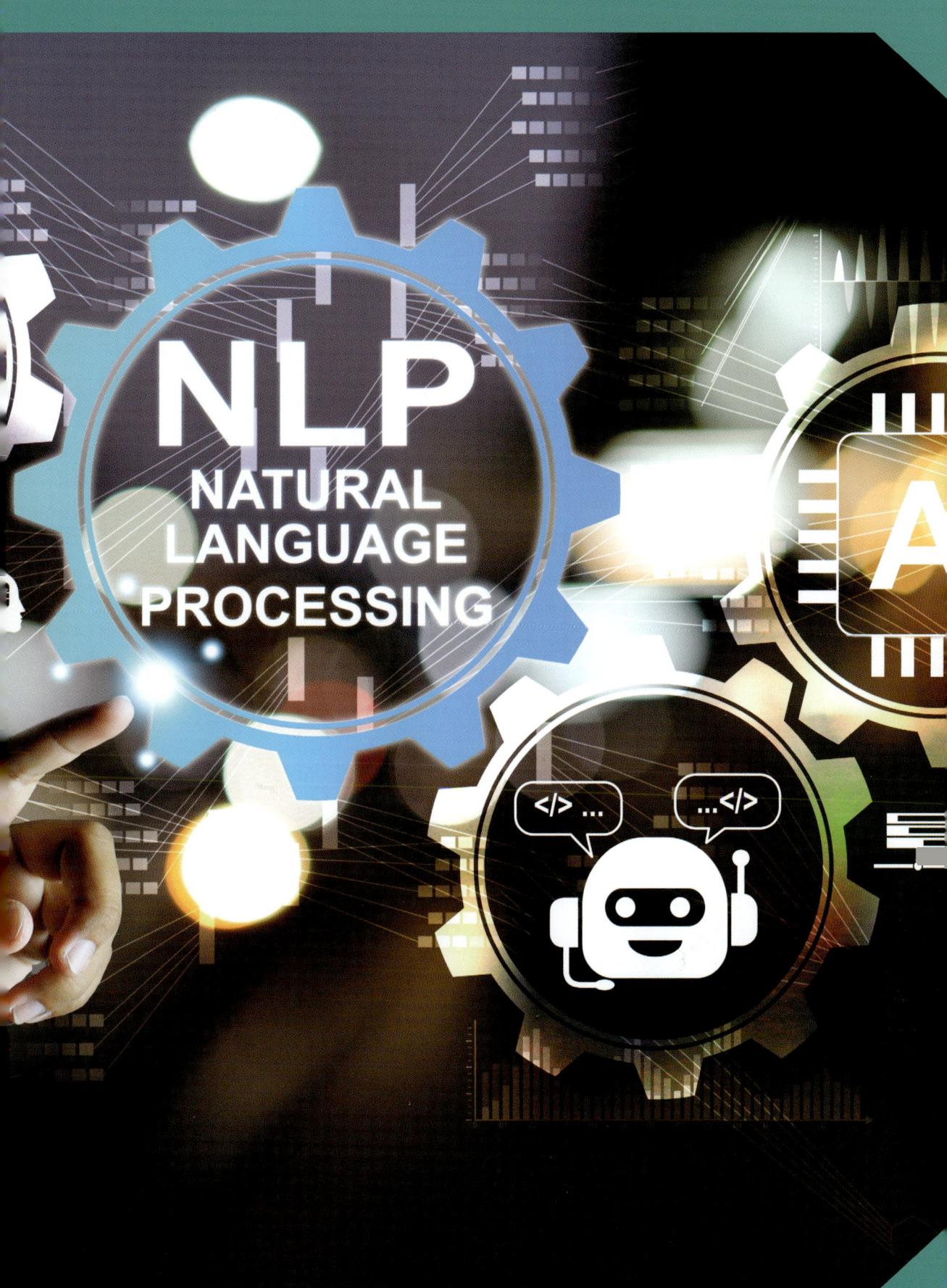

세계는 AI 전쟁 중,
무기는 알고리듬

21세기 세계 질서를 움직이는 힘은 무엇인가? 불과 10여 년 전만 해도 많은 전문가가 꼽은 것은 석유와 가스를 비롯한 에너지 자원, 반도체와 배터리 같은 첨단 부품, 그리고 금융자본이었다. 그러나 2020년대 중반을 지나면서 인류는 새로운 차원의 자원, 즉 데이터와 인공지능(AI)을 패권 경쟁의 핵심에 올려놓게 됐다.

2022년 말 오픈AI(OpenAI)가 내놓은 대화형 AI '챗GPT'는 인류 사회가 AI와 공존하는 방식을 완전히 바꿔 놓았다. 단순한 언어 모형에 불과했던 프로그램이 인간 못지않은 글쓰기, 번역, 요약 능력을 보여 주면서 세계를 충격에 빠트렸다. 학생들은 과제를, 직장인들은 보고서를, 기업들은 고객 대응을 AI에 맡기기 시작했다. 사람들은 농담처럼 "AI가 내

© 셔터스톡

일자리를 빼앗아 간다."라고 말했지만 농담은 현실이 되고 있다.

이런 변화는 단순히 기술적 혁신의 차원에 머물지 않았다. 각국 정부는 AI가 경제와 안보, 사회 질서 전체를 뒤흔드는 힘이라는 사실을 빠르게 깨달았다. 미국과 중국은 앞다투어 AI 투자와 규제를 강화했고, 유럽은 세계 최초의 포괄적 AI 법제를 마련했다. 한국과 일본도 저마다의 전략을 수립했다. 국제 정치학자들은 이제 미·중 패권 경쟁을 단순한 '신냉전'이 아니라 'AI 전쟁'이라고 부른다.

1. 미국, AI 패권의 선두 주자

◆ 실리콘밸리의 심장, 오픈AI와 구글

미국이 여전히 AI 전쟁의 맹주로 꼽히는 이유는 단연 민간 기업들의 압도적 기술력에 있다. 2022년 말 챗GPT를 내놓은 오픈AI는 불과 2년 만에 전 세계 기업, 정부, 개인 모두가 의존하는 필수 인프라가 됐다. 현재 챗GPT는 단순한 챗봇을 넘어 개발자 플랫폼, 검색 서비스, 업무 자동화 도구로 확장됐다.

구글 딥마인드(Google DeepMind) 역시 만만치 않다. 2016년 바둑 기사 이세돌을 꺾으며 AI의 가능성을 세상에 알렸던 딥마인드는 이후 단백질 구조 예측, 로봇 제어, 멀티모달 AI 등 기초연구에서 세계를 선도하고 있다. 메타(Meta)는 거대 언어모델 라마(Llama) 시리즈를 오픈 소스로 공개해 연구 생태계를 확장했고, 앤트로픽(Anthropic)은 '안전한 AI'를 기치로 내걸며 기업 고객 확보에 주력하고 있다.

이처럼 민간 기업의 실험적 혁신이 끊임없이 이어지는 곳이 바로 실리콘밸리다. 이 지역은 단순한 기업 집적지를 넘어 전 세계 AI 연구자와 투자자가 몰려드는 생태계로 진화했다. 미국이 AI 전쟁에서 앞서갈 수 있는 가장 큰 이유는 바로 이 민간 혁신의 다양성과 속도에 있다.

✦ 워싱턴 D.C.의 대응, 규제와 지원의 이중주

미국의 힘은 단순히 기업의 활력에서만 나오지 않는다. 워싱턴 D.C.의 정치권과 행정부도 AI를 국가 안보 자산으로 규정하며 전폭적인 지원에 나섰다. 2024년 미국 정부는 '안전하고 신뢰할 수 있는 AI'를 국가 전략 목표로 선포했다. 구체적으로는 ▲ 연방 차원의 AI 안전 규제 기구 신설 ▲ 고위험 AI(예: 의료, 법률, 채용) 사용에 대한 엄격한 기준 마련 ▲ AI 기업의 투명성 보고 의무화 ▲ 정부 연구 자금 확대 등이 추진됐다. 아이러니한 건 이런 규제와 지원이 동시에 진행되고 있다는 점이다. 겉으로는 '위험 억제'를 내세우지만 실제로는 막대한 자금을 연구소와 기업에 쏟아붓고 있다.

특히 미 국방부 산하 고등연구계획국(DARPA, Defense Advanced Research Projects Agency)은 AI 군사 응용 연구를 전폭적으로 지원하고 있다. 이미 미 공군은 AI 조종 드론과 인간 조종사가 협력하는 실험 비행에 성공했고, 미 해군은 자율운항 무인 잠수함 개발을 본격화했다. 군사 영역에서 AI의 사용은 이제 가설이 아니라 현실이 된 것이다.

✦ 나토 동맹국과의 협력

미국은 동맹국과의 협력을 통해 AI 군사 네트워크를 확장하고 있다. 나토(NATO, 북대서양 조약 기구)는 2023년 'AI 전략'을 공식 채택하며, 회원국 간 군사용 데이터 공유와 공동 연구를 강화했다. 특히 유럽 전장에서의 실시간 드론 운용, 위성 이미지 분석, 사이버 공격 방어 등은 AI 없이는 불가능한 영역이 됐다.

러시아의 우크라이나 침공은 이런 변화를 더욱 가속화했다. 전쟁 현장에서 드론과 AI 기반 표적 식별 시스템이 광범위하게 활용되자 나토는 "앞으로의 전쟁은 AI 없는 군대가 승리할 수 없다."라고 선언했다. 미국은 동맹국에 AI 무기 체계를 공급하면서 동시에 '윤리적 기준'을 강조하는 이중 전략을 구사하고 있다. 이는 AI를 통해 단순히 군사적 우위를 차지하는 것을 넘어서서, 민주주의 진영의 가치를 확산하려는 시도이기도 하다.

✦ 미국 모델의 힘과 한계

미국의 AI 전략은 민간 혁신과 국가 안보의 결합으로 요약할 수 있다. 실리콘밸리의 활력은 세계에서 가장 빠른 혁신을 만들어 내고, 워싱턴 D.C.의 지원은 이를 국가 전략으로 연결한다. 그러나 동시에 윤리적 딜레마와 정치적 불안정성을 노출하고 있는 것도 사실이다. 미국은 현재 AI 전쟁의 선두 주자다. 그러나 이 선두는 영원하지 않을 수 있다. 뒤이어 중국이 맹렬히 추격하고 있고, 유럽과 일본도 틈새 전략을 강화하고 있다. AI 전쟁의 판세는 기술 자체의 우열만이 아니라, 각국이 어떤 가치와 제도를 선택하느냐에 따라 달라질 것이다.

© 픽시베이. Marck Studzinski.

2. 'AI 굴기' 가속화하는 중국

◆ 국가 전략으로서의 인공지능

중국은 AI를 단순한 기술 산업이 아니라 국가의 운명과 직결된 전략 자산으로 규정하고 있다. 2017년 중국 국무원이 발표한「차세대 인공지능 발전계획」은 2030년까지 세계 AI 1위 국가로 도약하겠다는 야심을 담았다. 이 계획은 ▲ 2020년까지 기초연구와 산업 기반 구축 ▲ 2025년까지 일부 분야에서 세계 최고 수준 달성 ▲ 2030년까지 종합적 세계 선도 등 세 단계로 나뉜다.

2025년 하반기에 접어들며 중국은 이미 2단계 목표를 상당 부분 달성했다고 자평하고 있다. 중국은 의료, 금융, 교통, 안보 등 다양한 영역에서 AI가 본격적으로 적용되고 있으며, 국가 차원의 투자가 이를 뒷받침하고 있다.

◆ BAT+H, 중국식 빅테크 생태계

중국의 AI 경쟁을 주도하는 것은 흔히 BAT+H로 불리는 빅테크 기업들이다. 중국 최대 포털사이트를 운영하는 정보통신(IT) 기업 '바이두'는 자율주행과 검색 기반 AI 서비스에 집중하며, '문심일언(文心一言, Ernie Bot)'이라는 대규모 언어모델을 출시했다. 이는 중국판 챗GPT로 불리며, 검열과 정치적 민감성을 내장한 독특한 특성을 지닌다.

중국의 종합 IT 그룹 '알리바바'는 클라우드 컴퓨팅을 무기로 '퉁이첸원(Tongyi Qianwen)'이라는 초대규모 언어모델을 공개했다. 전자상거래 플랫폼과 결합해 수억 명의 사용자 데이터를 활용할 수 있다는 게 강점이다.

중국의 또 다른 거대 IT 기업 '텐센트'는 게임·메신저 플랫폼 위챗(WeChat)의 막대한 데이터를 활용한 AI 응용에 주력한다. 텐센트는 특히

© 셔터스톡.

AI 기반 콘텐츠 생성, 광고, 맞춤형 서비스에서 강세를 보이고 있다. 중국의 전자제품, 통신 장비 제조 기업 '화웨이'는 통신 장비와 스마트폰, 그리고 AI 반도체를 축으로 독자 생태계를 구축하려 한다. 미국의 반도체 수출 규제 속에서 자체 칩 개발을 강화하면서 '중국판 엔비디아'가 되려는 전략을 펼치고 있다.

중국의 이런 기업들은 치열하게 경쟁하면서도 동시에 국가가 설정한 'AI 굴기(崛起)'라는 목표 아래 협력한다. 중국 특유의 국가 주도-민간 동원형 모델이 작동하는 것이다.

✦ 사회주의형 AI, 통제와 효율의 결합

중국 AI의 특징은 기술 자체보다도 사용 방식에 있다. 서방이 자유와 개방을 중시한다면 중국은 통제와 효율을 우선한다. 대표적 사례가 '사회 신용 시스템'이다. 개인의 소비, 교통, 온라인 발언을 데이터로 수집하고 AI가 이를 분석해 신용 등급을 매긴다. 이 신용 등급이 금융 대출, 취업, 여행 자유 등 삶 전반에 영향을 미친다.

검열 기능은 중국형 AI 모델의 핵심이다. 민감한 정치 주제, 예컨대 '천안문 사태'나 '홍콩 민주화' 같은 단어를 입력하면 대답을 회피하거나 긍정적 어휘로 대답한다. 중국에서 AI는 단순한 정보 도구가 아니라 체제 유지 장치인 셈이다.

✦ 군사 영역에서의 AI 활용

중국이 AI를 가장 공격적으로 적용하는 분야는 군사다. 인민해방군은 이미 AI 드론 부대를 운영하며, 대만 해협과 남중국해에서의 군사 훈련에 투입하고 있다. 드론은 자율 비행뿐만 아니라, 실시간 영상 분석과 목표 식별까지 수행한다. 위성 감시 시스템도 AI와 결합됐다. 수천 장의 위성 이미지를 AI가 분석해 미군 항공모함의 위치, 대만의 군사 시설을 실시간으로 파악한다.

무인 잠수함, 극초음속 미사일 유도 시스템 등에도 AI가 적용되고 있다는 보고가 나온다. 이런 흐름은 단순한 기술 실험이 아니다. 미국이 "AI 없는 군대는 미래가 없다."라고 말하듯 중국도 "AI 없는 전쟁은 승리할 수 없다."라는 인식을 굳히고 있다.

◆ 미국 제재 속의 자립 시도

▲ AI를 활용한 군사 훈련 시뮬레이션. © 셔터스톡.

중국의 AI 굴기는 한계와 도전을 동시에 안고 있다. 미국은 2022년 이후 고성능 그래픽처리장치(GPU)와 반도체 장비의 대중국 수출을 강력히 제한했다. 엔비디아의 최신 AI 칩을 구할 수 없게 되면서 중국 기업들은 연산 능력 확보에 어려움을 겪었다. 이에 중국은 자체 반도체 개발을 서두르고 있다. 화웨이와 SMIC(중국 최대 반도체 파운드리)는 7나노급 칩 생산에 성공했다고 주장하지만 여전히 대규모 양산 능력과 품질 안정성은 검증되지 않았다. 이 때문에 중국의 AI 모델은 데이터와 인력에서 강점을 가지지만 하드웨어에서는 제약을 받는 상황이다.

중국은 이런 약점을 보완하기 위해 글로벌 확장 전략을 펼치고 있다. 일대일로(一帶一路, 중국 주도의 '실크로드 전략 구상'. 내륙과 해상의 실크로드 경제벨트를 지칭함)에 참여하는 국가에 값싼 통신 장비와 클라우드 인프라를 공급하며, AI 서비스까지 패키지로 제공한다. 아프리카, 동남아시아, 중동에서 중국산 감시 카메라와 안면 인식 시스템이 확산한 것은 그 대표적 사례. 이는 단순한 시장 확대가 아니라, 중국식 AI 체제를 전 세계로 퍼뜨리는 일종의 외교 전략이다. 서방이 개인정보 보호와 민주주의 가치를 강조한다면, 중국은 치안 유지와 행정 효율을 내세워 권위주의 국가들의 호

응을 얻고 있다.

3. 규제와 산업 진흥 사이에 있는 유럽

✦ 규제 선진국, EU의 선택

유럽연합(EU)은 세계 최초로 포괄적인 인공지능 법제인 'AI 법(AI Act)'을 2024년 통과시켰다. 인공지능을 위험 등급에 따라 분류하고, 고위험군으로 지정된 시스템에 대해 엄격한 규제를 가하는 것이 법의 핵심이다. 왜 EU는 가장 먼저 규제에 나섰을까?

그 답은 유럽이 가진 '규범 제국주의' 전통과 맞닿아 있다. 산업 경쟁에서 미국, 중국에 밀릴 수는 있어도 규범과 가치의 선도자가 됨으로써 글로벌 표준을 장악하려는 것이다. 실제로 EU가 2016년 4월 채택한 개인정보 보호법(General Data Protection Regulation, GDPR)이 세계 각국의 데이터 보호 기준으로 자리를 잡았듯, EU는 AI 규제에서도 같은 효과를 기대한다.

✦ 규제와 혁신 사이의 긴장

EU 규제 일변도의 접근은 곧바로 혁신 저해 논란을 낳았다. 유럽 스타트업들은 까다로운 규제 환경 때문에 오히려 미국이나 영국으로 연구 거점을 옮기려는 움직임을 보이고 있다. 프랑스와 독일은 이를 우려해 막대한 보조금과 투자 펀드를 마련하며 AI 스타트업을 지원하고 있다. 프랑스 정부는 2025년까지 AI 연구개발에 약 15억 유로를 투자하겠다고 발표했고, 독일은 자동차 산업과 제조업 강점을 살려 산업 4.0 전략에 AI를 접목하고 있다. 이처럼 유럽 각국은 '윤리적 AI'를 내세우면서도 자국 산업이 뒤처지지 않도록 하는 이중 전략을 구사하고 있다.

✦ 영국과 유럽의 분리된 길

브렉시트 이후 영국은 EU와 다른 길을 걷고 있다. 런던은 금융과 AI 스타트업이 밀집한 장점을 활용해 '친혁신적 규제 환경'을 조성하고 있다. 2023년에 영국은 글로벌 AI 안전 정상회의를 개최하며 국제 리더십을 과시했다. 오픈AI와 구글 딥마인드의 유럽 거점도 런던

© 셔터스톡.

에 있다. 영국의 접근은 '최소한의 규제, 최대한의 혁신'이다. 이는 대륙 유럽의 엄격한 규제와 대조되며, 유럽 내에서도 AI 정책이 분열적 양상을 띠게 만든다.

✦ 군사용 AI 논의

유럽이 주목하는 또 하나의 분야는 군사용 AI다. 우크라이나 전쟁에서 드러난 드론, 사이버전의 위력은 유럽 국가들에 큰 충격을 안겼다. 프랑스는 이미 군사용 AI 연구소를 설립해 드론, 무인 전투기, AI 기반 방공 시스템을 개발하고 있다. 독일 역시 방산업체와 손잡고 자율 무기 연구에 나서고 있다.

그러나 유럽 내부에서는 군사용 AI를 둘러싼 윤리 논쟁이 뜨겁다. 핵심은 '자율 살상 무기'를 허용해야 하는가, 아니면 국제 협약으로 금지해야 하는가 하는 문제다. 독일과 네덜란드 같은 국가는 강력한 규제와 금지를 주장하지만, 프랑스와 영국은 '현실적 필요'를 이유로 좀 더 적극적인 활용을 모색한다.

✦ 규범과 산업 사이의 균형

유럽의 AI 전략은 결국 규범과 산업 사이의 균형에 달려 있다. EU는 윤리와 안전을 강조하며 글로벌 표준을 주도하려 하지만, 동시에 혁신 경쟁에서 뒤처질 수 없다는 불안도 크다. 현재 유럽은 미국, 중국보다 뒤처져 있지만 국제 규범 설정자라는 지위를 무기로 삼는다. 만약 EU의 AI 법이 글로벌 표준으로 자리 잡는다면 산업에서 뒤져도 세계 질서에서는 영향력을 유지할 수 있다.

그러나 스타트업 탈출과 투자 위축이 가속화된다면, 유럽은 스스로 기회를 잃을 위험도 있다. 결국 유럽의 과제는 단순하다. 규제를 통해 안전을 지키되 혁신의 불씨를 꺼뜨리지 않는 것. 이 어려운 과제가 유럽의 미래를 좌우할 것이다.

4. 일본, 조용한 AI 강자

✦ 뒤처진 듯 보이지만 소리 없이 강해

AI 경쟁 구도에서 일본은 흔히 '조용하다'는 평가를 받는다. 미국과 중국이 매일 같이 새로운 모델을 내놓고, 유럽이 규제 법안을 발표하는 동안 일본은 상대적으로 뉴스거리가 적다. 그러나 겉으로 보이는 조용한 분위기와 달리 일본은 기초연구와 응용기술 분야에서 결코 무시할 수 없는 존재감을 유지하고 있다.

일본의 대학과 연구기관은 기계학습, 로봇공학, 자연언어처리, 반도체 장비 분야에서 꾸준히 성과를 내 왔다. 특히 로봇공학은 일본의 전통 강점이 된 지 오래며, 가정용·산업용 로봇이 이미 그들의 생활 속에 깊이 자리를 잡았다. 인공지능과 로봇의 결합은 일본이 미래에도 차별화할 수 있는 영역이다.

◆ 일본 정부의 국가 전략

일본 정부는 2019년부터 'AI 국가 전략'을 추진하며 연구개발, 인재 양성, 데이터 활용을 3대 축으로 삼았다. 고령화와 노동력 부족 문제를 해결하기 위해 의료, 간호, 방재, 교통 분야에서 AI 도입을 적극적으로 지원하고 있다.

2025년 일본 정부는 'AI 윤리 가이드라인'을 개정해 개인정보 보호와 공정성을 강조하면서도 산업 적용에 속도를 붙였다. 예를 들어, 대형 병원에서는 환자 기록 분석을 통한 진단 보조, 지방자치단체에서는 재난 대응 시뮬레이션에 AI를 도입하고 있다. 이는 일본 사회의 특수한 과제인 고령화와 빈번한 재해 발생과 맞닿아 있다.

◆ 산업계의 응용과 한계

일본의 대기업들도 AI 응용에 적극적이다. '토요타'는 자율주행차와 스마트시티 프로젝트에 AI를 접목하고 있으며, '소니'는 이미지 센서와 엔터테인먼트 콘텐츠에 AI 기술을 융합하고 있다. 'NEC'와 '후지쯔'는 행정, 보안 분야에서 AI 솔루션을 공급하며 안정적 수익을 올린다.

그러나 일본 산업계의 AI 전략은 혁신보다는 안정적 응용에 방점이 찍혀 있다. 급진적 시도보다는 기존 산업 구조에 AI를 덧입히는 방식이 많다. 이에 글로벌 담론에서는 일본이 상대적으로 덜 주목받는다. 하지만 일본식 점진주의는 실패 위험이 적고, 장기적으로는 안정적 결과를 낳을 수 있다는 평가도 있다.

◆ 반도체 장비와 양자 연구

AI 경쟁에서는 소프트웨어뿐만 아니라 하드웨어도 중요하다. 일본은 반도체 장비와 소재 분야에서 세계적 경쟁력을 유지하고 있다는 점에서, AI 경쟁에서 유리하다고 볼 수 있다. 특히 포토레지스트, 실리콘 웨이퍼, 리소그래피 장비 등은 일본 업체가 글로벌 시장을 장악하고 있어 미국과 중국 모두 일본을 무시할 수 없다.

또 일본은 양자 컴퓨터 연구에 꾸준히 투자하고 있다. 도쿄대, 리켄 연구소 등이 IBM, 구글과 협력하며 양자 AI 연구를 진행 중이다. 일본은 양자 기술은 아직 초기 단계지만 AI 발전의 잠재적 게임 체인저로 꼽힌다. 일본은 이 분야에서 조용히 입지를 다지고 있다.

✦ 군사 영역과 미·일 협력

일본은 헌법 제9조에 따라 '전쟁하지 않는 국가'를 표방하지만 안보 환경 악화 속에서 군사적 AI 연구를 확대하고 있다. 미·일 동맹은 AI 공동 개발을 중요한 의제로 삼고 있으며, 미군과 일본 자위대가 함께 AI 기반 미사일 방어, 해상 감시 체계를 시험하는 움직임도 보고되고 있다. 일본은 독자적으로 공격적 AI 무기를 개발하기보다는 미국과의 협력 속에서 보완적 역할을 맡는다. 이는 동맹 강화이자, 중국 견제를 위한 전략적 분업이다.

✦ 문화적 요인, 신중함과 보수성

일본의 AI 정책에는 문화적 요인도 작용한다. 일본 사회는 데이터 활용에 보수적이며 개인정보 유출에 대한 불신이 크다. AI 도입이 늦어지는 이유 중 하나도 이런 사회적 분위기에 있다. 그러나 신중함은 윤리적 논란을 줄이는 장치가 되기도 한다.

또 일본은 인간-로봇 관계에 비교적 관대하다. '아톰'이나 '도라에몽' 같은 캐릭터에서 보듯 로봇과 공존하는 문화적 상상력이 풍부하다. 이는 장기적으로 AI와 로봇 융합 사회를 준비하는 데 긍정적 자산이 될 수 있다.

5. 생존과 도약의 갈림길에 선 한국

✦ AI 강국을 향한 국가적 열망

한국은 오랫동안 'IT 강국'이라는 타이틀을 달고 살았다. 초고속 인터넷 보급, 휴대전화와 스마트폰 확산, 전자정부 시스템 등에서 선도적인 성과를 내면서 세계를 놀라게 했다. 그러나 AI 전쟁의 시대에 접어들면서 한국은 "과연 세계의 흐름을 따라잡을 수 있는가?"라는 문제에 직면하게 됐다.

한국 정부는 2019년 「인공지능 국가 전략」을 발표하며 2030년까지 '세계 3대 AI 강국' 도약을 목표로 제시했다. 이후 매년 투자를 확대했고 현재는 'AI 5대 강국'을 슬로건으로 내세우고 있다. 하지만 냉정하게 말해 한국의 위치는 아직 애매하다. 미국, 중국 같은 거대 플레이어와 직접 경쟁하기에는 자원과 규모가 부족하고 유럽, 일본처럼 독자적 규범이나 기초연구 전통을 내세우기도 어렵다. 그럼에도 한국은 반도체, IT 인프라, 인재라는 세 가지 강점을 바탕으로 생존과 도약의 갈림길에 서 있다.

✦ 한국의 대표 기업과 AI 전략

삼성과 LG는 한국 AI 산업을 이끄는 대표 주자다. 삼성전자는 'AI 반도체'에 사활을 걸고 있다. 세계 메모리 시장을 장악한 경험을 바탕으로 고성능 AI 연산을 위한 신경망 처리 장치(NPU)와 차세대 반도체 개발에 집중한다. 삼성은 "하드웨어 없이 AI도 없다."라는 인식으로 AI 시대의 필수 기반을 장악하려 한다.

LG그룹은 'LG AI연구원'을 중심으로 대규모 언어모델 '엑사원 (EXAONE)'을 개발했다. 이는 한국어, 영어, 일본어를 아우르는 다국어 모델로 연구 논문 분석과 디자인, 화학소재 개발에 특화돼 있다. LG는 제조, 화학 분야와 연결해 '산업용 AI'를 강화하는 전략을 취한다.

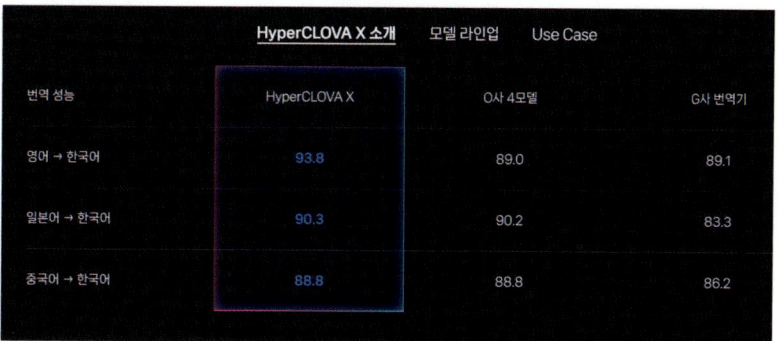

네이버와 카카오는 각각 한국어 특화 모델을 무기로 삼고 있다. 네이버의 '하이퍼클로바 X(HyperCLOVA X)'는 한국어 기반 초대규모 언어모델로 검색, 쇼핑, 금융 서비스와 결합돼 있다. 한국 시장에서는 챗GPT 사용률이 압도적으로 많기는 하지만 하이퍼클로바 X 사용자도 점차 늘고 있다. 카카오는 메신저 '카카오톡'을 기반으로 방대한 데이터를 보유하고 있어 맞춤형 광고와 콘텐츠 추천, 금융 AI 서비스에 활용한다. 이처럼 한국 기업들은 '글로벌 빅테크와 정면 승부'가 아니라 자국 시장 특화와 산업 응용에 무게를 두는 전략을 펼치고 있다.

◆ AI 종속 논란과 자립 과제

한국 사회에서는 'AI 종속' 우려가 끊임없이 제기된다. 구글, 오픈AI 등 미국 빅테크 기업의 애플리케이션 프로그래밍 인터페이스(API)를 이용해 서비스를 구축하는 경우가 많아 핵심 모델과 플랫폼을 외국에 의존하는 구조가 고착되고 있다. 실제로 많은 한국 스타트업은 자사 모델을 개발하기보다는, 챗GPT API를 빌려 챗봇을 서비스하거나 구글 클라우드, MS 애저 위에서 애플리케이션을 운영한다.

전문가들은 "AI 주권을 확보하기 위해 최소한 한국어 특화 모델과 AI 반도체 분야에서는 독자적 경쟁력을 유지해야 한다."라고 강조한다. 만약 모든 핵심 기술이 외국 기업에 종속된다면 데이터 주권은 물론이고 산업 주권과 안보 주권까지 위협받을 수 있다.

◆ 군사용 AI와 안보

한국은 지정학적으로 세계에서 가장 복잡한 안보 환경에 놓여 있다. 북한의 위협, 미·중 경쟁, 일본과의 군사 협력 등이 얽혀 있는 가운데 군사용 AI는 필수 과제가 됐다. 한국군은 드론봇 전투 체계를 도입해 정찰과 공격 임무에 AI를 접목하고 있으며, 사이버사령부는 AI 기반 해킹 탐지 및 대응 시스템을 개발 중이다.

특히 한미동맹 차원에서 미군과 공동 개발하는 프로젝트들이 늘고

▶ 2025년 6월 20일 울산 인공지능(AI) 데이터센터가 출범했다. SK그룹과 아마존웹서비스(AWS)가 7조 원을 투자한 국내 최대 규모의 AI 인프라다.
© 대통령실.

있다. 미군이 보유한 위성·드론 데이터를 한국군이 공유받아 AI 분석을 수행하는 방식이다. 그러나 군사용 AI의 윤리적 문제와 통제권 문제는 여전히 논란거리다. 한국은 기술뿐 아니라 제도적 안전장치 마련에서도 고민을 안고 있다.

✪ 사회와 경제 속의 AI

한국 사회는 AI를 빠르게 수용하는 편이다. 초등학생이 학교 과제에 챗GPT를 활용하고, 기업은 회의록 작성과 번역, 그리고 디자인 업무에 AI를 적극 도입한다. 그러나 이는 동시에 일자리 대체 불안을 확산했다. 번역, 교육, 디자인 등 지식 서비스 업종 종사자들이 "AI로 인해 생계가 위협받는다."라고 호소하는 사례가 늘고 있다.

정부는 'AI 일자리 전환 프로그램'을 마련해 재교육과 디지털 훈련을 제공하려 하지만 실제 현장에서 체감되는 효과는 아직 미미하다. 오히려 "AI로 효율은 올랐지만, 노동자는 불안해졌다."라는 양면 현실이 한국 사회 전반에 자리 잡고 있다.

✪ 갈림길에 선 한국

현재 한국은 분명 AI 전쟁의 주요 플레이어 중 하나다. 그러나 동시에 종속 위험과 도약 가능성이 공존한다. 반도체와 인프라라는 무기를 살릴 수 있다면 한국은 미국, 중국, 유럽, 일본 사이에서 중요한 중견국 AI 허브로 자리매김할 수 있다. 반대로 의존적 구조를 벗어나지 못한다면 기술 패권 시대의 변방으로 밀려날 위험도 있다. AI 전쟁은 한국에 있어 생존과 도약의 갈림길이다. 어느 쪽으로 향할지는 지금 우리가 어떤 선택을 하느냐에 달려 있다.

6. AI 윤리와 규제의 난제

✦ 앞서가는 기술, 뒤처지는 제도, 풀리지 않는 딜레마

AI의 발전 속도는 눈부시다. 그러나 윤리와 규제는 항상 그 속도를 따라가지 못한다. 기술은 몇 개월 단위로 혁신을 거듭하지만 법과 제도는 수년간의 토론과 합의 과정을 거쳐야 한다. 이 간극은 필연적으로 윤리적 난제를 낳는다. "우리는 무엇을 할 수 있는가?"가 아니라 "무엇을 해도 좋은가?"라는 물음 앞에 세계는 머뭇거리고 있다.

AI 윤리와 규제 문제는 근본적으로 풀리지 않는 딜레마다. 안전을 위해 규제를 강화하면 혁신은 늦어진다. 혁신을 위해 규제를 완화하면 안전이 위협받는다. 각국은 그 사이에서 균형점을 찾으려 하지만 어느 쪽도 완벽한 답을 내놓지 못한다. 결국 인류는 기술의 속도를 늦출 수 없고, 윤리와 규제가 뒤따라가기를 바라는 수밖에 없다. 그러나 그 간극이 너무 크다면 우리는 AI 전쟁의 승패 이전에 인류 공동체 자체의 위기를 맞을지도 모른다.

✦ 인류 공동체의 과제

▼ 초등학교부터 기업에 이르기까지 AI가 적극 활용되고 있다. © 챗GPT 생성.

승자와 패자라는 이분법만으로는 AI 전쟁을 설명하기가 어렵다. 왜냐하면 AI는 특정 국가의 경계를 넘어 인류 전체의 미래에 영향을 주기 때문이다. 자율 무기의 확산, 일자리 대체, 편향된 알고리듬, 감시 사회 같은 문제는 특정 나라만의 문제가 아니다. 따라서 AI 전쟁은 동시에 협력의 전쟁이기도 하다. 각국은 경쟁하면서도 윤리, 안전, 인권의 최소한의 기준을 마련하기 위해 협력해야 한다. 그렇지 않으면 인류는 기술 발전이 아니라 기술 파국에 직면할 수 있다.

AI 전쟁은 이미 시작됐고 멈출 수 없다. 그러나 그것이 단순히 패권 경쟁의 전쟁으로 끝날지, 아니면 인류 공동체의 새로운 질서를 여는 계기가 될지는 아직 알 수 없다. 분명한 건 앞으로 수년간 AI 전쟁은 국제 정치의 핵심 이슈이자, 미래 세대의 삶과 직결된 과제라는 사실이다. 현 시대를 사는 우리는 이 거대한 전쟁의 참여자이자 목격자다. 그리고 우리가 지금 내리는 선택이 10년 뒤 세계가 어떤 모습일지를 결정할 것이다.

ISSUE

07

스테이블 코인

이제형

내일신문 기자

대학 시절, 공사판 일용직을 해서 번 쌈짓돈으로 창간에 참여했던 신문사에서 지금도 일하고 있다. 경찰과 국회를 거쳐 서울시를 취재한다. 자치와 분권 없인 대한민국의 다음 단계는 열리지 않는다고 믿는다. 이분법 정치의 늪에 빠진 국가보다 '도시'에 희망이 있다고 생각한다. 좋은 기자가 되려면 좋은 사람이 되는 수밖에 없다고 여긴다. 승부는, 시력이 아닌 시선에서 갈린다고 주장한다.

디지털자산 생태계의 빅이슈
'스테이블 코인'

2025년 7월 18일 도널드 트럼프 미국 대통령은 스테이블 코인을 제도화하기 위한 법안인 '지니어스 법안(GENIUS Act)'에 서명했다. 이 법안이 통과되면서 주요 디지털자산• 가격이 상승했다. 2025년 9월 7일 기준 암호화폐 시장 시가총액 4위 리플(Ripple, XRP)은 하루 만에 17% 넘게 오르며 최고가를 경신했고, 이더리움(Ethereum, ETH)과 비트코인(Bitcoin, BTC)도 전날보다 각각 8.81%, 1.80% 상승했다.

하지만 투자자들의 기대와는 달리 달러 패권 강화, 국가 통화 주권의 약화, 무분별한 민간 코인 확장, 감독 사각지대 속 금융 리스크 등 여러 위기를 동반할 가능성도 제기되고 있다. 최근 디지털자산시장에서 핫이슈로 떠오르고 있는 스테이블 코인은 무엇인지, 일반 코인과는 어떻게 다른지 알아보자.

• 디지털자산: 암호화폐 같은 기존의 가상자산을 포함해 대체 불가능한 토큰(NFT), 중앙은행 디지털 화폐(CBDC), 증권형 토큰(STO) 등을 포괄하는 용어. 최근 가상자산이라는 용어보다 실체가 있는 자산이라는 의미를 담을 수 있어 디지털자산이라는 표현이 보편화되고 있다. 이 글에서도 가상자산 대신 디지털자산으로 표현했다.

▲ #	코인		시세	시가총액
☆ 1	비트코인 BTC	매수	US$110,830	US$2,207,083,687,459
☆ 2	이더리움 ETH	매수	US$4,313.16	US$520,465,936,082
☆ 3	테더 USDT	매수	US$1.00	US$168,897,732,653
☆ 4	리플코인 XRP	매수	US$2.82	US$168,099,856,702
☆ 5	바이낸스 코인 BNB	매수	US$859.32	US$119,604,737,854
☆ 6	Solana SOL	매수	US$202.98	US$109,855,038,574
☆ 7	USDC USDC	매수	US$0.9998	US$72,558,480,256
☆ 8	Lido Staked Ether STETH	매수	US$4,303.27	US$37,321,522,589
☆ 9	도지코인 DOGE	매수	US$0.2158	US$32,551,272,200
☆ 10	트론 TRX	매수	US$0.3319	US$31,390,026,392

✦ 노점에서도 암호화폐로 거래

　스테이블 코인은 암호화폐의 한 종류다. 암호화폐란 블록체인 기술을 기반으로 분산 환경(참가하는 모든 컴퓨터에 분산 적용되는 네트워크)에서 암호화 기술을 사용해 만든 디지털 화폐를 뜻한다. 법률적으로는 암호화폐와

🔎 지니어스 법안(GENIUS Act)

암호화폐 3법 중 하나. '미국 스테이블 코인 국가 혁신 지침 및 수립(Guiding and Establishing National Innovation for U.S. Stablecoins)'의 영문 첫 글자를 따 지니어스라고 한다. 미국 달러에 연동된 스테이블 코인을 규제하는 첫 포괄적 법률이다. 미국 연방 및 주 차원에서 현지 달러화를 기반으로 하는 지급 결제용 스테이블 코인 발행자의 요건, 소비자 보호 장치, 투명성을 확보하는 것 등을 골자로 하고 있다. (뒤에서 계속)

지급 결제용 스테이블 코인은 은행, 신용조합, 비은행에서 발행할 수 있으며 이들은 연방 당국에 등록해야 한다. 발행사는 코인 가치와 동일한 가치의 준비자산을 보유해야 하며 이를 매달 보고하도록 규정했다. 준비자산은 현금, 예금, 만기 93일 이내의 국채 등 안전성이 높은 자산으로 한정되며 미국 내에서 발행·유통되는 스테이블 코인의 준비자산은 원칙적으로 미국 달러화 표시 자산으로 구성해야 한다.

암호화폐 3법 중 '클래러티 법안(Digital Asset Market Clarity Act)'은 암호화폐를 증권 또는 상품으로 명확히 구분하고, 증권형 자산은 미국 증권거래위원회(SEC)가, 탈중앙화 자산과 거래는 상품선물거래위원회(CFTC)가 관할하도록 규정한 법안이다. 또 다른 법안인 '반중앙은행 디지털화폐 감시법(Anti-CBDC Surveillance Sate Act)'은 연방준비제도가 디지털 화폐 발행을 하지 못하도록 금지하고, 민간 중심의 암호화폐 체계를 강화하겠다는 의도를 담은 법안이다. 이 두 법안은 2025년 7월 하원을 통과했으며 상원의 심의를 거쳐 트럼프 대통령이 최종 승인할 예정이다. 2025년 10월 1일 시작된 연방정부 셧다운(부분 업무 정지) 상황 때문에 심의와 승인이 연내에 가능할지 여부는 미지수다.

가상화폐 등을 통틀어 모두 디지털자산으로 부른다.

암호화폐의 기반이 되는 기술인 블록체인은 블록 형태의 코인 거래 내역이 사슬처럼 연결된 거래 장부다. 블록체인 프로그램이 깔린 모든 컴퓨터에 코인 사용 내역이 기록되면서, 누군가 코인을 복사해서 중복 사용하는 건 아닌지 감시하고 확인한다. 코인 거래 장부가 블록체인 프로그램을 구동하는 모든 컴퓨터에 깔린 셈이다. 이렇게 여러 대의 컴퓨터에 분산된 장부의 내용이 모두 같아야 하기 때문에 일정 시간마다 모든 기록이 일치하는지 확인하게 된다. 이때 불일치하는 데이터가 나오면 인터넷 투표 기술을 적용해 다수결 원리에 따라 다수의 컴퓨터에 등록된 장부 데이터로 동기화된다.

암호화폐는 제3의 기관을 거치지 않고 거래 당사자의 개인정보를 이용하지 않기 때문에 익명성을 보장받을 수 있다. 정부나 은행 같은 중앙기구의 감독 및 관리를 받지 않는 탈중앙화 화폐이기도 하다. 이처럼 암호화폐는 국가 단위의 인위적 조정이나 변동에서 벗어나므로 독립

━●○ 디지털자산 결제 앱 '레돗페이'와 일반 신용카드 비교

레돗페이*		신용카드
애플리케이션(앱) 설치, 계정 생성, 여권 등 신분증 인증	발급 절차	신용 조회, 소득 검증, 부채 수준 확인 후 승인
앱 카드 10달러, 실물 카드 100달러	발급 비용	카드 연회비 (무료~10만 원대 이용자가 많음)
1%	결제 수수료	약 1.2%
실시간	적용 환율	2~3일 후 전신환 매도율 적용

● 레돗페이: 홍콩 핀테크 스타트업 레돗페이가 만든 결제 앱. 달러, 유로, 파운드 등 실제 통화뿐만 아니라 비트코인과 이더리움 같은 암호화폐와 테더, 서클 같은 스테이블 코인 등 디지털자산 결제가 가능하다.

적인 안전자산으로 작용할 수 있다.

최근에는 실물 경제와 연결돼 다양하게 활용되면서 암호화폐에 대한 관심이 더욱 높아지는 상황이다. 예를 들어 싱가포르에서는 과일주스를 판매하는 노점에서 카드 단말기 없이도 암호화폐를 비롯한 디지털자산과 연결된 QR코드로 결제할 수 있다. 신용카드를 사용한다면 해외 사용에 따른 수수료를 내야 하지만 디지털자산으로 결제하면 이런 수수료를 내지 않아도 된다.

◆ 최초의 암호화폐 '비트코인', 알트코인의 대표주자 '이더리움'

최초의 암호화폐는 비트코인이다. 비트코인은 2008년 10월 사토시 나카모토(Satoshi Nakamoto)라고 알려진 사람이 작성한 논문에 처음 등장했으며, 2009년 1월에 처음 발행되었고 그해 2월 프로그램이 공개됐다. 사토시 나카모토는 다음과 같이 말하며 기존 금융을 비판했다.

> "중앙은행은 법정통화 가치에 논쟁의 여지가 없도록 신뢰를 받아야 하지만 화폐의 역사는 그런 신뢰를 완전히 저버린 사례로 가득하다. 은행은 우리의 돈을 안전하게 보관해야 하지만 그들은 무분별한 대출로 신용 버블을 유발했다."

사토시 나카모토는 은행을 배제한 암호화폐를 만들면서 이중 지불을 막기 위해 P2P 네트워크를 활용하는 기술인 블록체인을 고안했다.

비트코인에서 영감을 받아 만들어진 암호화폐들을 알트코인이라고 한다. 'Alternative Coin(대안 코인)'의 줄임말로, 비트코인의 대안적 성격을 가졌다는 의미로 쓰인다. 알트코인의 대표주자는 이더리움이다. 이더리움은 2015년 비탈릭 부테린(Vitalik Buterin)이 창안한 퍼블릭 블록체인(사

🔎 탈중앙화 금융(Decentralized Finance, DeFi)

'디파이'로 불리는 탈중앙화 금융은 블록체인 기술을 바탕으로 은행이나 금융기관 같은 중앙기관을 거치지 않고 결제, 송금, 예금, 대출, 투자 등 모든 금융 거래를 이용할 수 있도록 한 시스템이다. 은행을 거치지 않고 누구나 자유롭게 금융 활동을 할 수 있으며 수수료가 저렴하고, 거래 내역이 블록체인에 기록되어 투명하다. 하지만 스마트 계약에 문제가 생기면 자금을 잃을 수 있으며 암호화폐 가격에 따라 가격이 변동되고 플랫폼이 해킹될 위험도 존재한다. 디파이의 대표 플랫폼으로는 유니스왑(UNISWAP), 에이브(AAVE), 커브 파이낸스(CURVE Finance), 컴파운드(COMPOUND) 등이 있다.

용자 누구나 블록을 만들고 인센티브를 받을 수 있는, 열린 체제의 블록체인)의 플랫폼이자 이 플랫폼의 암호화폐 이름이다.

사토시 나카모토는 은행을 배제한 대안적 의미의 화폐 기능에 집중한 반면, 비탈릭 부테린은 블록체인 기술의 확장성에 주력했다. 분산 애플리케이션*과 스마트 계약** 등의 기술을 활용해 스테이블 코인, 대체 불가능한 토큰(NFT)***, 거버넌스 토큰****과 같은 디지털자산 생태계뿐만 아니라 탈중앙화 금융(DeFi), 미술품 및 수집품, 게임 및 분산형 소셜 미디어 등 다양한 영역에서 활용되고 있다.

◆ 담보에 따른 스테이블 코인 분류

암호화폐의 가치는 시장의 수요와 공급에 의해 결정되기 때문에 가격 변동성이 크다. 그래서 화폐로 널리 사용하기는 어렵다는 의견이 꾸준히 제기되고 있다. 이 같은 불안정성을 보완하기 위해 만들어진 것이 스테이블 코인이다. 스테이블 코인은 '1코인=1달러'처럼 특정 자산의

• **분산 애플리케이션**(decentralized app): 여러 컴퓨터나 서버에 걸쳐 분산돼 실행되는 소프트웨어 애플리케이션. 중앙 서버가 없어도 데이터를 처리하고 분산해 저장할 수 있는 시스템이다. 줄여서 디앱(DApp), 또는 댑(Dap)으로 부른다.

•• **스마트 계약**(smart contract): 블록체인 기술을 기반으로 조건이 충족되면 자동으로 실행되는 프로그래밍 계약. 중개자 없이 안전하고 투명하게 거래를 자동화할 수 있다. 1994년 닉 자보(Nicholas Szabo)가 처음 제안했고 2015년 이더리움이 실용화하면서 관심이 높아졌다. 이더리움 외에도 이오스(EOSIO), 네오(NEO) 등과 같은 여러 블록체인 플랫폼이 스마트 계약을 지원하고 있다.

••• **대체 불가능한 토큰**(NFT, Non Fungible Token): 희소성 있는 디지털자산을 대표하는 토큰. NFT는 별도의 고유한 인식 값을 갖고 있어 개별 가치를 지닌 디지털자산에 대한 진품 인증서 역할을 한다. 토큰(Token)은 블록체인 기술을 활용해 부동산, 주식, 채권, 예술품 등의 실물자산이나 금융자산의 권리를 디지털 형태로 변환한 것. 코인이 독립적인 블록체인을 기반으로 발행된 암호화폐라면, 토큰은 기존의 블록체인 네트워크 위에서 발행되며 특정 서비스나 플랫폼의 목적에 맞게 사용되는 디지털자산이다.

•••• **거버넌스 토큰**(Governance Token): 블록체인 프로토콜의 의사 결정에 참여할 수 있는 권한을 부여하는 것. 거버넌스 토큰 보유자는 제안 제출, 투표, 스테이킹 등을 통해 민주적 의사 결정에 참여할 수 있다. 거버넌스란 공동의 목표를 달성하기 위해 다양한 이해 당사자들이 책임감을 가지고 투명하게 협의하고 의사 결정을 수행할 수 있게 하는 사회적 시스템이나 제반 장치를 말한다. 투명하고 신뢰성이 높은 블록체인은 거버넌스를 위한 미래 기술로 꼽힌다.

가격과 연동해 암호화폐의 가치를 안정적으로 유지하도록 만들어졌는데, 가치 안정성을 보장하기 위한 메커니즘과 어떤 자산을 담보로 잡았느냐에 따라 스테이블 코인은 크게 다음 세 가지로 나눌 수 있다.

첫째, 달러나 유로 등 법정화폐를 담보로 예치하고 그 양에 해당하는 코인을 발행하는 '법정화폐 담보형'이 있다. 모바일 금융 플랫폼 토스의 금융경영연구소 '토스인사이트'에 따르면, 2025년 5월 기준 스테이블 코인 시가총액은 2,380억 달러로 법정화폐 담보형이 97.8%를 차지하고 있다.

예를 들어 달러를 담보로 하는 코인이라면, 1코인을 발행할 때마다 실제 1달러 또는 그에 상응하는 미국 국채 같은 안전자산을 은행에 보관하는 방식이다. 이 방식은 안정적이지만, 발행사가 실제 준비자산을 확보해 환매 요청이 들어왔을 때 액면가와 동일한 금액을 돌려줄 수 있다는 신뢰가 필요하다. 그래서 미국의 지니어스 법안은 발행사가 안정적인 준비자산을 확보하고 그 상황을 매월 보고하도록 규제하고 있다.

둘째, 비트코인이나 이더리움 같은 암호화폐를 담보로 스테이블 코인을 대출하는 방식인 '암호화폐 담보형'이 있다. 이 방식은 블록체인을 통해 모든 과정이 투명하게 공개되는 장점이 있지만, 담보로 잡힌 암호

▶ 스테이블 코인의 분류 © 코빗 리서치(2025. 5. 23)

구분	방식	수익형 스테이블 코인	비수익형 스테이블 코인
법정화폐 담보	(법정화폐) 법정화폐를 1:1 이상 담보로 발행	-	USDT, USDC, PYUSD, RLOSD
	(토큰화된 국채) 미국 국채 MMF를 토큰화하여 발행	BUIDL, BENJI, USTB, USYC, USDY	-
디지털자산 담보	디지털자산을 담보로 발행	sUSDS, sGHO, sUSDe, sfrxUSD	USDS, GHO, USDe, frxUSD
알고리듬	담보 없이 알고리듬을 통해 수요-공급을 조절하여 가치를 유지	-	UST(TerraUSD)

> ## 🔍 테라-루나 코인 폭락 사태
>
> 2022년 5월 암호화폐 거래소 업비트 기준 시가총액 4위였던 테라-루나 코인이 최고가 대비 99.99% 폭락하면서 암호화폐 시장을 크게 흔들었던 사건. 테라-루나 코인이 폭락하면서 홍콩의 암호화폐 대출기업 '바벨파이낸스'의 인출 중단, 암호화폐 거래소 '코인플렉스'의 인출 중단, 싱가포르의 암호화폐 대출업체 '볼드'의 인출 중단 및 모라토리엄(채무지불 유예) 선언, 미국 암호화폐 담보 대출업체 '셀시우스'의 인출 중단 및 파산 신청, 미국의 가상화폐 헤지펀드(단기이익을 목적으로 소수의 거액 투자자들이 투기적으로 운용하는 투자신탁)인 '쓰리애로우즈캐피탈'의 파산 선고, 암호화폐 거래 플랫폼 '보이저디지털'의 파산 신청 등이 줄줄이 이어졌다.
>
> 당시 루나 코인을 보유한 국내 이용자가 28만 명, 보유량은 809억 개(시가총액 약 339억)로 추산되어 국내에서도 많은 피해자가 발생했다. 현재 테라-루나 코인을 만든 테라폼랩스 권도형 대표는 미국에서, 공동설립자인 신현성 등 테라폼랩스 관련자 8명은 한국에서 재판을 받고 있다.

화폐의 가격이 급락하면 위험할 수 있다는 게 단점이다.

마지막은 '무담보 알고리듬형'으로, 별도의 담보 없이 알고리듬이나 시스템으로 스테이블 코인의 수요와 공급을 조정함으로써 목표 가치를 유지하는 방식이다. 매우 혁신적인 방법이지만 알고리듬이나 시스템이 시장의 충격을 버티지 못하면 한순간에 폭락할 수 있다. 2022년 디지털자산시장을 흔들었던 테라-루나 폭락사태 때 TerraUSD(테라)가 무담보 알고리듬 방식으로 만들어진 스테이블 코인이었다. 이 사태 이후 이 방식에 대한 신뢰성이 크게 떨어지며 테라는 시장에서 사실상 퇴출되었다.

🔶 이자 지급하는 수익형 스테이블 코인

디지털자산시장이 성장하면서 스테이블 코인의 기능과 구조도 점차 다변화되고 있다. 최근에는 이자 지급 기능을 포함한 수익형으로 설계되기도 하고 법정화폐만이 아니라 금, 부동산 같은 실물 자산에 가치가 연동되어 발행되는 스테이블 코인도 나오고 있다. 이에 따라 스테이블 코인을 수익 창출 여부에 따라 수익형과 비수익형으로 나눠볼 수 있다.

수익형 스테이블 코인이란 제3자를 통한 별도 스테이킹•이나 락업•• 없이 단순 보유만으로 수익이 자동 분배되는 스테이블 코인을 의미한다. 예를 들어, 디지털자산 담보 스테이블 코인 중 하나인 에테나(Ethena)의 USDe는 비수익형으로 이자가 발생하지 않지만, 이를 스테이킹해 sUSDe로 전환하면 자동으로 수익이 배분되는 구조로 바뀌며 수익형 자산으로 기능하게 된다.

홍콩 기반 암호화폐 헤지펀드 '엠버그룹'에 따르면 수익형 스테이블 코인은 2023년 8월 6억 6,000만 달러 규모였으나 2025년 5월 약 90억 달러로 13배의 폭발적인 성장을 기록할 정도로 급부상 중이다. 수익형 스테이블 코인은 디파이 대출, 유동성 채굴, 무위험 차익거래 전략 등 다채로운 방식으로 매력적인 수익률을 제공하고 있다.

한편, 수익형 스테이블 코인은 이자 지급 기능 때문에 증권성 논란이 있는데 증권으로 분류되면 미국 증권거래위원회(SEC)의 별도 규제를 받게 된다. 2025년 2월 SEC는 YLDS라는 수익형 스테이블 코인을 증권으로 승인했다. 지니어스 법안은 법정화폐 담보형 스테이블 코인 발행사의 직접 이자 지급을 금지하고 있지만, 법안의 가이드라인을 피할 수 있는 구조와 프로토콜 설계 때문에 오히려 이들의 유통량이 급증하기도 했다.

그렇다면 스테이블 코인 발행사는 어떻게 수익을 올릴까? 법정화폐

• 스테이킹(staking): 소유하고 있는 암호화폐를 블록체인 네트워크에 지분(stake)으로 고정하는 것. 암호화폐를 일정 기간 예치한 뒤 해당 플랫폼의 운영 및 검증에 참여하고 이에 대한 보상으로 코인을 받는 것을 의미한다.

•• 락업(lock-up): 가격 안정과 투자자 보호를 위해 일정 기간 코인을 거래할 수 없도록 묶어 두는 제도. 프로젝트 초기 단계에서 대규모 매도를 방지하고 가격 급등락을 막아 시장과 투자자의 신뢰를 높이기 위한 장치. 락업 기간이 끝나면 코인이 시장에 풀리게 되는데 대규모 물량이 유입되면서 가격 변동성이 커질 수 있다. 주식시장에서 락업은 "기업이 상장된 후 회사 내부자나 초기 투자자가 보유하고 있는 주식을 일정 기간 매각할 수 없는 조치"라는 의미로 사용된다.

담보형을 예로 들어 보자. 우선 스테이블 코인 발행사는 담보 자산인 예치금을 단기 채권 등에 투자하는데 채권을 통한 이자 수익이 발생한다. 또 거래소 등을 통해 거래 수수료를 받는다. 시장 수요에 따라 스테이블 코인을 발행, 소각하면서 그 차익을 얻을 수 있고, 스테이블 코인을 대출하거나 차입하는 과정에서 이자 수익을 올릴 수 있다. 이 외에 스테이킹이나 디파이를 통한 추가 수익을 올리기도 한다.

스테이블 코인은 수익형을 넘어 지급 결제용으로 확장되고 있으며 시장도 계속 커지는 추세다. 글로벌 투자은행인 씨티그룹은 2025년 4월「디지털 달러, 은행 및 공공 부문, 블록체인 도입 추진」이라는 보고서를 통해 스테이블 코인시장이 2030년까지 1조 6,000억 달러(약 2,230조 원)에서 최대 3조 7,000억 달러(약 5,157조 원) 규모로 성장할 수 있다는 전망을 내놨다. 씨티그룹은 스테이블 코인이 국경 간 결제와 국내 송금, 중소기업 및 대기업의 거래, 토큰화된 자산의 결제 등에서 중요한 도구로 자리 잡을 것이라고 내다봤다.

✦ 미국이 스테이블 코인 제도화에 나선 이유

스테이블 코인은 안정적으로 운영될 수 있다는 점에서 암호화폐 거래소의 기축통화 역할을 한다. 기축통화란 금융거래의 기본이 되는 통화를 말하는데 대표적으로 미국 달러를 들 수 있다. 여러 나라의 화폐 가치가 서로 다르므로 국제 거래에서는 일반적으로 미국 달러로 거래하고 그것을 각 나라의 통화로 교환한다. 암호화폐 거래소에서는 스테이블 코인을 사용해 가치가 서로 다른 여러 암호화폐의 거래를 중개하게 된다.

기축통화는 수요가 많고 가격 변동이 없어 담보 자산으로 가치가 높기 때문에, 기축통화 역할을 하는 스테이블 코인은 투자 수단으로 많이 사용된다. 미국에서 지니어스 법안을 만드는 등 스테이블 코인 제도화에 나선 것도 이 때문이다. 시간이 지날수록 암호화폐를 비롯한 디지털 금융시장이 커지고 있는 상황에서, 달러 기반 스테이블 코인이 기축통화로 자리를 잡는다면 달러 수요를 확대하는 결과로 이어지고 결국 달러의 힘이 디지털자산시장에서도 강력해지게 된다.

2025년 출범한 트럼프 대통령 2기 행정부는 미국의 무역적자를 해소하고 미국 내 제조업을 부흥시켜 일자리를 창출하기 위해 달러 가치가 낮아지는 달러 약세 국면을 만들고 있다. 달러 가치가 낮아지면 미국산 수출품 가격이 저렴해져 미국산 제품 수요가 증가하게 되고 미국 내 수입품 가격은 상승하게 된다.

관세를 높게 부과하는 정책도 약달러를 위한 정책으로 해석되고 있다. 하지만 관세 정책과 금리 인하를 통해 미국의 무역수지를 호전시키려던 트럼프 대통령의 기대와 달리 경제적 불확실성만 키운다는 비판도 받고 있다. '달러 프라운(dollar frown)'으로 불리는 요즘의 미국 경제 상황은 그런 위험성을 보여 주는 예라고 할 수 있다.

이 같은 상황에서 스테이블 코인은 미국 달러의 약세로 빚어진 재정안정 위험을 상쇄하는 수단이 될 수 있다. 스테이블 코인 발행사는 발행 코인을 보유한 고객의 환전 요청에 즉시 대응할 수 있도록 준비자산을

🔍 달러 프라운

프라운(frown)은 '찡그리다'는 뜻으로 달러 프라운은 찡그린 달러를 가리킨다. 미국 경제의 경기 회복기나 침체기 어느 쪽에서도 달러 가치가 강세를 보이지 않는 현상. 이 개념은 달러화 가치가 더는 '달러 스마일(smile)' 이론으로 설명되지 않음에 따라 등장했다. 달러 스마일이란 미국 경제가 성장세를 보일 때나 급격한 침체를 보이는 양극단의 상황에서 모두 달러 강세를 나타내는 상황을 뜻한다. 경제 상황의 양극단에서도 달러 가치가 오르는 것을 그래프로 표현할 때 웃는 입 모양(◡)을 닮아 달러 스마일이라고 표현했다.
반대로 달러 프라운은 양극단의 상황에서 달러가 약세를 보이는 것으로, 그래프가 찡그린 입 모양(◠)을 닮았다. 도널드 트럼프 2기 행정부 출범 후 관세전쟁이 시작되기 전 달러 스마일이었던 경제 상황은 관세전쟁 이후 달러 프라운으로 바뀌었다.

확보해야 하는데, 이 준비자산은 대부분 실물 달러가 아닌 미국 단기 국채로 구성된다. 미국 단기 국채는 유동성과 안정성이 높을 뿐만 아니라 안정적인 이자 수익도 제공하기 때문이다.

실제로 2025년 1분기 기준 테더(USDT라는 코인 발행사, 전 세계 스테이블 코인시장 점유율 61% 차지)와 서클(USDC 발행사)은 준비자산의 80% 이상을 미국 국채에 투자 중이며 두 회사가 보유한 미국 국채 총액은 약 1,750억 달러에 달한다.

관세전쟁을 거치면서 미국의 국채 가격은 내려가고 국채 금리는 올랐다. 이는 미국에 심각한 이자 부담으로 이어질 수밖에 없다. 2024년 미국의 재정적자는 1조 8,330억 달러로, 이 중 1조 달러가 이자 비용이다. 그래서 스테이블 코인시장 활성화를 통해 국채 수요를 끌어올려 국채 가격을 올리고 금리를 낮춤으로써 재정적자를 해소하려는 것이다.

한편, 디지털자산시장의 성장을 통해 트럼프 개인과 그 일가의 주머니를 채우려 한다는 의혹도 강하게 제기되고 있다. 트럼프의 가족회사인 '월드 리버티 파이낸셜(World Liberty Financial)'은 2025년 4월 스테이블 코인 USD1을 출시했는데 세계 최대 디지털자산 거래소인 '바이낸스(Binance)'가 USD1 코드 개발과 홍보는 물론 대규모 거래에도 관여했고, 아부다비 정부가 설립한 투자회사 MGX가 바이낸스에 20억 달러를 투자하면서 USD1을 이용했다는 사실이 밝혀지며 논란이 일기도 했다.

그 과정에서 USD1은 신생 스테이블 코인임에도 시장점유율 7위로

▼ USDT(테더)와 USDC(서클)의 준비자산 중 미국 단기 국채 비중, 지난 3년간 보유량 추이
© 코빗 리서치(2025. 5. 23)

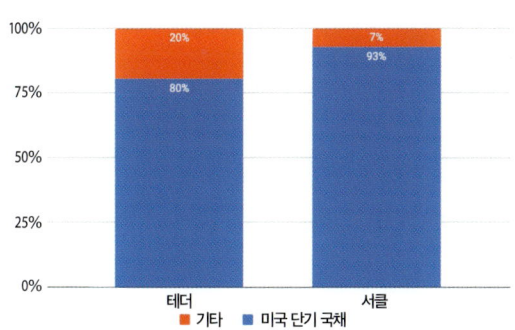

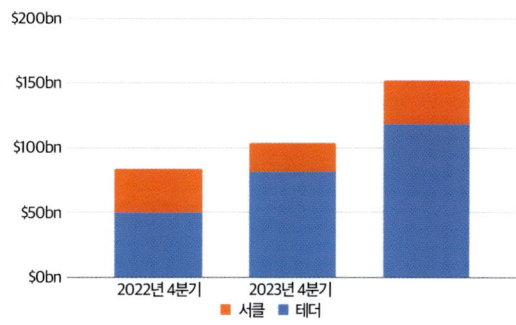

도약했다. 트럼프 대통령의 장남 도널드 트럼프 주니어는 가상화폐 채굴업체 '아메리칸 비트코인(American Bitcoin Corp, ABTC)'의 설립자이며 이 회사의 공동설립자인 차남 에릭 트럼프는 일본의 암호화폐 비축기업 '메타플래닛(Metaplanet Inc)'의 전략고문이기도 하다.

✦ 국회에 멈춰 선 디지털자산 법안들

미국 외에 EU, 싱가포르, 홍콩, 일본 등도 관련 법률을 마련하고 스테이블 코인을 제도화하기 위한 기반을 마련하고 있다. 나아가 스테이블 코인을 일상에서 지급 결제 수단으로 활용할 수 있는 인프라를 구축하고 있다. 싱가포르에서는 노점에서도, 홍콩에서는 대중교통을 이용할 때도 스테이블 코인 사용이 가능하다.

하지만 현재 우리나라에서는 스테이블 코인 발행이 불가능하고 결제도 제한적이다. K-컬처로 높아진 세계적인 위상에 비해 디지털자산시장에 대한 우리나라의 인식이나 제도적 준비는 뒤늦어 보인다.

특히 정쟁으로 관련 법안이 표류하고 있는 상황은 시급하게 바로잡아야 할 문제라고 할 수 있다. 2023년 발의되었던 증권형 토큰(STO) 관련 법안은 21대 국회 임기 만료와 함께 자동 폐기되었고, 이후 다시 법안이 발의되었으나 계엄 사태와 정치 일정 및 각종 현안 등에 밀려 논의되지 못하고 있다.

2025년 6월에 발의한 '디지털자산기본법'과 '스테이블 코인 법안'도 STO 법안과 함께 소위에 상정조차 되지 못했다. 또 비트코인 현물 상장지수펀드(ETF) 허용과 관련된 내용이 담긴 '자본시장과 금융투자업에 관한 법률 개정안' 역시 소위 단계에 멈춰 있다.

스테이블 코인 관련 법안이 다수 발의되면서 의견이 분산되고 소모적인 논쟁이 지속될 가능성도 있다. 2025년 10월 기준 7개 스테이블코인 관련 법안이 국회에 계류 중인데 발행 주체를 은행으로 한정할 것인지, 비은행도 허용할지 등 여러 사안에서 의견이 갈리고 있다.

2025년 9월 3일에는 국내 디지털자산 발행을 전면 허용하고 스테이블 코인 발행에 대한 규제를 강화하는 '디지털자산 혁신법'이 발의됐다. 또 금융위원회도 투자자 보호 등 스테이블 코인 규제안을 담은 디지털자산 2단계 법안을 2025년 연내에 국회에 제출할 계획이라고 밝혔다.

▼ 주요국 스테이블 코인 관련 규제 현황 ©토스인사이트

	미국 GENIUS Act	EU MICA(암호자산시장법)	싱가포르 MAS Stablecoin Regulatory Framework
규제 대상	· 지급 스테이블 코인(Payment Stablecoin) · 알고리듬 스테이블 코인은 규제 대상이 아님.	· EMT(전자화폐 토큰), ART(자산 준거 토큰)으로 나누어 규제.	· 단일 법정화폐 스테이블 코인 (SCS: Single-Currency Stablecoin)
발행자 규정	· 허가받은 은행 자회사, 연방 인가 비은행 기관, 주정부 인가 기관만 발행 가능. · 무인가 발행 시 1일당 10만 달러 벌금.	· EMT: 은행 및 전자화폐 기관만 발행 가능. · ART: 승인받은 법인만 발행 가능, 일반 법인은 원칙적 불가.	· 은행 또는 비은행 가능, 비유동 유동액 S$5M 초과 시 MPI(Major Payment Institution) 라이선스 필요. · 대출·스테이킹·DPT(Digtal Payment Token) 거래 등 비발행 서비스 금지. · 싱가포르 외 지역에서의 동시 발행 불허.
준비금 구성 관련 규정	· 현금, 요구불예금, 93일 이내 미국 국채, 단기 RP, MMF, 역레포, 중앙은행 예치금만 허용.	· EMT: 고객 예치금의 30% 이상은 계정에 보관하고, 나머지는 국채 등 안전한 자신에 투자 가능. · ART: 리스크 기반의 자산 보유 필요.	· 저위험·고유동 자산으로 100% 이상 보유.
준비금 투명성 관련 규정	· 월별 준비금 구성 공시 의무. · 월별 준비금 공시 CEO·CFO 인증 필요. · 외부 회계법인 감사 의무.	· 정기보고서 제출 의무 · 준비금 구성·유동성·평가·스트레스 테스트 보고 필요.	· 별도 계정에 별도 보관. · MAS가 인가한 수탁기관에 예치. · 준비금 일일 시가평가, 월간 외부 확인 및 연간 감사 보고.
이자 지급 가능 여부	· 이자 및 수익 제공 금지.	· EMT 및 ART 모두 사용자에게 이자 지급 불가.	· 명시적인 조항은 없으나, 대출·스테이킹 서비스가 제한되고, 상환 요청 시 5영업일 내 액면가 환불 의무 등이 있는 것으로 보아 사실상 이자 지급이 어렵도록 설계.
외화 스테이블 코인 발행 가능 여부	· USD 기반 발행만 허용. · 외화 기반 스테이블 코인 규정 없음.	· 유로화 외 법정화폐 기준의 스테이블 코인도 허용하나, 거액 토큰에 대해 발행 제한 존재.	· 싱가포르 달러 또는 G10통화에 한하여 허용하나, 싱가포르 내에서 발행되어야 함.
국외 발행 스테이블 코인 규제	· 미국과 본질적으로 동일한 규제 체계를 가진 국가와 상호 협약이 있는 경우에만 유통 허용.	· EEA(유럽경제지역) 내 인가받은 기관만 발행 가능. · EEA 외 발행사는 EU 내 법인 설립 및 규제 충족 필수.	· MAS의 스테이블 코인 프레임워크는 적용되지 않음. · 싱가포르 내에서 유통되거나 서비스 시 DPT 규제 적용.
사용자 보호 조치	· 파산 시 보유자에게 보다 우선권 부여. · 커스터디 기관의 고객 자산 분리 보관 의무.	· 액면가 또는 시장가 기준 상환 청구권 보장. · 고객 자산 분리 보관, 유동성 확보 의무.	· 상환 요청 시 5영업일 내 액면가로 환불 의무.

한편, 한국은행은 민간 발행 스테이블 코인이 통화정책과 금융안정에 미칠 파장이 클 수 있다며 민간 발행에 부정적 입장을 보이고 있다. 따라서 발행 주체와 감독 권한을 둘러싼 조율 또한 제도 마련에서 주요 변수로 꼽히고 있다.

◆ 원화 스테이블 코인 도입될까?

스테이블 코인과 관련해 우리나라가 대응할 첫 번째 사안은 해외 발행 스테이블 코인에 대한 것이다. 무엇보다 해외 발행 스테이블 코인이 국내에 들어와 거래되거나 실물 경제와 연동되어 사용되기 전에 국내 이용자들을 보호하는 조치가 필요하다. 일본은 중개업자의 손실 보전 의무 조항을, EU는 준비자산 국내 예치 조항 등을 법안에 명시하고 이용자들을 보호하고 있다.

자본시장연구원에 따르면, 우리나라는 일본이나 EU와 달리 테더의 스테이블 코인 USDT가 비트코인만큼 거래 규모가 크기 때문에 이 조항이 필수적이다. 중개업자의 손실 보전 의무 조항을 시행하면, 우리나라의 디지털자산 거래소는 글로벌 규제에 맞지 않는 스테이블 코인에 대해 그 리스크를 수수료에 반영함으로써 해당 코인의 시장 비중을 줄이고 장기적으로 시장 퇴출을 자연스럽게 유도할 수 있다. 또 외국환거래법을 개정해 스테이블 코인의 법적 정의를 명확하게 하고 사전 등록 및 거래 내역 보고를 의무화하며 정보 공유 체계를 구축할 필요가 있다.

우리나라가 대응할 두 번째 사안은 원화 기반 스테이블 코인 도입이다. 원화 기반 스테이블 코인을 도입해야 한다는 배경에는 글로벌 디지털 경제에서 원화 활용도를 높이고 통화 주권 약화 위험을 완화하는 것도 있지만, 달러 기반 스테이블 코인 확산에 따른 대응 측면도 있다. 국내 실물경제에서 가계와 기업의 달러 스테이블 코인 결제 송금 거래가 늘어나면 ▲ 달러 수요 증가에 따른 원화 가치 절하 ▲ 경제위기 발생 시 대규모 자본 유출 위험 ▲ 원화 통화정책, 관리의 유효성 저하 ▲ 외

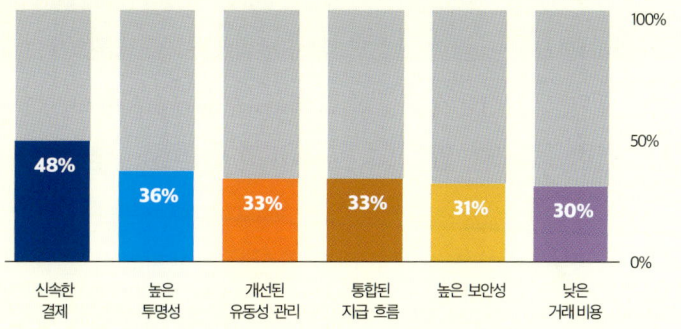
환시장 개입, 관리 능력 약화 등 거시경제 안정성 리스크로 이어질 수 있기 때문이다.

실제 글로벌 거래를 진행해야 하는 기업에서 스테이블 코인은 최근 중요한 결제 수단으로 떠오르고 있다. 자본시장연구원은 암호화폐 수탁 및 결제 플랫폼인 파이어블록스(Fireblocks) 설문조사를 인용해 글로벌 기관투자자 90%가 스테이블 코인을 이미 사용 중이거나 도입을 고려하고 있다고 밝혔다. 스테이블 코인을 활용하면 국제 송금에서 지연되는 일과 수수료 문제를 해결할 수 있기 때문이다.

◀ 디지털자산 현금환전기. 왼쪽부터 차례로 롯데마트 ZETTAPLEX 서울역점, N서울타워, 홈플러스 합정점 모습이다. 스테이블 코인을 포함한 디지털자산을 환전해 원화로 찾거나 선불교통카드에 충전해 발급받을 수 있다. 외국인 전용으로 운영되는 이 같은 환전기는 전국에 7곳이 있다.
© 다윈KS.

✦ 기업과 금융권, 앞다퉈 스테이블 코인팀 구성

원화 기반 스테이블 코인에 대한 관심이 높아지면서 관련 기업이나 금융권도 빠르게 원화 기반 스테이블 코인을 살피고 있다.

국내 핀테크 산업을 대표하는 '네카토(네이버, 카카오, 토스)'가 모두 원화 스테이블 코인 사업 검토에 들어갔다. 간편결제 플랫폼 네이버페이는 2025년 7월 국내 최대 디지털자산 거래소인 업비트를 운영하는 두나무와 협약을 맺고 원화 기반 스테이블 코인 결제 사업에 나선다고 밝혔다. 카카오도 그룹 차원에서 스테이블 코인 태스크포스(TF)를 출범시킨 바 있다. 앞서 카카오페이는 특허청에 원화 스테이블 코인 상표권을 6개, 카카오뱅크는 4개 출원하기도 했다. 토스의 운영사인 비바리퍼블리카는 디지털자산 거래서 빗썸(Bithumb)과 제휴를 맺고 원화 스테이블 코인 공동사업을 추진 중이다

은행권에서는 여러 시중은행이 스테이블 코인에 공동 대응 채널을 가동하고 있다. KB국민, 신한, 하나, 우리, NH농협 등 5대 시중은행을 포함한 10여 곳이 협의체를 구성했다. 토스인사이트는 은행권의 역할에 대해 다음과 같이 밝혔다.

"은행 등 기존 금융기관 중심의 컨소시엄 또는 신탁 구조를 기반으로 원화 기반 스테이블 코인을 발행하는 것은, 기존 시스템 내 규제·감독 도구 및 금융기관의 자본력을 활용, 투명성과 유동성 문제를 해결할 수 있는 방안 중 하나다."

원화 기반 스테이블 코인 발행에 부정적인 의견도 있다. 한국은행은 스테이블 코인이 기존 통화 시스템 질서를 무너뜨릴 수 있다고 우려하고 있다. 스테이블 코인 사용이 보편화되면 원화의 신뢰성이 떨어지고 은행의 신용 창출 기능도 약화할 수 있다는 것이다. 또 외화 기반 스테이블 코인이 광범위하게 활용되는 경우 환율 변동성이 커지고, 자본 유출입이 확대되는 등 외환 관련 위험이 커지면서 금융 시스템이 불안해질 수도 있다.

한국은행은 블록체인 관련 제도나 인프라가 충분히 갖춰지지 않은 상황에서 기술적 오류가 발생하거나 범죄에 악용될 가능성 등 결제와 운영 측면에서도 위험성이 있다고 보고 있다. 이창용 한국은행 총재는 2025년 7월 유럽중앙은행 포럼 정책토론에서 "원화 코인의 존재가 달러 코인으로의 전환을 더 쉽게 만들어 결과적으로 달러 코인 사용이 더 늘어날 수 있다."라고 경고하기도 했다.

신현송 국제결제은행 수석 이코노미스트도 세계경제학자대회에서 "자국 통화 스테이블 코인이 도입되더라도 달러 스테이블 코인 수요는 여전히 지속될 것 (…) 자국 통화 스테이블 코인이 오히려 달러 표시 디지털자산과 맞교환을 촉진해 자본 유출 통로가 될 것"이라고 밝혔다. 스테이블 코인이 자금세탁, 과세 회피 등 금융범죄 수단이 될 수 있다는 점도 경계해야 할 문제로 꼽히고 있다.

우리나라는 스테이블 코인이 결제 수단보다는 자산 증식을 위한 투자 수단으로 활용되고 있고, 신용카드와 페이 등 간편결제 시스템이 잘 갖춰져 있다. 따라서 우리나라는 스테이블 코인을 지급 결제 수단으로 사용하는 이용자가 많지 않을 것이라는 주장도 있다.

✦ 한국, 디지털자산 거래량 세계 5위

　여러 우려에도 불구하고 지급 결제용 스테이블 코인의 확산은 전 세계적인 추세다. 자본시장연구원은 글로벌 기업들이 자체 스테이블 코인을 발행하려는 이유에 대해 자체 결제 서비스를 통한 특화 전략이라고 밝혔다. 아마존, 월마트 등은 스테이블 코인 발행을 통해 신용카드 수수료를 절감하고 수익성을 개선하려고 한다.

　온라인 결제 플랫폼 페이팔은 자체 스테이블 코인인 PYUSD를 활용, 결제 시스템의 탈중앙화를 통해 비용을 절감하고 생태계를 확장하고 있다. 미국의 투자은행 JP모간은 자사의 기존 금융 인프라에 키넥시스(Kinexys)라는 자체 블록체인 결제망을 결합해 스테이블 코인(JPM)을 활용하는 특화 전략을 사용하고 있다.

　한국은 업비트 기준 글로벌 시장 거래량에서 세계 5위권에 해당할 정도로 디지털자산의 큰 시장으로 꼽힌다. 디지털자산 통계 분석 플랫폼 코인힐스(Coinhills)에 따르면 2025년 8월 26일 기준 국가통화별 비트코인 거래량에서도 미국 달러(85.44%)에 이어 원화(6.15%)가 2위를 차지했다. 스테이블 코인 거래도 빠르게 성장하는 중이다. 블록체인 분석 플랫폼 크립토퀀트(CryptoQuant)는 2025년 8월 중순까지 국내 5대 원화 거래소에서 달러 스테이블 코인인 USDT와 USDC 거래대금이 709억 2,600만 달러에 달한다고 발표했다.

　서클인터넷그룹 히스 타버트 총괄사장이 2025년 8월 한국을 방문한 데는 이런 상황이 작용했을 것으로 분석된다. 스테이블 코인 시가총액 순위에서 테더에 이어 2위를 차지하고 있는 서클은 각국 규제 환경에 맞춘 현지화 전략으로 해외 시장을 공략하고 있다. 이에 서클의 총괄사장이 한국을 방문한 것은, 최근 논의되고 있는 원화 기반 스테이블 코인 관련 법안이 구체화하기 전 우호적인 입지를 다지려는 전략이라는 분석도 나오고 있다.

　스테이블 코인시장의 확장이라는 글로벌 추세와 한국의 디지털자산

▶ 최근 5개년 스테이블 코인
공급량 © 토스인사이트 보고서.

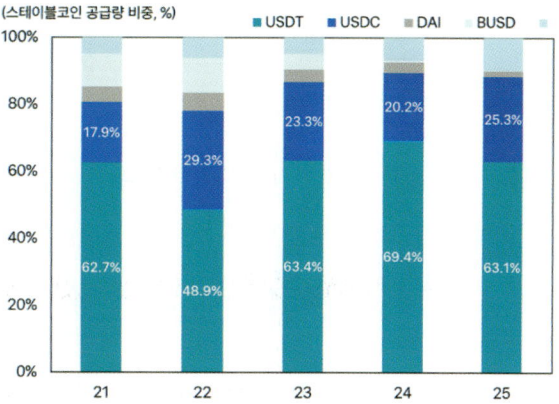

(스테이블코인 공급량 비중, %)　■ USDT　■ USDC　■ DAI　　BUSD

▶ 스테이블 코인 시가총액 순
위(2025년 9월 7일 기준). © 코인겟코.

▲ #	코인		시세	시가총액
☆ 3	테더 USDT	매수	US$1.00	US$168,898,656,369
☆ 7	USDC USDC	매수	US$0.9998	US$72,558,753,876
☆ 16	Ethena USDe USDE		US$1.00	US$12,709,246,454
☆ 29	USDS USDS		US$0.9998	US$8,141,321,687
☆ 42	Dai DAI	매수	US$0.9997	US$4,522,077,587
☆ 56	USD1 USD1		US$0.9991	US$2,623,975,133

시장 등을 볼 때, 지급 결제용 스테이블 코인 사용이 먼 미래의 일은 아닌 것으로 보인다. 하지만 이런 미래를 잘 준비하기 위해서는 스테이블 코인 관련 업계 종사자나 전문가들, 정치가들만이 아니라 실사용을 할 국민들의 관심이 어느 때보다 필요한 시점이다.

ISSUE

08

중동전쟁

김남중

국민일보 기자

1997년 《국민일보》에 입사해 28년 넘게 일하고 있다. 대학 시절 학생기자 경험이 기자의 길로 이끌어 줬다. 기자 생활의 절반가량을 문화부에서 출판과 문학을 담당하며 보냈다. 국제부장을 지냈고 현재는 편집부 선임기자로 일한다.

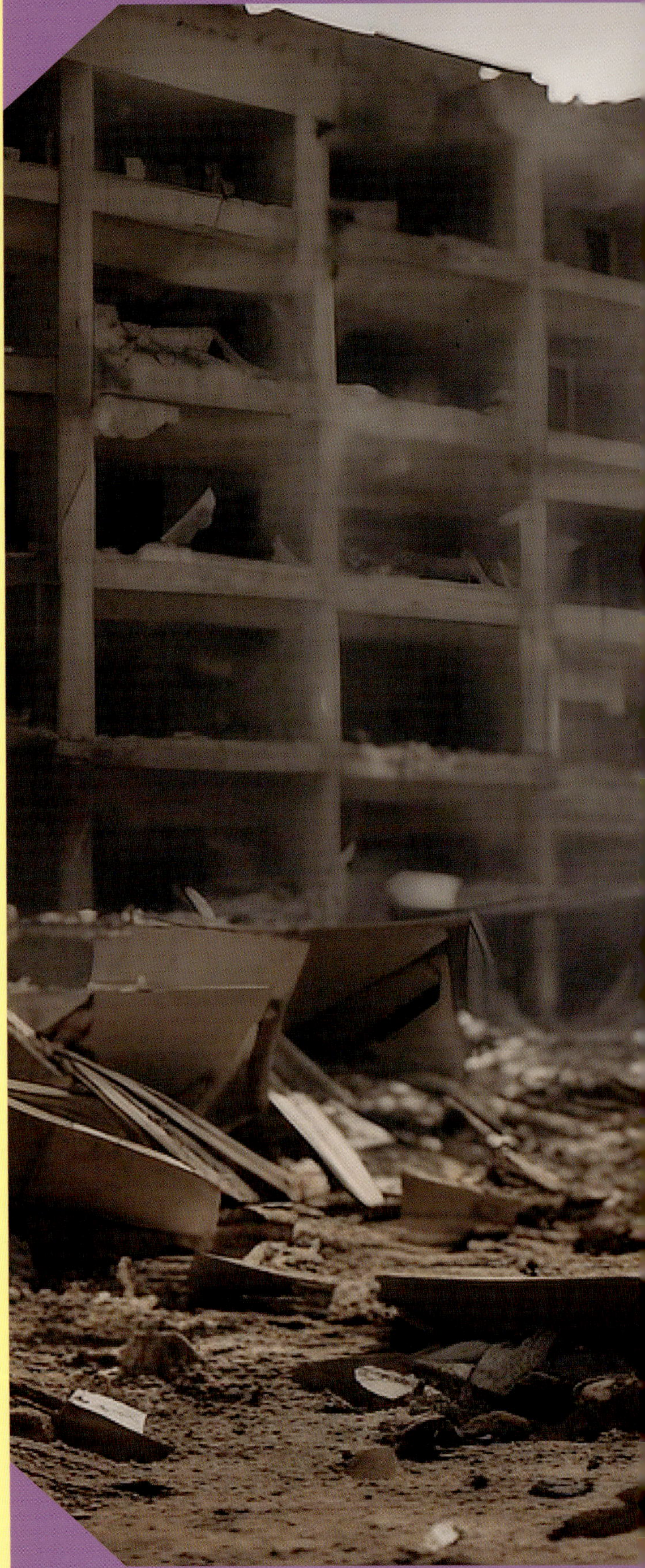

© Pixabay, safary248

이스라엘-이란 12일 전쟁, 그 의미와 여파

2025년 6월 13일 새벽, 이스라엘이 이란의 핵과 군사 시설을 포함한 여러 지역에 대규모 기습 공격을 감행함으로써 이스라엘-이란 전쟁이 시작됐다. 이 전쟁은 2025년 6월 21일 미군이 이란 핵 시설을 폭격한 데 이어 24일 전격적인 휴전까지 12일간 벌어졌다. 중동의 두 군사 강대국이자 오랜 앙숙인 이스라엘과 이란의 이번 전쟁은 12일 만에 일단 종료됐지만 그 의미와 여파는 간단치 않다. 20여 년간 지속된 중동의 권력 지형을 완전히 바꿔 놓을 만한 사건이기 때문이다.

'12일 전쟁'으로도 불리는 이 전쟁은 그동안 전면전을 피해 왔던 이스라엘과 이란의 직접 충돌이자, 미국의 이란에 대한 첫 직접 타격이었다. 그 결과 이란과 이란 동맹국들의 취약성이 확인됐다. 이스라엘과 미국은 이를 기회로 중동 재편을 추진할 수 있다.

팔레스타인 독립 문제와 함께 중동 긴장의 주요 원인이 됐던 이란 핵 문제도 기로에 섰다. 이란이 미국과 이스라엘의 추후 공격을 피하기 위해 핵무기 개발을 포기할지, 아니면 핵무기야말로 생존의 길이란 걸 확인하고 북한처럼 핵보유국으로 나아갈지 세계가 주목하고 있다.

이스라엘-이란 전쟁이 이대로 끝날 것인지도 불확실하다. 미국과 이란의 핵 협상을 통해 이란 핵 문제가 해결되기 전까지는 전쟁의 미래를 알 수 없다. 미국과 이스라엘은 이란이 핵무기 개발을 지속할 경우 다시 공격하겠다고 선언한 상태이고, 이란은 핵무기 농축은 절대 포기할 수 없다는 입장을 고수하고 있다. 이란 핵 협상에 진전이 없다면 언제든 전쟁은 다시 발발할 수 있다.

✦ 왜 이스라엘은 이란을 공습했나? "이란 핵무기 제조 막아야"

이스라엘군은 2025년 6월 13일 금요일 새벽 3시쯤부터 전투기 200여 기를 동원해 이란 전역에 걸쳐 330개가 넘는 폭탄을 투하하고 100곳 이상의 목표물을 타격했다. 이란 수도 테헤란과 핵심 핵 시설이 있는 나탄즈 등에서 폭발음이 들렸고 연기가 피어올랐다. 베냐민 네타냐후 이스라엘 총리는 이란 공격 직후 발표한 성명에서 "나탄즈에 있는 주요 핵농축 시설과 핵 과학자들을 공격했다."라고 밝혔다. 또 이스라엘의 생존을 위협하는 이란을 격퇴하기 위해 '일어서는 사자(Rising Lion)' 작전을 개시했다고 부연했다.

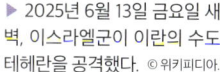
▶ 2025년 6월 13일 금요일 새벽, 이스라엘군이 이란의 수도 테헤란을 공격했다. ⓒ 위키피디아.

이스라엘은 이란의 군사 지도자들도 노렸다. 이란혁명수비대 본부 등이 공격을 받았고, 이란 군부의 '투톱'인 호세인 살라미 혁명수비대 총사령관과 모하마드 호세인 바게리 이란군 참모총장이 숨졌다. 이란 핵 과학자도 최소 6명이 사망한 것으로 알려졌다. 네타냐후 총리는, 이란은 이미 9개의 핵폭탄을 만들 수 있는 능력이 있다고 주장하면서 이란의 비밀 핵폭탄 제조를 선제적으로 막기 위해 공격했다고 밝혔다. 실제로 국제원자력기구(IAEA) 이사회는 이스라엘이 공격하기 하루 전, 이란이 IAEA 사찰에 전적으로 협조하지 않고 약 400킬로그램의 '60% 농축 우라늄'을 축적함으로써 핵확산 금지조약(NPT)에 따른 의무를 위반했다고 판결했다.

우라늄 400킬로그램이라면 핵탄두 9~10기를 만들 수 있는 양이다. 우라늄의 농축도가 90% 이상이면 '무기급'으로 불리는데, 60%에서 90%로 높이는 기간은 2~3주 정도면 가능하다고 한다. 그러면서도

IAEA는 이란이 핵무기를 개발하는 중이라는 증거는 없다고 덧붙였다. 이란이 단시일 내에 무기급으로 발전시킬 수 있는 고농축 우라늄을 보유하고 있지만, 핵무기 개발 의사를 가졌다거나 제조 단계에 들어갔다는 증거는 없다는 것이다.

네타냐후 총리는 또 이란의 '시간 벌기'를 막기 위해 공격 조처를 했다고 설명했다. 이스라엘이 공격하기 전, 이란과 미국은 제재 완화를 대가로 이란의 핵 프로그램 진전을 억제하기 위해 오만의 중재하에 협상을 진행해 왔다. 미국은 이란에 핵 프로그램을 해체하고 우라늄 농축을 중단할 것을 요구했다. 하지만 협상은 뚜렷한 진전을 이루지 못했다. 이란은 우라늄 농축은 포기할 수 없는 일이며 핵 프로그램을 해체하지 않을 것이라고 주장했다. 이스라엘은 2025년 6월 15일 미국과 이란의 6차 핵 협상을 이틀 앞둔 상황에서 이란을 공격했다.

이스라엘은 2013년 10월부터 가자지구 전쟁을 벌이는 와중에 이란을 상대로 또 하나의 전쟁을 시작했다. 이스라엘이 이란 핵무기를 얼마나 중대한 위험으로 보고 있는지 말해 주는 대목이다.

외신들은 이번 공격이 이란 핵 시설에 대한 이스라엘의 첫 공격이며 특히 나탄즈를 노린 점에 주목했다. 《뉴욕타임스(The New York Times)》는 "나탄즈 시설은 이란이 핵연료 대부분을 생산하는 곳 (…) 지난 3년 동안 이란의 핵무기 개발을 위한 폭탄급 연료의 대부분이 생산된 곳"이라고

🔍 **가자지구 전쟁**

2023년 10월 7일 팔레스타인 무장정파 하마스가 이스라엘을 기습 공격하면서 시작된 전쟁. 이스라엘 영토와 주민에 대한 최대 규모의 공격이었다. 이스라엘이 대대적으로 반격하면서 하마스가 통치하는 이스라엘 내 팔레스타인 자치령인 가자(Gaza) 지구가 궤멸적 타격을 입었다.
2년 가까이 이어진 전쟁은 10월 12일 이스라엘과 하마스 간의 가자 휴전 합의 1단계가 발효되면서 양측 간 교전이 중단됐다. 가자지구 전쟁, 이스라엘-하마스 전쟁, 중동전쟁으로 불린다.

보도했다. 이어 이스라엘의 이번 공격 목적을 "이란 핵 프로그램의 핵심을 파괴하는 것"이라고 분석했다.

✦ '중동 개입 반대' 트럼프 입장이 바뀐 이유는?

이란은 이스라엘 영토를 향해 드론과 탄도미사일을 발사하며 이스라엘의 공격에 대응했다. 이스라엘의 이란 재공습과 이란의 미사일 반격이 이어졌다. 2025년 6월 19일 이스라엘이 이란 아라크 중수로와 나탄즈 핵 시설을 공격했고, 트럼프 대통령은 이란에 2주의 시한을 주며 미국의 직접 군사 개입을 경고했다.

그러나 트럼프가 공언했던 2주의 시간은 이란에 주어지지 않았다. 미국은 경고 이틀 뒤인 2025년 6월 21일 B-2 스텔스 폭격기 7대를 동원해 포르도와 나탄즈 등 이란의 핵 시설 2곳에 벙커버스터 14발을 투하했다. 벙커버스터는 무게 13.6톤, 길이 6.2미터로 지하 100미터(콘크리트는 60미터)를 뚫고 들어가 폭발한다. 포르도 핵 시설은 산악 지대 지하 80~90미터에 위치한 것으로 알려졌다. 미군은 또 핵 잠수함에서 이란의 이스파한 핵 시설에 토마호크 순항 미사일 24발을 발사했다. 작전은 25분 만에 종료됐다.

미국이 이란을 직접 타격한 건 이번이 처음이다. 영국 BBC는 미국의 참전에 대해 "위험한 선을 넘었다."라며 다음과 같이 논평했다.

> "미국과 이란은 수십 년간 직접적 군사 충돌이라는 위험한 선을 넘지 않기 위해 신중히 노력해 왔다. 미국 대통령들은 이슬람공화국(이란)을 상대로 군사력 동원을 자제해 왔다. 미국이 중동 지역에서 가장 위험한 전쟁에 휘말릴 수 있다는 우려 때문이었다. 그러나 '평화의 대통령'을 자처했던 미국 통수권자 트럼프 대통령은 이란 핵 시설을 직접 공격하기로 결정하면서 이 위험한 선을 넘어섰다. 트럼프는 스스로 구태 질서를 무너뜨렸다고 자부해 온 인물이며, 이번 조치는 트럼프 2기 임기 중 가장 중대성이 높다고 평가된다."

왜 트럼프 대통령은 이스라엘의 이란 전면 공격을 승인했을까? 왜 미군에 이란 핵 시설 폭격까지 명령했을까? 트럼프 대통령은 대선 후보 시절부터 중동 지역을 비롯해 제3국들에서 벌어지는 분쟁에 미국이 군사 개입하는 것을 반대해 왔다. 트럼프 대통령의 핵심 지지층인 마가 (MAGA, Make America Great Again, 미국을 다시 위대하게) 진영은 미국의 중동 분쟁 개입에 반대한다는 입장을 분명하게 피력해 왔다. 이 때문에 트럼프 대통령은 이란과 협상을 통해 핵 문제를 해결하려고 노력해 왔다.

트럼프 대통령은 이스라엘, 이란과의 전쟁에 섣불리 뛰어들었다가 과거 이라크전과 아프가니스탄전 때처럼 미국이 중동에서 장기전에 빠질 가능성을 우려했다. 그랬던 트럼프 대통령이 입장을 바꿔 이란의 핵 시설들을 파괴하기 위해 '미드나이트 해머(Midnight Hammer, 한밤의 망치)'라고 명명된 미군의 공습 작전을 승인했다.

트럼프 대통령이 군사 개입에 나선 것은 무엇보다 네타냐후 총리의 집요한 설득 때문이라고 볼 수 있다. 네타냐후 총리는 트럼프 대통령에게 이스라엘 정보기관인 모사드가 수집한 자료 등을 보여 주며 이란이 핵무기를 제조할 능력에 거의 접근했다고 주장했다. 게다가 2025년 6월 초 60일간 이란과의 핵 협상에서 별다른 성과를 내지 못하자 이란에

대한 트럼프의 분노가 고조됐다.

결국 트럼프 대통령은 이란의 핵무기 개발이 임박했다고 판단해 '초강경 카드'를 꺼내 든 것으로 보인다. 그는 이란 핵 시설 폭격 이튿날 이란의 정권 교체(regime change)까지 언급했다.

✦ 휴전 = 사실상 이란의 항복

이란은 2025년 6월 23일 카타르 내 알우데이드 미군기지를 향해 14발의 탄도미사일을 발사하며 미국을 상대로 보복을 감행했다. 미국은 이 중 13발을 요격했고 피해도 거의 입지 않은 것으로 전해졌다. 특히 이란은 미사일 발사 전 미국과 카타르에 보복 공격 계획을 미리 통지하는 등 더 큰 전쟁을 바라지 않는다는 명백한 메시지를 전했다. 이 때문에 미군은 기지 내 주요 군사 자산을 이동시키는 등 피해를 최소화할 수 있었다.

트럼프 대통령은 소셜미디어를 통해 "이란이 공격 계획을 사전에 통보해 인명 피해가 나오지 않도록 해 준 데 감사하다."라고 했다. 그리고 몇 시간 뒤에 이스라엘과 이란이 완전하고 전면적인 휴전에 합의했다고 발표했다. 휴전은 사실상 이란의 무조건 항복으로 해석됐다.

이스라엘의 기습 공격을 받은 이란은 강력한 보복을 선언했으나 이란의 군사력은 이미 한계에 다다른 상태였다. 이란의 군사적 역량은 2020년대부터 이스라엘과의 치열한 충돌로 지속적으로 약화해 왔다. 2023년 10월 시작된 가자지구 전쟁 이후 이스라엘은 이란군 지도부를 12명 가까이 살해했고, 이번 공습으로 군 참모총장 등 군 수뇌부를 추가로 제거하는 데 성공했다.

게다가 '저항의 축'으로 불리는 중동 내 친이란 세력들도 이란을 도와줄 여력이 없는 상황이었다. 이는 이스라엘이 그동안 팔레스타인 무장정파인 하마스와 레바논 무장단체인 헤즈볼라를 지속적으로 타격해 그 세력이 크게 약진인 탓이었다. 이란의 주요 동맹이었던 시리아도 2024년 말 반군의 공세로 정권이 뒤집히면서 중동 내 이란의 영향력은 크게 축소됐다.

결국 이란은 이스라엘에 강력히 보복을 개시하기가 매우 힘들고 위험해졌다. 군사력과 대외적 영향력이 축소된 이란이 대규모 반격을 한다면 이스라엘은 더 강력한 재보복으로 맞설 것이고, 나아가 미국이 직접 무력 개입에 나서는 최악의 시나리오가 전개될 수 있었다. 이는 이란

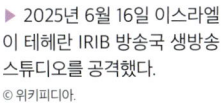

▶ 2025년 6월 16일 이스라엘이 테헤란 IRIB 방송국 생방송 스튜디오를 공격했다.
© 위키피디아.

정권의 붕괴로 이어질 수도 있는 위험한 도박이다.

　이란은 전쟁 4일째에 먼저 "이스라엘이 공습을 중단한다면 이쪽도 공격을 중지하겠다."라고 제안했다. 이는 사실상 백기 투항이라고 봐도 무방했다. 하지만 이스라엘은 그 제안을 거부하고 계속 밀어붙이고자 했다. 이런 와중에 미국이 참전해 이란 핵 시설을 공격하면서 네타냐후 총리에게 정치적 승리를 안겨 주었고 휴전의 명분을 제공했다.

　이스라엘은 미국의 휴전 제안을 받아들였다. 이란도 휴전을 받아들임으로써 휴전이 성사됐다. 빠르게 휴전을 받아들였다는 것은 이스라엘과 이란 모두 한계상황이었다는 반증일 수 있다.

✦ 이란의 추락, 중동 지형의 변화

　12일간의 이스라엘-이란 전쟁은 '중동의 맹주'라는 이란에 대한 환상을 깨뜨렸다. 이스라엘이 이 지역 최고의 군사 강국임이 드러났고, 중동의 역학 관계는 뒤흔들렸다.

　먼저 이번 전쟁은 이란을 다시 보게 했다. 《뉴욕타임스》는 다음과 같이 논평했다.

> "이란에 대한 공격이 이란의 핵 프로그램을 얼마나 후퇴시켰는지는 불확실하지만, 이란 스스로 자국을 보호하지 못한 이 사건은 이란의 뿌리 깊은 약점을 드러낸 것으로, 새로운 지역 질서가 도래했음을 시사한다. (…) 짧은 분쟁이 이란의 힘에 대한 환상을 산산조각 냈다."

　몇 년 전만 해도 이란을 포함해 '저항의 축(이란을 중심으로 반이스라엘, 반미를 내세운 중동의 군사 조직)'이라고 불리는 조직 네트워크의 중동 내 영향력은 막강했다. 이란의 지원을 받는 하마스는 이스라엘 내 가자지구를 통치하고 있었다. 헤즈볼라는 레바논에서 가장 강력한 군사 및 정치 세력이었다. 예멘의 후티 반군은 작지만 강력한 민병대로, 홍해의 국제 해운을

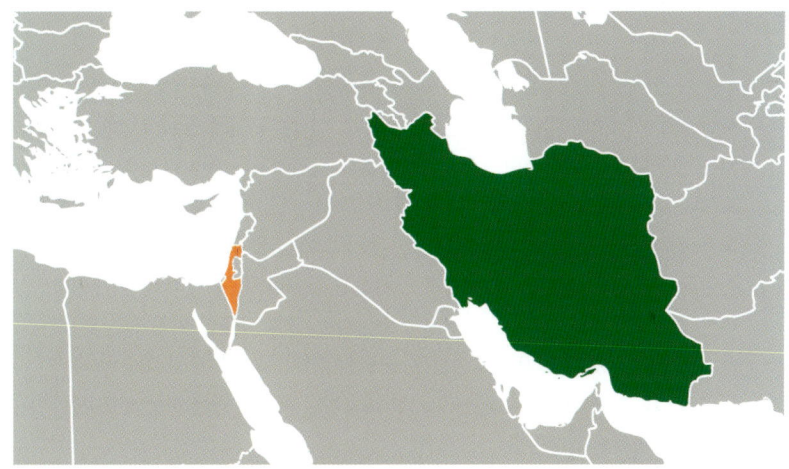

▶ 중동지역 지도, 오렌지색은
이스라엘이고 초록색은 이란
이다. ⓒ위키피디아.

방해했다. 시리아에서는 바샤르 알아사드 대통령이 친이란 노선을 걸고 있었다.

이란은 또 러시아, 중국과 함께 반미 동맹을 구축하고 있고, 우크라이나와 전쟁 중인 러시아를 지원하기도 했다. 하지만 이스라엘과 미국의 공격으로 수십 년 만에 가장 심각한 위협에 직면한 이란을 도와줄 세력은 현재 거의 보이지 않는다. 아랍의 이웃 국가들과 러시아, 중국 등 동맹국들은 이스라엘의 이란 공격을 비난했지만 실질적인 지원을 제공하지는 않았다.

2023년 10월 7일 하마스가 주도한 이스라엘 공격 이후 이란 네트워크는 궤멸적 타격을 입었다. 하마스는 이스라엘과의 전쟁 끝에 수천 명의 전사를 잃었고, 로켓 공격을 받아 이스라엘을 위협할 능력이 심각하게 약화했다. 이스라엘은 레바논에서 헤즈볼라의 최고 지도자들을 쓸어버리고 무기고의 대부분을 파괴했으며 그들의 정치적 영향력을 심각하게 손상시켰다. 시리아는 2024년 12월 반군에 의해 시아파 계열인 알아사드 정권이 붕괴된 이후 친이란에서 친서방으로 노선이 바뀌고 있다.

유라시아 그룹의 중동 및 북아프리카 담당 전무이사, 피라스 막사드는 《뉴욕타임스》에서 "지금 이 지역에서 우리가 목격하고 있는 것은 수십 년에 걸친 이란의 전략과 영향력의 붕괴에 불과하다."라고 말했다.

이란을 비롯한 저항의 축 세력들은 현재 자기 생존을 도모하기에 급급한 것으로 보인다. 반면 이스라엘의 역내 입지는 매우 탄탄해졌다. 이스라엘은 이란에 치명적 타격을 가하면서 압도적인 군사력을 재확인시켰으며, 미국 트럼프 정부와의 굳건한 협력 관계도 입증했다. 이란과의 휴전 이후 네타냐후 총리의 전기 작가인 마잘 무알렘은 《뉴욕타임스》에 "대중의 관점에서 볼 때, 그(네타냐후)는 이스라엘 건국 이래 가장 큰 위협으로 간주되는 것에 맞서 승리를 거두었다."라고 썼다.

이스라엘과 이란의 갈등은 중동 지역의 핵심 갈등이지만 지난 20년 동안 두 나라는 전면전을 피한 채 '그림자 전쟁'을 해 왔다. 이스라엘은 갈등 관계인 하마스를 때론 힘으로 제압하면서도 이 단체가 가자지구에서 권력을 유지할 수 있도록 허용했다. 레바논 민병대인 헤즈볼라와도 불안한 평온을 유지했다. 그 배경에는 이란과의 전면 충돌에 대한 우려가 깔려 있었다. 이스라엘의 이란 공격을 그동안 소규모 비밀 작전으로 제한했던 것도 그런 이유에서였다.

하지만 2023년 10월 하마스의 기습 공격으로 심각한 피해를 입은 후 이스라엘은 저항의 축을 상대하는 전략에서 중대한 변화를 보였다. 전쟁을 피하기보다 전쟁을 통한 궤멸로 방향을 바꾼 것이다. 이 변화가 결국 이란에 대한 직접 공격으로까지 이어졌다.

가자지구 전쟁이 길어지면서 위기에 몰렸던 네타냐후 총리는 이란 공격으로 다시 살아났다. 네타냐후 총리에 대한 이스라엘 내 지지도는 그 어느 때보다 높다. 이런 지지를 바탕으로 그가 자국 내 전쟁 세력의 주장을 누르고 가자전쟁 휴전으로 나아갈 것이라는 기대도 있었다. 하지만 네타냐후는 오히려 가자전쟁 확전으로 향했다.

이란을 중심으로 한 이슬람 시아파의 추락으로 사우디아라비아, 이집트, 요르단, 아랍에미리트(UAE) 등 이슬람 수니파의 역내 입지는 상대적으로 탄탄해졌다. 전체 모슬렘의 85~90%를 차지하고 있는 수니파는 소수인 시아파와 중동에서 패권 다툼을 벌여 왔다. 시아파는 모슬렘 중 10~15%에 불과하지만 이슬람 근본주의를 바탕으로 강세를 떨쳐 왔다.

사우디아라비아가 앞으로 이스라엘과 수교를 맺을 가능성도 있다. 트럼프 대통령이 집권 1기 때 치적으로 내세운 것 중 하나가 '아브라함 협정'인데, 이는 이스라엘과 주변 이슬람 국가들의 국교 정상화를 뜻한다. 트럼프 첫 집권기인 지난 2020년 이스라엘은 미국의 중재로 바레인, UAE와 국교를 수립했다. 이로써 이스라엘과 수교한 중동 국가는 1979년 이집트, 1994년 요르단에 이어 네 곳으로 늘어났다.

미국은 이스라엘과 사우디의 국교 정상화를 추진해 왔다. 2023년 하마스가 이스라엘을 기습 공격하며 가자지구 전쟁의 포문을 연 것도 당시 거의 완료 단계까지 이른 이스라엘과 사우디의 수교를 막기 위해서라는 분석도 있다. 이슬람 대표 국가이자 중동 최대 경제국인 사우디가

🔎 **아브라함 협정**

유대교, 기독교, 이슬람교 모두가 조상으로 여기는 인물인 아브라함의 이름을 딴 협정이다. 2020년 미국 트럼프 1기 당시 이슬람 국가인 아랍에미리트(UAE)와 바레인이 이스라엘과 외교 관계를 정상화한 협정을 아브라함 협정이라 칭했다.
트럼프 대통령은 이 아브라함 협정을 확대해 이스라엘과 더 많은 이슬람 국가들이 수교를 맺도록 해 중동 평화를 달성하고 노벨평화상을 받고자 한다.

이스라엘과 수교할 경우, 이란과 저항의 축을 고립시킬 수 있다. 하지만 중동 이슬람 국가들을 묶어 주는 또 하나의 고리인 팔레스타인 독립 문제가 해결되지 않는 한 이 지역에서 반이스라엘, 반미 항쟁은 사라지지 않을 것이라는 게 전문가들의 분석이다.

✦ 이란 핵무기라는 불씨는 그대로

12일간의 군사 충돌 끝에 이란과 이스라엘은 휴전에 합의했다. 하지만 이란은 전쟁의 시발점이 된 핵을 포기하지 않았다. 이란의 핵 시설이 얼마나 파괴되었는지도 불확실하다. 오히려 이란은 핵무기 개발만이 유일한 생존 수단이라는 결론을 얻어 북한의 길을 걸을 것이라는 분석도 나온다. 이스라엘은 그걸 방관하지 않을 것이며 이란의 핵무기 개발이 무르익으면 다시 공격할 것이라고 전문가들은 예상하고 있다. 트럼프 대통령도 이란 핵무기와 관련해 추가 공격 가능성을 부정하지 않고 있다. 전쟁의 불씨가 꺼지지 않은 것이다.

미 국방정보국이 발표한 임시 보고서에 따르면 이번 폭격으로 이란의 포르도, 나탄즈, 이스파한 세 곳의 핵 시설이 심각한 훼손을 입은 건 사실이다. 트럼프 대통령은 공습 직후 "이란의 핵 시설은 완전하고 총체적으로 제거되었다(completely and totally obliterated)."라고 말했다. 이스라엘은 이란 핵 개발을 "수십 년 뒤로 돌려놓았다."라고 주장했다.

하지만 이란 핵 시설의 피해 정도에 관한 분석은 엇갈린다. 이란이 4~6개월 만에 핵 시설을 재개할 수 있을 것이라는 주장도 있다. 이란 핵 시설이 이번 같은 공격에 대응하도록 설계된 데다 땅속 매우 깊은 곳에 위치해 있기 때문에 항공사진이나 위성사진으로 관측하는 정도로는 실제로 어느 정도의 피해를 입었는지 알 수가 없다는 것이다.

라파엘 그로시 IAEA 사무총장은 휴전 이후 "(이란 핵 시설의) 일부는 여전히 건재하다. (…) 이란은 몇 달, 또는 그보다 짧은 기간에 농축 우라늄을 생산하는 원심분리기 단계 설비를 가질 수 있다."라고 주장했다. CNN,

《뉴욕타임스》등 미국 주요 언론들도 이란 핵 능력이 건재하다는 보도를 내놓고 있다.

이란 핵 시설이 완전히 파괴됐다는 증거는 부족하다. 더구나 이란은 기존에 생산했던 약 400킬로그램에 달하는 고농축 우라늄을 미국의 공격을 받기 전에 다른 곳으로 이동시켰다는 주장도 나오고 있다. 현재 분명한 것은 미국과 이스라엘이 이란에 모든 우라늄 농축 프로그램의 중단(제로 농축)을 요구하고 있다는 점이다. 이란이 우라늄 농축을 재개한다면 다시 공격할 것이라는 입장이 분명하다.

이란은 국제사회의 제재 해제를 전제로, 핵 개발 프로그램의 제한을 상당 부분 받아들일 용의가 있다고 밝혔다. 그러나 우라늄 농축의 전면 중단에 대해선 결코 협상 대상이 될 수 없다는 입장이다. 이란은 또 제재가 복원되면 NPT를 탈퇴하고 IAEA와의 모든 협력을 중단할 것이라고 밝혔다.

2015년 이란과 서방이 체결한 핵 합의(포괄적 공동행동 계획, JCPOA)에 서명한 독일, 영국, 프랑스 등 유럽 3국은 이란이 미국과의 핵 협상과 IAEA와의 협력을 재개하지 않으면 제재를 발동하겠다고 경고했다.

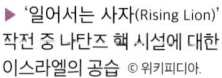
▶ '일어서는 사자(Rising Lion)' 작전 중 나탄즈 핵 시설에 대한 이스라엘의 공습 © 위키피디아.

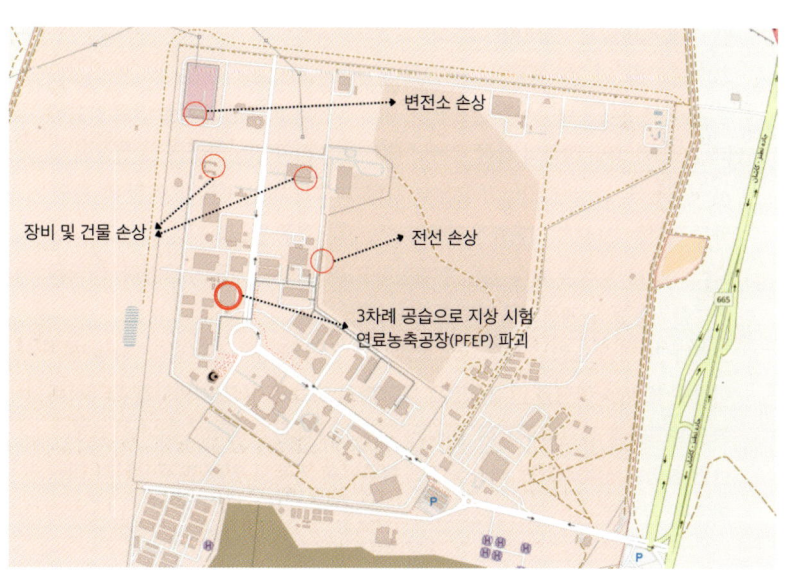

🔍 이란 핵 문제의 역사

이란에 핵 기술을 전수한 나라는 미국이다. 미국은 이란의 '이슬람 혁명' 전까지만 해도 이란을 중동에서 가장 믿을 수 있는 동맹국으로 봤고, 양국의 협력은 핵 기술 이전으로까지 이어졌다. 1957년 미국 아이젠하워 행정부는 '평화를 위한 원자력(Atoms for Peace)' 프로그램의 일환으로 이란과의 핵 협력을 개시했고, 이란에서 본격적인 핵 인프라 구축이 시작됐다. 1968년 이란은 핵확산 금지조약(NPT)에 서명하며 평화적 목적의 원자력 이용 권리를 갖게 된다. 1970년대 후반 급속한 서구화와 경제 불평등에 대한 불만이 고조되면서 이란 전역에서 반정부 시위가 번졌다. 1979년 1월 팔레비 국왕은 이란에서 도망쳤고, 시아파 최고 성직자 아야톨라 루홀라 호메이니가 귀국해 이슬람공화국 수립을 선언했다. 이것이 바로 이슬람 혁명이다. 이슬람 혁명을 계기로 미국과 이란의 관계는 적대적으로 바뀌었다.

1980년, 이라크가 이슬람 혁명 직후의 혼란을 틈타 이란을 침공해 이란-이라크 전쟁이 발발했다. 미국은 공식적으로는 중립을 표방했지만 실제로는 이라크를 지원했다. 1990년대 이란은 러시아의 기술 지원을 받아 본격적인 핵발전소 건설 계획을 추진하기 시작했다. 이란-이라크 전쟁이 이란에 핵 개발 의지를 심어 줬다는 분석도 있다.

조지 W. 부시 행정부는 이란에 대해 강경 정책을 펼쳤다. 2002년 1월 부시 대통령은 이라크, 북한과 함께 이란을 '악의 축'으로 규정하며 적대적 기조를 공식화했다. 2006년 미국은 '이란 제재법(ISA)'을 통해 이란 국영은행과의 거래를 차단했고, 2007년에는 이란 혁명수비대를 테러 조직으로 지정했다. 유엔 안전보장이사회도 이란 제재 결의안을 채택했고, 2008년 미국은 전면적인 이란 경제 제재를 단행하기에 이른다.

2011년 11월, 이란이 핵무기 기폭장치 개발을 위한 컴퓨터 시뮬레이션 실험을 수행했다는 IAEA 보고서가 발표됐다. 이후 유엔과 미국은 제재를 더욱 강화했다. 2013년 중도 성향의 하산 로하니 대통령이 집권하며 이란은 핵 협상에 다시 복귀했다. 2015년 오바마 행정부 시절, 미국과 이란은 통상 '이란 핵 합의'라고 말하는 '포괄적 공동행동 계획(JCPOA)'에 최종 합의하기에 이른다. 이에 따라 이란은 우라늄 농축 농도를 제한하고 IAEA의 감시를 수용했다. 미국을 비롯한 서방은 단계적으로 제재를 해제했다.

그러나 2018년 트럼프 대통령이 JCPOA의 일방 탈퇴를 선언한다. 이에 맞서 이란도 JCPOA 이행을 단계적으로 중단했고, 고농축 우라늄 생산을 재개하며 핵 프로그램을 복원해 나갔다. 이란의 핵무기에 대한 국제적 우려가 고조됐다. 한편 친이란 전문가들은 이스라엘도 핵무기를 가지고 있다고 주장하며 이란의 핵만 문제로 삼는 것은 부당하다는 입장이다.

✦ 미국-이란 핵 협상이 관건

이스라엘-이란의 휴전 상태는 언제든 깨질 수 있다. 미국과 이란의 핵 협상이 이뤄지지 않아, 이란이 2015년 타결됐던 핵 합의로 돌아가지 않는다면 긴장 상황은 지속될 것으로 보인다. 이란은 핵 시설엔 접근하지 않는다는 조건에서 IAEA의 방문을 받아들였고, 유럽 3국과의 협상도 재개했다. 하지만 미국과의 협상은 2025년 10월 현재까지 이뤄지지 않았다.

이런 가운데 2025년 8월 5일 마수드 페제시키안 이란 대통령이 온건 보수 성향의 알리 라리자니 전 이란 국회의장을 최고국가안보위원회(SNSC) 사무총장으로 임명했다. 라리자니는 2005년부터 2년간 이란 핵 협상 대표를 역임했고, 2015년 타결된 이란 핵 합의를 지지하는 등 실용적인 외교 노선을 추구했다는 평가를 받았다. 이날 인사는 이란 지도부가 기존 강경 노선에서 벗어나 온건 노선으로 전환하려는 신호로 해석됐다.

반면 이번 전쟁을 통해 이란이 핵무기 개발에 매달릴 것이라는 우려도 나온다. 이란이 핵 프로그램을 포기하려면, 미국과 이스라엘이 앞으로 절대 이란 정권을 공격하지 않겠다고 약속하고 이란은 이 약속을 신뢰해야 한다. 그러나 리비아와 우크라이나 등이 핵무기 보유를 포기한 이후 강대국의 침공을 받는 모습을 본 이란이 호전적인 네타냐후 총리와, 말을 자주 바꾸는 트럼프 대통령을 신뢰할 수 있을지는 의문이다. 이란은 정권을 지키는 유일한 길이 핵무기 보유라는 결론에 도달할지도 모른다.

휴전 후 넉 달이 넘은 시점까지 이란과 미국은 핵 협상을 시작도 못했다. 이란은 2015년 서방과 체결한 이란 핵합의가 2025년 10월 18일에 종료됐다며 이에 따라 자국 핵프로그램에 대한 각종 제재의 효력이 사라졌다고 주장했다. 하지만 9월에 대이란 유엔 제재가 복원됐다. 이란은 제재 복원에 대응해 미국과 핵협상을 재개하는 것을 검토 중이다.

검찰 개혁

홍기삼

뉴스1 기자

고등학교 2학년 때부터 기자를 꿈꿨다. 지리교사였던 아버지 덕분에 집에 가득했던 미국 잡지 《National Geographic》를 보며 세계를 누비는 기자를 동경했다. 영화 「살바도르」를 보며 종군기자를 선망했다. 한국외대 영자신문 《The Argus》에서 학생기자를 했다. 대학 졸업 후 1997년부터 기자 생활을 시작했다. 《머니투데이》를 거쳐 2011년부터 《뉴스1》에서 일하고 있다. 청와대팀장, 법조팀장, 사건팀장, 사회부장, 사회정책부장, 바이오부장, 마케팅 총괄 등을 역임했다. 여전히 현장기자를 꿈꾼다.

© 위키피디아.

검찰 개혁의 의미와 전망

'검찰'은 정말 사라질까? 역대 정부 내내 단골 '개혁' 대상이 었던 검찰이 이재명 정부 들어 이름 자체가 사라질 운명에 직 면했다. 검찰이라는 이름이 사라진다면 그 빈자리는 어떤 새 이름으로 채워질까? '검찰 개혁'을 들여다봤다.

◆ 검찰이 말하는 '검찰'

"우리 사회의 법과 질서를 바로 세우고 국민의 안녕과 인권을 지키는 국가 최고 법 집행기관".

대검찰청(대검) 홈페이지에 소개돼 있는 '검찰'의 정의다. 각종 범죄로 부터 국민 개개인과 사회 및 국가를 보호하는 것을 기본 임무로 하고 있 다고 대검은 홈페이지를 통해 검찰의 역할을 설명했다.

이 정의를 실현하기 위해 검찰은 범죄를 수사하고, 사법경찰관의 수 사를 사법적으로 통제하며, 공소(公訴)를 제기·유지하고 재판의 집행을 지휘하는 등 다양한 업무를 수행하고 있다는 게 검찰의 설명이다.

검찰은 형벌권에 기초한 국가 최고의 법 집행기관으로서, 국민 모두 가 안심하고 살 수 있는 깨끗하고 안전한 사회를 만들기 위해 범죄를 수 사하고 법을 집행하는 임무를 맡고 있다. 군대가 외부로부터의 공격을 막는 역할을 맡고 있다면 검찰은 내부로부터의 공격을 막는 역할을 맡

검찰소개

검찰구성 ︿
　검찰이란?
　검찰구성원
　검사의 역할

조직 및 업무 ﹀

검찰총장소개 ﹀

검찰CI/CM ›

검찰역사관 ›

대검찰청견학 ›

찾아오시는 길 ›

전국검찰청찾기 ›

검찰이란?

검찰은 우리 사회의 법과 질서를 바로 세우고 국민의 안녕과 인권을 지키는 **국가 최고 법집행기관**으로서, 각종 범죄로부터 국민 개개인과 사회 및 국가를 보호하는 것을 기본 임무로 하고 있습니다.
이를 위하여 검찰은 범죄를 수사하고, 사법경찰관의 수사를 사법적으로 통제하며, 공소(公訴)를 제기·유지하고, 재판의 집행을 지휘하는 등 다양한 업무를 수행하고 있습니다.

검찰
PROSECUTION SERVICE

검찰의 역할

검찰은 형벌권에 기초한 국가 최고의 법 집행기관으로서, 국민 모두가 안심하고 살 수 있는 깨끗하고 안전한 사회를 만들기 위해 범죄를 수사하고
법을 집행하는 임무를 맡고 있습니다. 군대가 외부로부터의 공격을 막는 역할을 맡고 있다면 검찰은 내부로부터의 공격을 막는 것입니다.

검찰은 범죄 수사를 총괄하고 기소를 담당하는 수사기관이자, 여러 행정부처의 법치행정을 자문하고 감시하는 자문·감시기관이며, 또한 공무원에 대한 사정기관으로서 역할하고 있습니다.

이뿐만 아니라 검찰은 범죄피해자의 피해회복까지 지원함으로써, 진정한 정의가 실현될 수 있도록 노력하고 있습니다.

▲ 대한민국 대검찰청 홈페이지에 소개된 검찰의 정의와 역할, 로고 등. ⓒ 대한민국 검찰.

는다.

　검찰은 범죄 수사를 총괄하고 기소를 담당하는 수사기관이자, 여러 행정부처의 법치행정을 자문하고 감시하는 자문·감시기관이며, 또한 공무원에 대한 사정기관 역할도 하고 있다. 이뿐만 아니라 검찰은 범죄 피해자의 피해 회복을 지원하고 진정한 정의가 실현될 수 있도록 노력하고 있다.

　엄정한 법 집행을 통해 범죄를 처벌하는 사회적 정의의 수호자로서, 범죄에 취약한 어린이와 여성을 안전하게 보호하는 법적 울타리로서, 검찰은 '범죄에 대한 국가적 대응'이라는 본연의 임무를 충실히 수행하는 데 전력하고 있다. 특히 검사는 부패 범죄, 경제 범죄 등 중요 범죄를 독자적으로 수사함으로써 사회정의를 바로 세우기 위해 지도적 역할을 하고 있다.

　검사는 경찰이 충실하게 사건을 조사했는지, 적법 절차를 준수했는지에 대해 검토하고, 수사가 미흡하다고 판단될 경우 송치 사건에 대해 직접 보완 수사 또는 보완 수사 요구, 불송치 사건에 대해 재수사 요청 등을 통해 문제점을 보정하고 시정조치를 요구함으로써 경찰 수사 과

정에서 발생할 수 있는 법령 위반, 인권 침해 또는 현저한 수사권 남용을 방지하는 역할을 한다. 검사는 전문 분야 수사를 위해 수사권을 부여받은 행정공무원인 특별 사법 경찰 관리의 수사 또한 지휘, 감독하고 있다.

검사는 사건의 수사를 종결하기 위해 기소 여부를 결정한다. 검사의 기소에는 두 가지 방법이 있다. 하나는 피고인이 법정에 출정해 재판을 받는 '정식재판', 다른 하나는 피고인이 법정에 출정하지 않고 법관이 검사가 제출한 수사 서류를 심사하여 판결하는 '약식재판'이다.

약식재판은 통상 검사가 피고인에게 벌금을 부과해야 한다고 판단하는 경우에 실시된다. 그러나 피고인이 이의를 제기한 경우, 또는 법관이 검사의 약식재판 청구가 부적절하다고 판단한 경우, 검사가 법관의 벌금이 부적절하다고 판단한 경우 정식재판 절차가 개시된다.

검사는 공소 제기(법원에 형사 사건의 재판을 청구하여 소송을 일으키는 행위)의 주체로서 공소를 유지할 권한과 책무가 있다. 검사는 형사 법정에서 피고인의 범죄를 입증하고 법관에게 죄에 상응하는 형을 구형하는 등 피고인의 죄에 합당한 형이 선고되도록 소송 활동을 수행한다. 이와 더불어 피고인에게 유리한 양형 자료를 제출해 피고인의 정당한 이익을 보호한다.

검사가 기소하지 않는 경우, 통상 '불기소'라고 지칭한다. 불기소는 피의자의 행위가 법령에 의해 범죄가 되지 않거나, 충분한 합법적 증거로 범죄임을 증명할 수 없는 경우 무혐의로 결정하고, 그 밖에 피의자나 증인이 없기 때문에 기소 중지 또는 참고인 중지가 된 것 등을 포함해 몇 개의 범주로 구성되어 있다.

검사는 혐의가 인정되는 경우에도 피의자 및 범죄의 성질 등 여러 가지 상황을 고려해 기소를 하지 않는, 이른바 '기소유예 처분'이라는 재량권을 행사할 수도 있다. 예컨대 충분히 사회에서 정상적인 생활을 다시 영위할 수 있다고 판단되는 19세 미만의 범죄자에 대해서는 검사가 '선도 조건부 기소유예'를 선택할 수 있다. 이런 기소유예 방법은 비행

소년의 선도에 있어 대부분 성공을 거두고 있어 좋은 제도로 평가받고 있다.

이상은 대검찰청 홈페이지에 소개된 검찰에 대한 설명이다. 대검 홈페이지의 이 설명 또한 조만간 모두 바뀔 것으로 보인다. 검찰 개혁 프로세스가 임박했기 때문이다.

✦ '검찰 개혁'은 왜 제기되었나?

검찰 개혁은 오랫동안 더불어민주당을 비롯한 대한민국 진보 진영의 중요한 정치적 과제이자 화두였다. 검찰 개혁은 검찰 자체의 '과도한 권한 집중'을 타파하려는 노력으로부터 시작됐다. 검찰이 수사권과 기소권을 동시에 보유하고 있어 잘못 사용될 경우 무소불위의 권한이 될 수 있다는 점에서 그렇다.

대부분의 민주국가에서 수사와 기소를 분리하거나, 경찰에 수사권을 주고 검찰은 기소만 담당하는 게 옳다는 게 검찰 개혁론자들의 주장이다. 이런 점에서 대한민국 검찰은 특수수사를 위시한 직접 수사, 기소, 공소 유지, 형 집행까지 사실상 형사사법의 핵심을 모두 쥐고 있어 '막강 권한 기관'으로 줄곧 비판받아 왔다.

가장 대표적인 비판은, 역대 정권들이 특수수사라는 이름으로 야당 정치인을 표적 수사하며 검찰의 칼을 활용해 왔다는 것이다. 비극적으로 생을 마친 노무현 전 대통령에 대한 검찰의 수사를, 검찰 개혁론자들은 그 단적인 예로 제시한다.

특히 "검찰이 스스로 정치적 행위자처럼 행동한다."라는 비판도 오랫동안 제기돼 왔다. 장시간 조사, 별건 수사, 피의사실 공표 등 인권 침해적 수사 방식이 지속돼 온 점도 검찰 개혁을 촉발시켜 온 요인이다. 피의사실이 언론에 유출되어 재판 전부터 사회적 낙인이 찍히는 문제도 계속 지적돼 왔다.

더구나 사법제도의 핵심 기관이지만 국회, 법원, 경찰 등 다른 권력

기관의 견제가 충분하지 않았던 점도 검찰 개혁의 단초가 됐다. 스스로 통제할 장치가 사실상 부재했다는 것이다. 민주화 이후 국민의 권리 의식이 높아지면서 검찰 권력을 정치 권력으로부터 독립시키고 투명하게 운영해야 한다는 여론이 커져 왔다. 이 때문에 과거 민주당 정부가 들어설 때마다 검·경 수사권 조정, 공수처 신설 등이 개혁 과제로 등장해 왔다.

✦ 검찰 개혁의 역사

노무현 정부 당시 검찰의 정치적 중립성을 강조하며 검·경 수사권 조정을 시도했지만, 검찰 반발과 정치적 갈등으로 성과가 미흡했다. 하지만 '검찰 개혁'을 중요한 정치·사회적 의제로 올린 첫 시도였다는 점은 평가받을 만하다는 지적이다.

박근혜 전 대통령 탄핵 이후 출범한 문재인 정부 때 검찰에 대한 견제 요구가 절정에 달했다. 그 성과 중 하나가 고위공직자범죄수사처(공수처)의 설치 및 출범으로, 이는 검찰을 견제하기 위한 별도 기관이다. 검·경 수사권 조정도 성사되었다. 그 결과 경찰에 1차 수사권과 수사 종결권을 부여하고 검찰은 기소, 영장 청구, 특수수사 등에 집중하게 하고 직접 수사 부서도 축소했다. 그러나 당시 문재인 정부와 윤석열 검찰총장이 심각한 갈등을 일으켜 검찰의 정치화 논란, 공수처의 미흡한 성과 등 검·경 수사권 조정에 대한 평가는 엇갈렸다.

윤석열 정부 들어서 이런 검찰 개혁의 흐름을 다시 되돌리려는 시도가 몇 차례 진행됐다. 전직 검찰총장이 대통령이 됨에 따라 문재인 정부 시기의 검찰 개혁(수사권 제한 등)은 '과도하다'는 기본 입장 아래 검찰 수사권 일부가 복원됐다. 공수처의 실효성 문제 제기와 폐지론까지 등장했다. 검찰 개혁 방향을 사실상 되돌리는 흐름으로 평가된다.

고위공직자범죄수사처(공수처)란?

▶ 공수처가 하는 일, 공수처의 역사 ⓒ 고위공직자범죄수사처

설치 목적	고위공직자범죄수사처는 고위공직자 및 그 가족이 범한 직권남용, 수뢰, 허위공문서 작성 및 정치자금 부정수수 등의 특정범죄를 척결하고, 공직사회의 특혜와 비리를 근절하여 국가의 투명성과 공직사회의 신뢰성을 높임으로써, 국민 모두에게 균등한 기회가 보장되는 정의롭고 공정한 나라를 만들기 위해 설치되었습니다.
설치 근거	고위공직자범죄수사처 설치 및 운영에 관한 법률

주요 연혁		
2019년	2020년	2021년
12.30. '고위공직자범죄수사처 설치 및 운영에 관한 법률안' 국회 본회의 가결	01.14. 공수처법 법률안 공포 02.04. '고위공직자범죄수사처 설립준비단 설치 및 운영에 관한 규정' 제정, 발령	01.21. 고위공직자범죄수사처 출범
	02.10. '고위공직자범죄수사처 설립준비단' 출범	
	07.15. 공수처법 시행	

▶ 공수처의 구성
ⓒ 고위공직자범죄수사처.

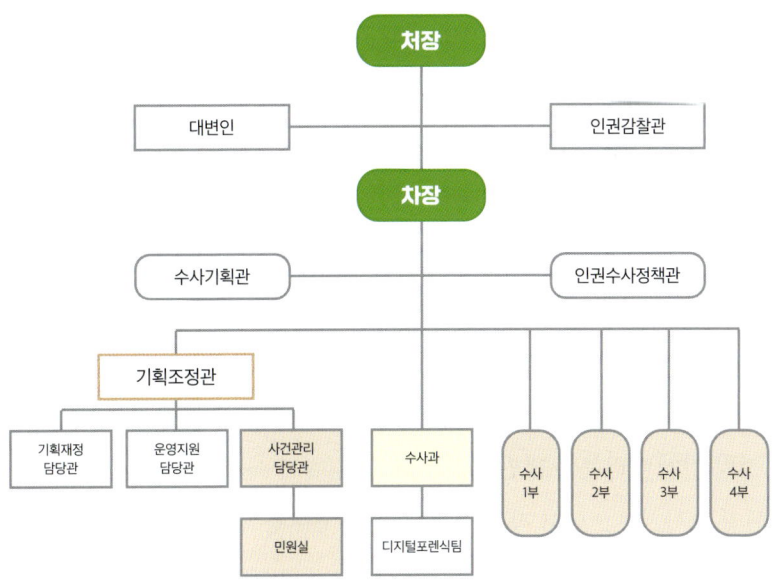

공수처장 1명	• 판사, 검사, 변호사 출신으로 15년 이상 경력 • 임기 3년(중임 불가) • 대통령 임명
차장 1명	• 임기 3년(중임 불가) • 공수처장 제청, 대통령 임명
검사 25명 (처장, 차장 포함)	• 임기 3년, 검찰 출신이 정원의 2분의 1을 넘을 수 없음. • 대통령 임명
수사관 40명	• 일반직 공무원 • 임기 6년, 연임 가능.

◆ 검찰의 반발, 왜?

검사들은 문재인 정부에서 시작된 검찰 개혁안에 대체로 반발해 왔다. 문재인 정부에서 시행한 수사권 조정 이후 경찰에 힘이 실리고 검찰의 권한이 축소되자, 검사들은 "범죄 대응력이 약화하고 국민 피해가 커질 것"이라고 주장해 왔다.

공수처가 검찰을 직접 수사할 수 있는 권한을 갖자, 검사들은 "검찰 견제가 아니라 정권이 통제하는 또 다른 정치 검찰"이 될 것이라며 반대해 왔다. 검사들은 공수처에 대해 "정치적 중립성이 보장되지 않는다." "헌법상 권력분립 위배다."라는 논리를 제시해 왔다. 이는 일선 검사들의 집단행동으로도 이어졌다. 문재인 정부 당시 평검사 회의, 전국 검사장 회의 등을 통해 검사들이 집단 성명을 연이어 내기도 하는 등 파장이 일었다.

이와 관련해 검찰 스스로 자성하는 분위기도 있었다. 최근 몇 년간 검찰은 문제 있는 제도 탓만 했을 뿐 스스로 정치적 중립성, 공정성, 책임성을 지키려는 노력은 너무나 미흡했다는 것이다. 국민 눈에는 편향된 '정치 검찰'이라는 오명만 어른거릴 뿐, 경찰 수사의 미진함을 보완하는 책임 수사기관으로서 직접 수사에 대한 내부 통제 등 인권 보호기관 역할은 포기한 것처럼 보였다.

검찰 수사를 경험한 당사자와 변호사들조차 "정작 해야 할 수사는 외면하고, 하지 말아야 할 수사는 지나치게 열심히 한다."라는 혹평을 쏟아 낸다. 검찰 내부에서도 민생범죄를 다루는 형사부 시스템이 무너지고, 특별수사팀이나 특검 등에 대규모 수사 인력이 파견되는 일이 반복되면서 "사실상 간판만 안 걸었지, 공소청이 되어 가고 있다."라는 탄식이 나왔다.

그러나 현장의 검사들은 정치권에서 주장하고 있는 '검찰청 폐지안'은 단순한 기관 명칭 변경 이상의 중대한 문제를 안고 있다고 주장한다. '검찰청'을 '공소청'으로 바꾸고, 수사와 기소를 분리하여 기존 수사 기능은 경찰이나 새로운 수사기관으로 넘기는 건 헌법 질서를 뒤흔들 수 있는 중대한 사안으로, 결코 가볍게 다뤄서는 안 된다고 주장한다.

그들은 그 근거로 우선 헌법을 들고 있다. 헌법은 명시적으로 '검찰'을 규정하고 있다. 1948년 제헌헌법 이후 현재까지 '검찰총장'이라는 용어가 헌법에 명문화되어 있으며, 헌법을 비롯한 형사소송법과 검찰청법 등 관련 법령에서도 검사는 영장 청구권, '공소의 제기 및 유지'를 포함해 인권 보호, 법령의 정당한 해석 등 다양한 권한을 행사하는 독립된 법 집행기관으로 명확히 규정돼 있다. 따라서 '검찰청'이라는 명칭은 단순히 바꿀 수 있는 조직명이 아니라 헌법과 법률에 근거한 기관이라는 것이다.

결국 법률로 검찰 조직을 폐지하거나 명칭을 변경하려는 시도는 위헌 소지가 크다고 검사들은 주장한다. 법제사법위원회 전문위원 검토 보고서에도 "헌법상 명문 규정에 반하여 검찰총장의 명칭을 공소청장으로 바꾸는 것은 위헌이라는 지적이 있고, 헌법 개정 없이 이를 허용할 경우 헌법의 최고 규범성을 형해화(形骸化)할 우려가 있다."라고 적혀 있다. 헌법이 수용하는 검찰 제도를 폐지하는 것은 입법 재량의 한계를 명백히 넘어선 일이라는 주장이다.

⭐ 이재명 정부 검찰 개혁… 검찰청 폐지, 중수청·공소청 설립

윤석열 전 대통령 탄핵 이후 출범한 이재명 정부는 그 어느 정권보다 더 빠르고 강하게 검찰 개혁을 추진하고 있다. 국정기획위원회(국정위)는 2025년 8월 국민보고대회에서 '권력기관 개혁'을 중요 국정과제로 재차 내세우면서 검찰 개혁을 위한 입법에도 속도가 붙을 것으로 관측된다. 부처의 권한 조정 수준을 넘어 대규모 조직 개편 및 폐지를 뼈대로 하는 논의가 본격화한 가운데, 문재인 정부에서 좌절됐던 검찰 개혁이 더 높은 강도와 더 큰 규모로 돌아왔다는 평가가 나온다.

이 국민보고대회에서 국정위는 5대 국정 목표별 국정과제의 첫 번째로 '국민이 하나되는 정치'를 제시하면서 "검찰, 경찰, 감사원 등 권력기관의 집중된 권한 개혁"을 강조했다. 문재인 정부가 추진했다가 '미완'에 그친 검찰 개혁을 조속히 완성하겠다는 의지를 분명하게 드러낸 것으로 해석된다.

앞서 문 정부는 검·경 수사권 조정과 이른바 '검수완박(검찰 수사권 완전 박탈)' 입법 등을 통해 검찰의 직접 수사 범위를 부패·경제 범죄 등으로 제한하는 검찰 개혁을 추진했다. 당시 조국 전 법무부 장관을 비롯한 여권 인사들을 수사하던 검찰은 이 같은 입법 움직임을 '탄압'으로 받아들였고, 대검을 중심으로 강하게 반발하며 맞섰다.

반발의 선봉에 서 있던 윤석열 당시 검찰총장은 '검수완박은 부패완판' 즉 "검찰 수사권을 제한하면 부패가 완전히 판친다."라는 메시지와 함께 사퇴했고, 이후 정계에 입문해 대통령에 당선됐다. 윤석열 정부는 출범 직후 검찰의 직접 수사 범위를 다시 대폭 늘리는 '검수원복(검찰 수사권 원상 복구)' 시행령을 만들어 문재인 정부 검찰 개혁의 상당 부분을 무위로 돌렸다.

이재명 정부는 이 같은 과거 전례를 고려해 '비가역적인 검찰 개혁'을 추진한다는 방침이다. 여당이 국회 과반 의석을 확보한 데다 검찰 개혁

© 셔터스톡

에 대한 국민 찬성 여론도 과거보다 높아진 만큼 검찰청을 없애고 기능을 완전히 분산하는 '해체' 수준의 개혁이 이뤄질 전망이다.

현재 유력하게 검토되는 안은 검찰청을 폐지하고, 수사권은 신설되는 중대범죄수사청(중수청)으로 넘기는 방안이다. 수사 권한을 경찰과 중수청, 공수처로 나누고 검찰의 수사권은 완전히 박탈하는 것이다. 이에 따라 기존 검찰은 기소와 공소 유지만 담당하는 '기소청' 또는 '공소청'으로 개편된다.

법무부는 이런 정부 기조에 맞춰 최근 윤석열 정부 당시 만들어진 '검수원복' 시행령을 대폭 개정하는 작업에 착수하기도 했다. 여당이 최근 발의한 검사징계법 역시 '검찰 힘 빼기' 작업의 일환으로 풀이된다. 현행법상 검사는 탄핵 또는 금고 이상 형을 선고받은 때가 아니면 파면되지 않는데, 일반 공무원처럼 자체 징계만으로 파면할 수 있게 하겠다는 것이다.

정부와 여당은 개혁 동력이 살아 있는 정권 초기에 신속한 입법을 통해 검찰 개혁 작업을 마무리하겠다는 입장을 유지해 왔다. 급기야 검찰청 폐지를 골자로 한 정부조직법 개정안이 2025년 9월 26일 더불어민주당 주도로 국회 본회의를 통과했으며 곧이어 9월 30일 국무회의에서 의결됐다. 이로써 내년 검찰 폐지는 현실이 됐다.

법조계에서는 개혁의 속도보다는 내실에 초점을 맞춘 신중한 입법이 필요하다는 지적이 여전히 나온다. 형사사법 체계에 큰 변화를 가져오는 입법을 너무 서둘러 진행하는 경우 민생사건 수사 지연이나 국가 범죄 대응 역량 약화로 이어질 수 있다는 우려도 제기된다.

이재명 대통령은 2025년 8월 29일 검찰 개혁과 관련해 "중요 쟁점에 대해선 대책과 해법 마련을 위해 국민 앞에서 합리적으로 논쟁하고 토론하라."고 주문했다. 이 대통령은 검찰 개혁에 대해 "권력 집중으로 인한 권한 남용 방지 대책, 수사권을 원활하게 운용하는 등의 근본적 문제에 대한 실질적인 방안을 도출할 필요가 있다."라고 강조했다고 강유정 대변인은 전했다.

이 대통령은 다음과 같이 언급했다.

중도 사퇴한 역대 검찰총장, 임기: 2년. ©대검찰청.

대수	이름	근무 기간
30	신승남	7개월 21일(2001.5.26.~2002.1.15.)
31	이명재	9개월 20일(2002.1.17~2002.11.5.)
32	김각영	4개월(2002.11.11.~2003.3.10.)
34	김종빈	6개월 15일(2005.4.3.~2005.10.17.)
36	임채진	18개월 13일(2007.11.24.~2009.6.5.)
37	김준규	22개월 24일(2009.8.20.~2011.7.13.)
38	한상대	15개월 19일(2011.8.12.~2012.11.30.)
39	채동욱	5개월 27일(2013.4.4.~2013.9.30.)
41	김수남	17개월 13일(2015.12.2.~2017.5.14.)
43	윤석열	19개월 8일(2019.7.25.~2021.3.4.)
44	김오수	11개월 6일(2021.6.1.~2022.5.6.)
46	심우정	7개월 16일(2024.9.16.~2025.7.2.)

"'보여주기식'은 안 된다. (…) 실질적 안을 도출해야 하고 서로 다른 생각이 있다면 토론 문화를 장착해 어떤 부분이 대안이 되고 부족한지 구체적으로 언급하며 더 합리적이고 국민 이익에 부합하는 검찰 개혁안을 마련해 가야 한다. (…) 결국 그런 생각을 가진 사람들이 있다면 대안과 함께 공개 토론의 장에서 가장 합리적이고 이성적으로 검찰 개혁이 어떻게 이뤄져야 하는지 대안을 내놓는 게 좋지 않을까."

강 대변인은 이와 관련해 "대통령은 심지어 (토론을) 주재할 수도 있다고까지 말했다. (…) 충분히 열린 자세로 토론할 수 있다는 것"이라고 전했다.

ISSUE

10

노동 개혁

서민지

아주경제 기자

2014년 기자 생활을 시작했다. 《아주경제》에서 정치부, 산업2부, 금융부를 거쳐 지금은 경제부에서 한국은행을 출입하고 있다. 최근 서강대 AI·SW대학원에서 공학 석사를 마치며 데이터 분석 역량을 다졌다. 지루한 경제 기사보다 독자의 삶에 직접 닿는 기사를 쓰고 싶다. 딱딱한 데이터 속에서 길어 올린 숫자를 사람 사는 이야기로 풀어내고자 한다.

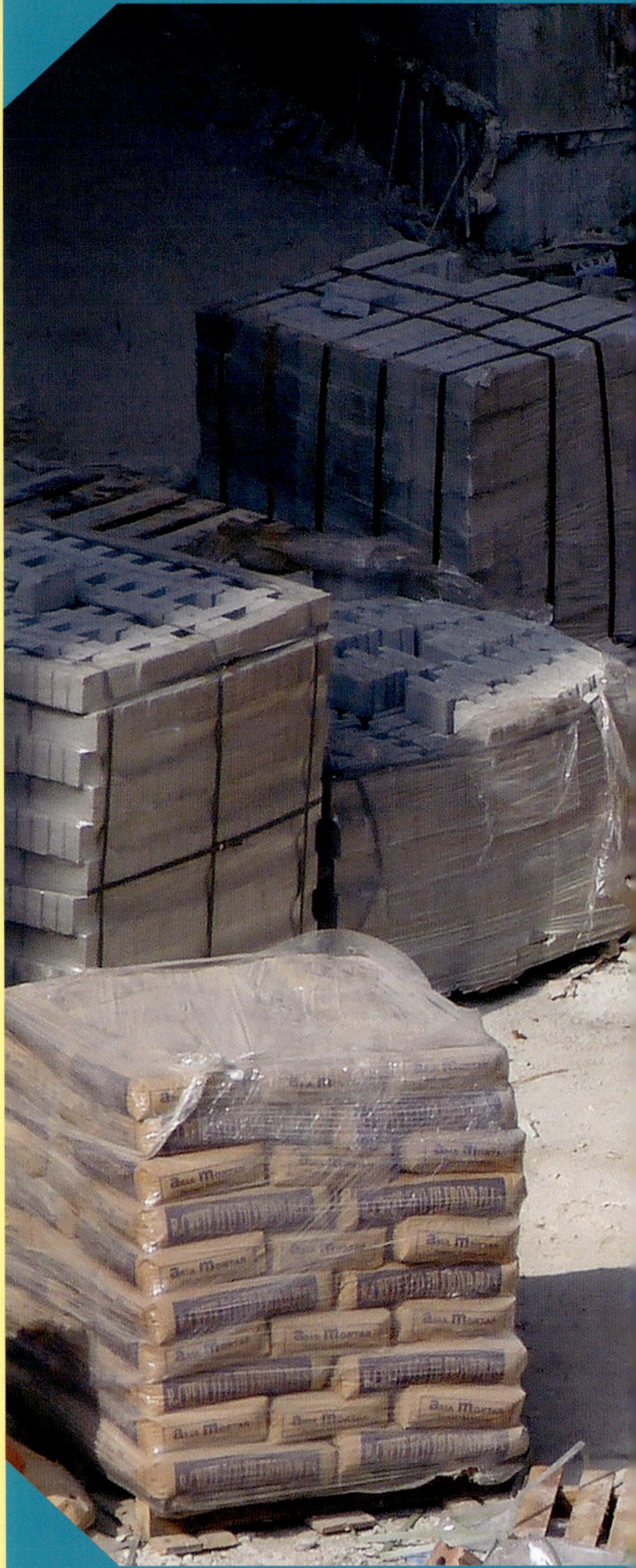

©픽사베이, Jason Goh.

새 정부의 노동 개혁,
무엇이 어떻게 바뀌나?

이재명 정부는 출범과 동시에 정년 연장, 주 4.5일제, 노란봉투법, 산재 사망 근절을 노동 분야의 주요 과제로 내세우며 개혁의 칼을 빼 들었다. 이재명 대통령은 고용노동부 장관에 사상 처음으로 민주노총 위원장 출신 김영훈 한국철도공사 기관사를 앉히며 노동 개혁 의지를 불태웠다. 초고령화 사회(인구의 20% 이상이 65세 이상) 쇼크에 직면한 만큼 노동 개혁을 더는 미룰 수 없다는 절박함이 깔린 것이다.

▼ 2025년 7월 23일 이재명 정부와 각 부처 장관들의 기념 촬영. 김영훈 노동부 장관은 맨 윗줄 우측 끝이다.
© 대통령실.

경제협력개발기구(OECD)는 2025년 우리나라 잠재성장률을 1.9%로 예측했고 국회 예산정책처와 한국개발연구원(KDI)도 각각 1.9%, 1.8%로 전망했다. 한국은행은 구조 개혁 없이 현 추세가 지속되면 2040년대 잠재성장률이 0%대까지 떨어질 수 있다고 경고했다. 사실상 경제 성장이 멈춘다는 것이다.

잠재성장률을 끌어내리는 핵심 요소는 인구절벽에 따른 노동생산성 감소다. 국가데이터처(전 통계청) 따르면 2025년 우리나라 고령 인구 비율은 20.3%에 달하고, 2036년에는 30%, 2050년에는 40%를 넘어설 것으로 전망된다. 특히 한국은행은 앞으로 10년간 노동 공급자가 141만 명 감소하고 국내총생산(GDP)은 3.3% 줄어들 것으로 분석하며 노동시장 개혁의 시급성을 강조했다.

◆ 65세 정년 연장 도입 논의 본격화

일반적으로 '정년(停年)'은 직장에서 퇴직하는 나이를 의미한다. 정년제는 근로자가 계속 일할 의사나 능력이 있음에도 일정한 나이에 도달하면 퇴직하는 제도를 말한다. 정년제는 노동시장에서 양면적 속성을 가진다. 정년까지 고용을 보장하는 기능을 하기도 하고, 다른 한편으로는 일정 나이에 도달하면 근로관계가 종료되는 결과를 초래하기도 한다.

우리나라의 정년은 처음에는 의무사항이 아니었다. 1991년 고령자고용법 제정 당시는 "사업주가 근로자의 정년을 60세 이상으로 정하기 위해 노력해야 한다."며 정년을 임의 사항으로 규정했다. 그러다 실효성 문제가 제기되며 2013년에는 "사업주는 근로자의 정년을 60세 이상으로 정해야 한다."는 의무 규정으로 강화되었다. 이에 따라 2016년부터 '정년 60세' 제도를 300인 이상 사업장에 의무화했다. 이 조치는 고령 근로자의 지속 고용과 사회 참여를 촉진하고자 한 중요한 제도적 장치가 됐다.

최근 '65세 정년 연장' 논의가 본격화된 데는 크게 두 가지 요인이 작용했다. 그중 하나는 현행 정년 60세와 국민연금 수급 개시 연령 65세 사이의 5년간 소득 공백 문제라는 사회적 이슈다. 초고령화는 가속화하는데 국가의 제도적 기반이 그 속도를 따라가지 못하면서 발생한 문제다. 현행 법정 정년은 60세인데 국민연금 수급 시기는 2028년 64세, 2033년 65세로 높아져 소득 단절 구간이 발생한다. 이는 노인 빈곤 문제로 이어질 위험이 크다.

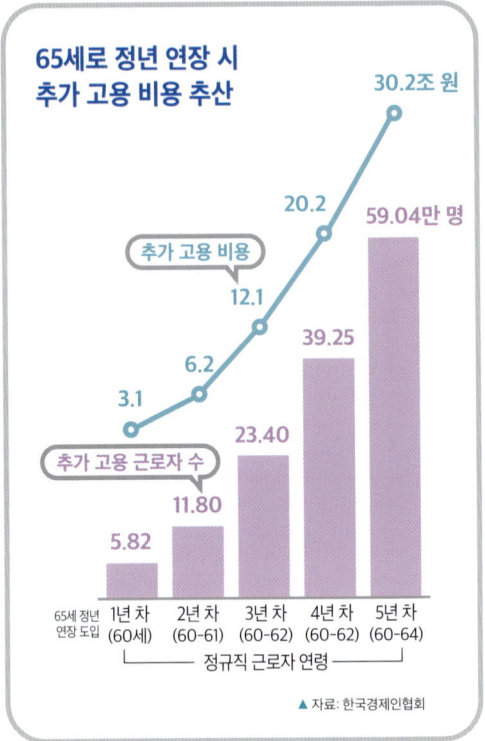

두 번째는 약 1,650만 명의 베이비붐 세대가 은퇴함에 따라 노동력 부족 문제가 심화하고 있다는 점이다. 특히 2차 베이비붐 세대(1964~1974년생, 약 950만 명)는 이전 세대들에 비해 근로 의지가 강하고 교육 수준이 높은 편이다. 한국은행은 2차 베이비붐 세대의 대규모 은퇴가 GDP를 0.4%포인트 낮출 수 있다고 분석했다.

고령화 시대에 맞게 노년층도 일할 수 있는 경제 구조를 만드는 데는 이견이 없다. OECD는 「2024 한국경제보고서」에서 "노동 수명을 연장하고 노인 고용을 늘리면 GDP와 재정 성과가 크게 상향될 것"이라면서 법정 정년을 늘리거나 회사별 의무 퇴직 연령을 단계적으로 폐지하는 방안을 제시했다.

◆ 65세 정년 연장 vs 퇴직 후 재고용

정년 연장을 위해서는 '고용상 연령차별금지 및 고령자 고용 촉진에 관한 법률(고령자고용촉진법)' 개정이 필요하다. 그러나 정년 연장은 저출산, 노인 빈곤 심화, 세대 간 일자리 갈등, 노사 갈등, 기업의 산업구조 변화

등 여러 문제와 맞물린 고차방정식이다.

국회입법조사처는 「정년 65세 시대를 어떻게 맞이할 것인가」라는 보고서에서 정년 연장 논의의 핵심 쟁점으로 ▲ 법정 정년 연장과 재고용 방식 ▲ 정년과 연금 수급 연령 연계 ▲ 임금, 근로 시간 등 근로 조건 결정 ▲ 정년 연장의 경제·사회적 효과 등을 꼽았다.

쟁점을 둘러싼 노사 간 입장 차는 크다. 노동계는 법정 정년 연령을 65세로 올리고 임금피크제 일방 도입 및 임금 삭감에는 반대한다. 이들은 청년 고용 위축 문제는 별도의 정책으로 해결해야 한다고 강조한다. 정부와 여당은 노동계의 목소리를 반영해 법정 65세 정년 연장 추진에 적극적이다.

'법정 정년 연장 단계적 추진'은 이재명 대통령의 21대 대선 공약이자 국정 과제다. 정부는 2033년까지 법정 정년을 현행 60세에서 65세로 단계적으로 확대하는 방안을 담은 법안(고령자고용촉진법) 개정을 추진 중이다. 2025년 8월 기준 국회에는 관련 법안 13건이 발의되어 있다. 대부분은 65세 정년 연장과 2033년까지 연금 수급 개시 연령 조정을 연계하는 내용이다.

반면 경영계는 획일적인 정년 인상 대신 퇴직 후 재고용을 중심으로 한 자율적 선택권을 요구하며, 성과 중심 임금체계 개편과 노동시장 경직성 완화를 선결 과제로 제시한다. 야당인 국민의힘은 법제화보다 노사 자율에 맡기자는 경영계 입장에 가깝다. 그 이유로 정년 인상이 기업 부담과 청년 고용 악화를 불러올 수 있으며, 혜택이 노조가 존재하는 대기업·공공기관에 집중되어 노동시장 이중 구조가 고착화할 위험이 있다는 우려를 든다.

법정 정년을 65세로 연장하는 데서 가장 크게 우려되는 점은 청년 일자리 축소다. 기업이 임금 조절이 어려운 고령 근로자 고용을 확대하면 기업 부담이 커지면서 자연스럽게 청년층 고용 기회가 줄어들 수 있기 때문이다. 한국경제인협회는 65세 정년 도입 시 60~64세 정규직 근로자 고용 비용이 연간 30조 원에 이를 것으로 추산했다. 이 비용은 청년

층 90만 명을 새롭게 고용할 수 있는 수준이다.

국책연구기관인 KDI는 정년 연장으로 수혜자가 1명 늘어날 때마다 청년 고용이 0.2명씩 감소한다고 분석했다. 이미 2016년 '60세 정년' 법제화 이후 청년 고용의 감소세가 이어졌다는 분석도 있다. 한국은행에 따르면 2016년부터 2024년까지 55~59세 근로자는 약 8만 명 증가한 반면, 23~27세 근로자는 11만 명 감소했다. 노동연구원의 연구도 비슷한 결과를 보여주는데, 정년 연장 후 7년이 지나자 청년 고용은 12% 감소했다.

실제 최근 청년 고용 상황은 악화일로다. 국가데이터처가 2025년 6월 발표한 '2025년 5월 경제활동인구조사 청년층 부가조사' 결과에 따르면 15~29세 취업자는 1년 전보다 15만 명 줄어든 368만 2,000명에 그쳤으며, 청년 고용률은 46.2%로 4년 연속 하락세를 보였다. 취업난 심화와 함께 청년층의 대학 졸업까지 평균 재학 기간도 4년 4개월 12일로 최장 수준에 이르렀다.

중소기업 현실도 감안해야 한다. 현재 법정 정년 60세까지 일하는 근로자는 주로 대기업과 공공기관에 집중되어 있으며, 주된 일자리 퇴직 연령은 평균 49.4세로 20년 전(50세)보다 낮아졌다. 권고사직, 명예퇴직, 정리해고 등으로 조기 퇴직이 늘어난 결과다. 국회입법조사처는 고용 지원금 확대, 세제 혜택, 임금체계 개편 컨설팅 등 정부 지원 확대가 필

주요국의 정년 제도	
미국	1986년 이후 정년 상한 폐지
영국	2011년 정년제 완전 폐지
독일	정년 없고 연금 연령(65세→67세)이 기준
프랑스	70세 미만 강제 퇴직 금지, 연금 64세로 상향
일본	정년 60세, 65세 고용 의무. 70세 노력

▲ 자료: 국회입법조사처

빨라지는 은퇴

	2005년	2024년
평균 퇴직 연령	50세	49.4세
조기 퇴직자 수	24만 4,000명	60만 5,000명
주된 일자리 근속 기간	약 16.9년	약 15.8년
기대수명	78.2세	83.5세

▲ 자료: 국가데이터처

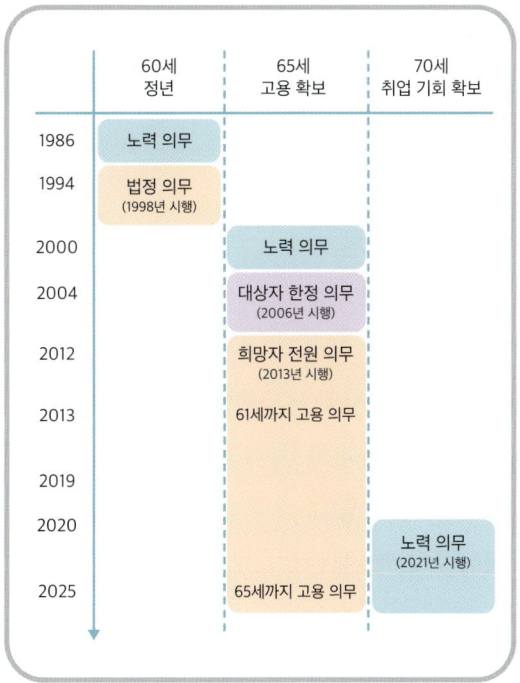

일본의 고령자 계속근로 로드맵

	60세 정년	65세 고용 확보	70세 취업 기회 확보
1986	노력 의무		
1994	법정 의무 (1998년 시행)		
2000		노력 의무	
2004		대상자 한정 의무 (2006년 시행)	
2012		희망자 전원 의무 (2013년 시행)	
2013		61세까지 고용 의무	
2019			
2020			노력 의무 (2021년 시행)
2025		65세까지 고용 의무	

요하다는 의견을 제시했다.

65세 정년 시대 정착에 최대 난제로 부상한 임금피크제의 재설계도 필수다. 기존 임금피크제는 '동일노동 동일임금' 논란을 막기 위해 부서 이동이나 강제 인사가 잦아져 조직 내 사기 저하와 인력 활용에 부정적 영향을 미쳤다. 65세 정년 연장 시 기존 임금 감액 기간을 유지하기 어려워 법적 분쟁과 노사 갈등 위험이 커질 전망이다.

◆ 우리보다 먼저 초고령화 진입한 일본은

전 세계적으로 정년은 점차 늦춰지거나 폐지되는 추세다. 미국과 영국은 사실상 정년제를 폐지했다. 미국은 고용상 연령 차별 금지법(ADEA)을 통해 연령 차별을 금지하며 연금 수급 연령은 유연하게 운영한다. 유럽연합 법원은 연금 수급과 소득 보장을 전제로 각 회원국에 정년 규정을 맡기고 있다. 독일은 정년 제도는 없지만 연금 개시 연령을 65~67세로 올려 사실상 '정년' 기능을 유지하고 있다.

우리보다 앞서 초고령 사회에 진입한 일본을 눈여겨볼 만하다. 일본은 법정 정년 60세를 유지하되 65세까지 재고용을 의무화하고 70세까지는 기업의 고용 노력 의무를 법률로 정하고 있다. 일본은 정년 제도를 19세기 말~20세기 초반, 산업화 시기에 처음 도입했고, 1960~1970년대 고도성장기에는 55세 정년이 보편적이었다. 1970년대 말 고령화가 진행되면서 1994년 '60세 이상 정년 의무화' 제도를 도입했다.

2012년 고령자고용안정법 개정에 따라 근로자가 희망하면 65세까지 의무 고용하고, 법정 정년 60세는 유지했다. 2025년까지 희망하는 고령 근로자를 65세까지 고용하는 의무가 단계적으로 부과됐다. 또 정년 연장, 계속 고용제도 도입, 정년 폐지 등 다양한 고용 연장 방식을 선택하게 했다. 2020년 개정으로 65세 이상 고령 근로자가 희망하면 70세까지 취업할 기회를 제공할 사업주의 '노력 의무'를 추가했다. 일본 후생노동성에 따르면 2022년 6월 기준 65세까지 고용 의무화 기업은 전체의 99.9%에 달한다. 이 중 약 70%는 계속 고용제도를, 나머지 30%는 정년 연장 또는 폐지를 택했다.

◆ 주 4.5일제 도입과 근로시간 단축

주 4.5일제는 이번 정부의 노동 개혁 핵심 어젠다 중 하나다. 월, 화, 수, 목요일은 근무하고 금요일은 반나절만 일하는 식이다. 2030년까지 연간 근로시간을 1,717시간 수준으로 단축하여, 한국 경제에 오랫동안 따라붙은 '장시간 노동 국가' 이미지를 탈피하겠다는 정부의 구상이다.

기획재정부가 발표한 2026년도 예산안에 따르면 정부는 주 4.5일제를 도입하는 중소기업에 장려금을 지급하기로 했다. 중소기업 직원 1명당 기업 규모에 따라 월 20만~25만 원을 지급한다는 것이 골자다. 주 4.5일제를 시행하면서 직원을 추가로 뽑을 경우, 신규 채용 인력 1명당 60만~80만 원의 장려금을 지급하기로 한다는 내용도 담겼다.

주 4.5일제 도입과 함께 포괄임금제 금지와 연차 저축제 같은 노동 개혁 과제도 병행한다. 고용노동부는 근로기준법 개정을 통해 6개월 이상 근무 시 최소 15일의 연차휴가가 가능하도록 하고, 사용하지 않은 휴가는 최대 3년간 누적해 한 번에 쓰는 방안을 추진한다. 근속연수에 따라 늘어나는 연차 일수 역시 현재 2년 차 기준 15일에서 선진국 수준인 20일로 늘릴 방침이다.

정부가 이처럼 노동제도 개편을 추진하는 배경에는 한국의 고질적인 장시간 근로 문제가 자리한다. 이재명 대통령은 대선 당시 "부족한 휴식이 직장인의 삶을 지치게 한다."라며 연차휴가 일수를 선진국 수준

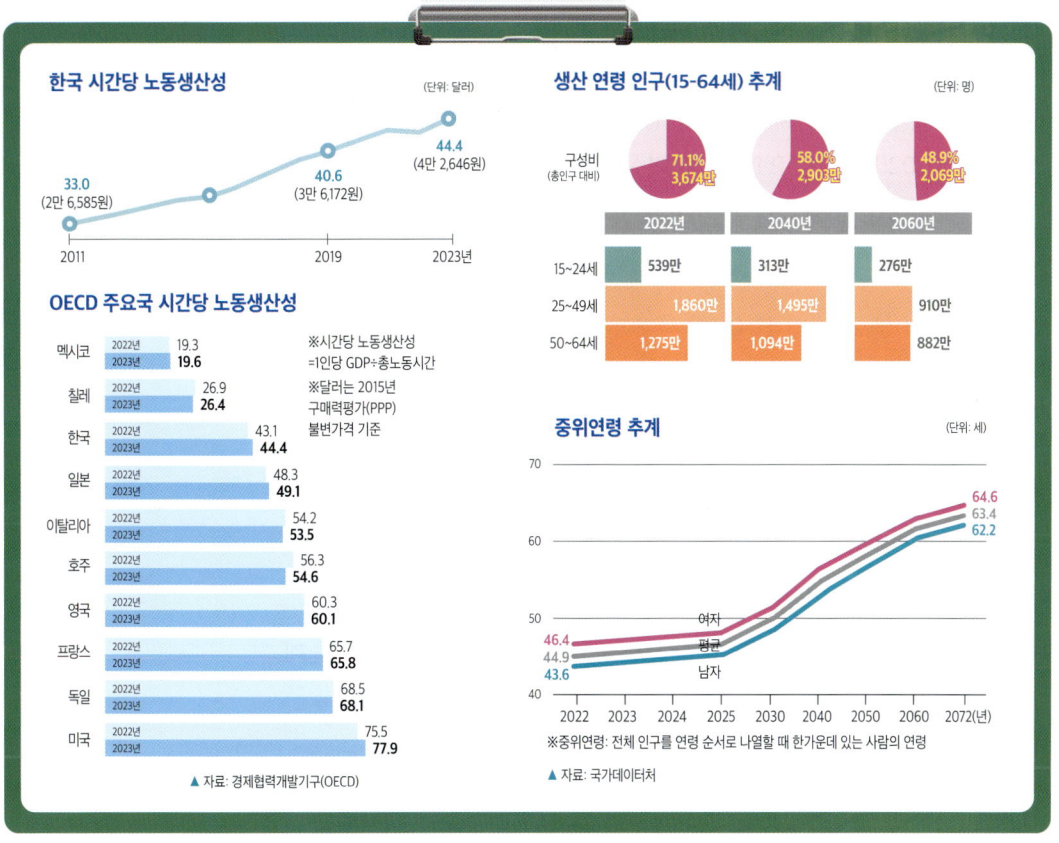

한국 시간당 노동생산성 (단위: 달러)

- 33.0 (2만 6,585원) — 2011
- 40.6 (3만 6,172원) — 2019
- 44.4 (4만 2,646원) — 2023년

OECD 주요국 시간당 노동생산성

국가	2022년	2023년
멕시코	19.3	19.6
칠레	26.9	26.4
한국	43.1	44.4
일본	48.3	49.1
이탈리아	54.2	53.5
호주	56.3	54.6
영국	60.3	60.1
프랑스	65.7	65.8
독일	68.5	68.1
미국	75.5	77.9

※시간당 노동생산성 =1인당 GDP÷총노동시간
※달러는 2015년 구매력평가(PPP) 불변가격 기준

▲ 자료: 경제협력개발기구(OECD)

생산 연령 인구(15-64세) 추계 (단위: 명)

구성비 (총인구 대비)	71.1% 3,674만	58.0% 2,903만	48.9% 2,069만
	2022년	2040년	2060년
15~24세	539만	313만	276만
25~49세	1,860만	1,495만	910만
50~64세	1,275만	1,094만	882만

중위연령 추계 (단위: 세)

- 여자: 46.4 → 64.6
- 평균: 44.9 → 63.4
- 남자: 43.6 → 62.2

(2022 ~ 2072년)

※중위연령: 전체 인구를 연령 순서로 나열할 때 한가운데 있는 사람의 연령

▲ 자료: 국가데이터처

으로 늘리겠다고 공약했다. 김영훈 고용노동부 장관 역시 "인공지능(AI) 등 기술 혁신으로 불필요한 업무가 축소되고 업무 프로세스가 개선돼 생산성이 향상한다면 임금 감소 없이 주 4.5일제 도입이 가능하다."며 제도 개혁에 대한 확고한 의지를 밝혔다. 다만 김 장관은 주 4.5일제를 법제화하는 방식으로 추진하지 않겠다고 말했다. 그는 "(주 4.5일제는) 일방적으로 법 제정을 통해 진행하기보다 자율적으로 (사업장을) 지원하는 방식으로 한다. (…) 주 52시간제 상한제도 못 지키는 사업장에 대해 근로감독을 실시하고, (사업장마다) 연차 휴가를 활성화하는 방식으로 노동 시간을 줄일 생각"이라고 밝혔다.

◆ '과로공화국' 한국, 노동생산성은 최하위권

우리나라 노동시간은 지속적으로 줄어드는 추세다. 1988년 2,934시간을 정점으로 2024년에는 국가데이터처 경제활동인구조사 기준 1,908시간까지 낮아졌다. 주 52시간 상한제가 시행되면서 초장시간 근로(주 52시간 초과)는 2014년 19.0%에서 2024년 5.8%로 줄었지만, 반대로 초단시간 근로(주 15시간 미만)는 같은 기간 3.2%에서 6.4%로 증가했다. 4인 이하 소규모 사업장은 초단시간 근로 비율(14.3%)과 초장시간 근로 비율(8.4%)이 모두 높은 것으로 나타났다.

그러나 국제사회의 틀로 보면 우리나라 노동시간은 여전히 상위권이다. OECD 2023년 통계에 따르면 우리나라 근로자의 연간 노동시간은 1,872시간으로, OECD 평균(1,742시간)보다 130시간 길다. 회원국 가운데 6위이며, G7 국가 평균과 비교하면 273시간이나 더 일한다. 한국보다 근로시간이 긴 나라는 멕시코(2,207시간), 칠레(1,953시간), 그리스(1,897시간) 등이다.

우리나라는 노동시간이 길지만 시간당 노동생산성은 낮다. OECD 기준 우리나라 시간당 노동생산성은 44.4달러로 38개 회원국 중 33위에 머문다. 미국(77.9달러)의 57% 수준에 불과하고 독일(68.1달러), 프랑스(65.8달러), 영국(60.1달러), 일본(49.1달러) 등 주요국과 비교해도 현저히 낮다.

한국 근로시간 변동

연도	주당 법정 근로시간	주당 최대 근로시간
1953년	48시간	60시간
1989년	44시간	64시간
2003년	40시간	68시간
2018년	40시간	52시간

▲ 출처: 국회 도서관

OECD 국가별 근로시간
(단위: 시간, 연간 근로시간, 2023년 기준)

국가	시간
한국	1,872
미국	1,799
일본	1,611
영국	1,524
프랑스	1,500
독일	1,343
OECD 평균	1,742

▲ 출처: OECD, 국회 도서관

◆ '주 6일제 → 주 5일제' 근로시간 단축의 역사

주 5일제는 우리나라 노동시간 단축의 역사에서 중요한 전환점이다. OECD에 따르면 한국의 1인당 근로시간은 2000년 2,512시간에 달했으나 2010년 2,082시간으로 줄었다. 획기적 변화였다. 주 5일제를 통해 근로자 개인은 일주일에 6시간가량 여유 시간을 얻게 됐고 직장 문화와 사회 풍속이 크게 달라졌다.

법정 노동시간 단축의 역사는 1953년까지 거슬러 올라간다. 지금은 대다수 국민의 삶에 자연스럽게 녹아 있는 주 5일제이지만, 당시엔 주 6일 출근하는 게 당연했던 만큼 도입 과정은 순탄치 않았다. 1950년대 정부가 근로기준법을 통해 설정한 노동시간은 1일 8시간으로 주 6일제(주 48시간)였다. 1960년대 고도 성장기에는 초과근무가 일상이었고, 과도한 노동 강도는 안전 문제를 초래했다. 이에 따라 1989년 정부는 법정 노동시간을 주 44시간으로 줄였다.

주 5일제 논의가 본격화된 건 1998년 김대중 정부에서다. 임기 시작과 함께 외환위기를 매듭지어야 했던 김대중 정부는 주 40시간 근무제(주 5일제)를 통해 근로시간을 줄이고 일자리를 나누어 대량 실업 사태를 해결하자는 해법을 내놓았다.

반향은 컸다. 삶의 질을 높일 휴식권을 보장해야 한다는 근로자의 목소리와, 경영 타격을 우려한 재계의 목소리가 팽팽하게 맞섰다. 특히 근로시간 단축 시 임금을 삭감할 것인가, 보전할 것인가가 치열한 쟁점이었다. 주 5일제의 단계적 도입과 전면 도입을 두고도 의견이 갈렸다. 3년 넘는 논쟁 끝에 주 5일제의 근거가 된 근로기준법 개정안이 국회의 문턱을 넘을 수 있었다.

사회 전반에 주 5일제가 스며들기 위해선 7년여가 더 걸렸다. 적용 범위를 단계적으로 늘렸다. 2005년 금융·공공 부문과 1,000명 이상 사업체에 토요 휴무제를 실시했다. 이듬해부터는 학교를 대상으로 매월 넷째 주 토요일을 휴일로 지정해 이른바 '놀토'를 만들었다. 2011년까지는 2, 4주 격주 휴일제를 실시했고, 2012년 들어서는 매주 토요일 휴일로 확산하면서 비로소 주 5일제가 우리 사회에 자리를 잡았다.

❖ 노사의 첨예한 대립… 노동 환경 양극화 심화 우려

지금도 노동시간 단축에 대한 노동계와 재계의 입장 차는 여전히 크다. 노동계는 현재 주 40시간인 법정 근로시간을 36시간으로 줄이는 근로기준법 개정이 필수라고 말한다. 36시간 근로를 법제화하되 제도 도입의 애로사항에 대비해 정부가 보완책을 제시해야 한다는 입장이다. 왜냐하면 이를 기업 자율에만 맡긴다면 가뜩이나 불평등이 심한 노동 환경의 양극화가 더 심해질 것이기 때문이다. 그 경우 노조가 있는 약 15%의 기업만 제도를 도입할 가능성이 크다는 것을 근거로 든다. 더 나아가 노동계는 주 4.5일제 법제화 과정에서 플랫폼 노동자, 프리랜서, 특수고용직 등 근로기준법 사각지대 노동자의 권리 보장 또한 병행해야 한다는 목소리를 내고 있다.

반면 경영계는 자율적 시행을 요구하며 주 4.5일제 일률적 도입에 난색을 표한다. 노동생산성 향상 없이 법정 근로시간만 줄면 생산성 저하와 비용 증가로 기업 부담이 커지고, 기업의 경쟁력만 약화될 수 있다는 점을 그 이유로 든다. 주 4.5일제가 시행되면 기업은 기존 직원에게 초과근무수당을 더 주고 일을 시키거나 사람을 새로 뽑아야 한다. 추가 고용을 할 경우 기존 근로자의 임금은 줄어들 수 있다.

24시간 가동이 필요한 제조업과 인력난을 겪는 중소기업에 타격을 줄 가능성도 제기된다. 특히 인력난에 시달리는 중소기업은 주 5일제조차 제대로 못 지키는 처지라 주 4.5일제 도입은 언감생심이라고 호소한다. 이정민 서울대 경제학과 교수의 분석에 따르면 2004~2009년 근로시간이 단축되면서 신규 고용률은 2.28%포인트 떨어진 것으로 나타났다. 근로시간 단축이 시간당 임금을 상승시켜 경영 부담을 가중시킨 것으로 분석됐다.

⬥ 노동생산성 높이는 근로시간 단축 해법은

전문가들은 주 4.5일제 도입은 노동생산성을 높이는 방식으로 시행돼야 한다고 입을 모은다. 노동시간 단축을 흡수할 수 있는 능력은 기업마다 천차만별인 만큼 산업별, 기업별 상황에 맞는 제도 설계가 필요하다는 의견이다. 반도체와 인공지능(AI) 등 국가 경쟁력과 직결되는 산업은 근로시간 규제가 특히 비효율적이라는 지적이다.

거시경제학계 석학인 장용성 한국은행 금융통화위원은 2025년 3월 기자간담회에서 "한국이 미국보다 생산성이 낮은 것은 인재 풀(pool)을 잘못 배치하고 있기 때문"이라고 말했다. 미국은 유능한 사람을 발탁해 적재적소에 배치하지만 우리는 연공서열, 학연, 순환보직의 벽에 갇혀 있다는 의미다. 월등한 노동생산성 덕에 미국 경제는 큰 덩치에도 불구하고 주요국 중 가장 높은 성장률을 보인다.

일부 전문가들은 생산성 향상 방안으로 '집중근로제'를 제안한다. 특정 '코어 타임'을 지정해 정해진 시간에 전 직원이 모여 외부 미팅이나 불필요한 활동을 최소화한 채 업무에 집중하는 방식이다. 모든 팀원이 자리에 있어 빠른 팀 소통과 업무 처리가 가능하게 된다.

영국에서는 유연근무제의 일환으로 코어 타임을 정해 생산성을 높인 기업이 다수다. 국내에서는 LG유플러스가 오전 11시부터 오후 4시까지 코어 타임을 도입해 적용하고 있다. 지난해 말 노사협약을 마친 카카오도 오전 11시부터 오후 4시까지를 '코워크 타임'으로 지정해 집중 근무를 권장하는 내용을 합의안에 담았다.

이미 맞춤형 주 4일제를 도입해 실질적인 성과를 보여 준 기업도 있다. 세브란스병원은 2023년 국내 의료기관 최초로 주 4일제를 실시했다. 신촌·강남 세브란스 병동에서 총 30명의 간호사를 대상으로 주 4일 근무, 임금 10% 삭감 조건의 시범사업을 시작했다.

참여 병동에서는 퇴사율이 2021년 20.1%에서 2022년 3.6%, 2023년에는 0%로 감소했다. 노동시간 단축이 오히려 기업 생산성으로 이어질 수 있는 사례로 평가된다.

🔷 노동시장 이중 구조 개선책 '노란봉투법'

노동시장 이중 구조 개편은 또 하나의 노동 개혁 이슈다. 노동시장 이중 구조는 임금, 일자리 안정성 등 근로조건이 두 개의 시장으로 나뉜 현상을 일컫는다. 같은 사업장에서 같은 일을 하는 정규직과 비정규직, 하청 근로자 간의 차별을 없애야 한다는 게 노동시장 이중 구조 개편의 골자다. 그 중심에는 노란봉투법(노동조합법 2·3조 개정안)이 있다.

노란봉투법은 2025년 8월 24일 더불어민주당의 주도로 국회 본회의를 통과했다. 노란봉투법의 발단이 된 2009년 쌍용자동차 '정리해고 사태'로부터 16년 만이다. 노란봉투법은 2014년 쌍용차 파업 노동자들에 대해 47억 원을 손해배상하라는 법원 판결이 나온 뒤 시민들이 노란봉투에 성금을 담으면서 입법운동이 촉발됐다. 파업 참여 노조원에 대한 과도한 손해배상 청구를 막아 달라는 요구였다.

▼ 2014년 가수 이효리 씨가 쌍용차 해고자 등 노동자들을 위한 모금운동에 동참하기 위해 아름다운재단에 보낸 자필 편지와 현금 4만 7,000원. 당시 모금에 사용된 봉투들이 노란색이었던 데서 노란봉투법이 탄생했다. ⓒ아름다운재단.

개정 노동조합법(일명 노란봉투법) 주요 내용

■ 노동쟁의 범위 확대(제2조 제5호)

현행	5. "노동쟁의"라 함은 노동조합과 사용자 또는 사용자 단체 간에 임금, 근로시간, 복지, 해고 기타 대우 등 근로조건의 결정에 관한 주장의 불일치로 인하여 발생한 분쟁 상태를 말한다. 이 경우 주장의 불일치라 함은 당사자 간에 합의를 위한 노력을 계속하여도 더 이상 자주적 교섭에 의한 합의의 여지가 없는 경우를 말한다.
개정	5. "노동쟁의"라 함은 노동조합과 사용자 또는 사용자 단체 간에 임금, 근로시간, 복지, 해고, **근로자의 지위 기타 대우 등 근로조건의 결정과 근로조건에 영향을 미치는 사업 경영상의 결정**에 관한 주장의 불일치 및 **제92조 제2호 가목부터 라목까지의 사항에 관한 사용자의 명백한 단체협약 위반**으로 인하여 발생한 분쟁 상태를 말한다. 이 경우 주장의 불일치라 함은 당사자 간에 합의를 위한 노력을 계속하여도 더 이상 자주적 교섭에 의한 합의의 여지가 없는 경우를 말한다.

■ 손해배상 제한(제3조)

현행	사용자는 이 법에 의한 단체교섭 또는 쟁의행위로 인하여 손해를 입은 경우에 노동조합 또는 근로자에 대하여 그 배상을 청구할 수 없다.
개정	① 사용자는 이 법에 의한 단체교섭 또는 쟁의행위, 그 밖의 노동조합의 활동으로 인하여 손해를 입은 경우에 노동조합 또는 근로자에 대하여 그 배상을 청구할 수 없다.
신설	② 사용자의 불법행위에 대하여 노동조합 또는 근로자의 이익을 방위하기 위하여 부득이 사용자에게 손해를 가한 노동조합 또는 근로자는 배상할 책임이 없다. ③ 법원은 단체교섭, 쟁의행위, 그 밖의 노동조합의 활동으로 인한 손해배상 책임을 근로자에게 인정하는 경우 손해의 배상 의무자인 근로자에 대하여 다음 각 호에 따라 책임 비율을 정하여야 한다. 1. 노동조합에서의 지위와 역할 2. 쟁의행위 등 참여 경위 및 정도 3. 손해 발생에 대한 관여의 정도 4. 임금 수준과 손해배상 청구 금액 5. 손해의 원인과 성격 6. 그 밖에 손해의 공평한 분담을 위해 고려할 필요가 있다고 인정되는 사항 ④ 제3항에 따른 배상 의무자인 노동조합과 근로자는 법원에 배상액의 감면을 청구할 수 있다. 이때 법원은 배상 의무자의 경제 상태, 부양 의무 등 가족관계, 최저 생계비 보장 및 존립 유지 등을 고려하여 각 배상 의무자별로 감면 여부 및 정도를 판단하여야 한다. ⑤ 「신원보증법」 제6조에도 불구하고 신원보증인은 단체교섭, 쟁의행위, 그 밖의 노동조합의 활동으로 인하여 발생한 손해에 대해서는 배상할 책임이 없다. ⑥ 사용자는 노동조합을 위태롭게 하거나 운영을 방해할 목적 또는 조합원의 노동조합 활동을 방해하고 손해를 입히려는 목적으로 손해배상 청구권을 행사하여서는 아니 된다.

　　2022년 대우조선해양 하청 노동자에 대한 470억 원의 손해배상 청구를 계기로 노조법 개정은 탄력이 붙었다. 2023년 11월과 2024년 8월 국회를 통과했으나 윤석열 전 대통령의 거부권 행사로 무산됐다. 이 과

정에서 내용은 더 강해졌다. 하도급 노조가 원청과 단체교섭을 할 수 있도록 하고, 불법 파업에 대한 손해배상 청구를 제한하면서 쟁의 행위 대상이 대폭 확대되었다.

노동자의 권익 보호와 노동권 위축 방지를 위해선 응당 필요한 조치로 보이지만 법 시행 6개월을 남겨 두고도 노란봉투법에 대한 논란은 더 거세다. 더불어민주당은 "노동계의 숙원을 담아 역사적으로 큰일을 했다."고 환영했지만, 국민의힘은 "한국 경제와 사회를 근본부터 흔들 '독소 입법'"이라며 강하게 비판했다. 이재명 대통령은 "선진국 수준으로 맞춰 가야 한다."며 적극 추진을 천명했다.

특히 '기업의 손해배상 청구 요건을 제한'한다는 점에서 재계의 반대 목소리가 높다. 구조조정과 해외 투자까지 파업 대상에 포함되고, 사용자 피해에 대한 손해배상 청구가 제한되면 기업들은 하도급 축소, 자동

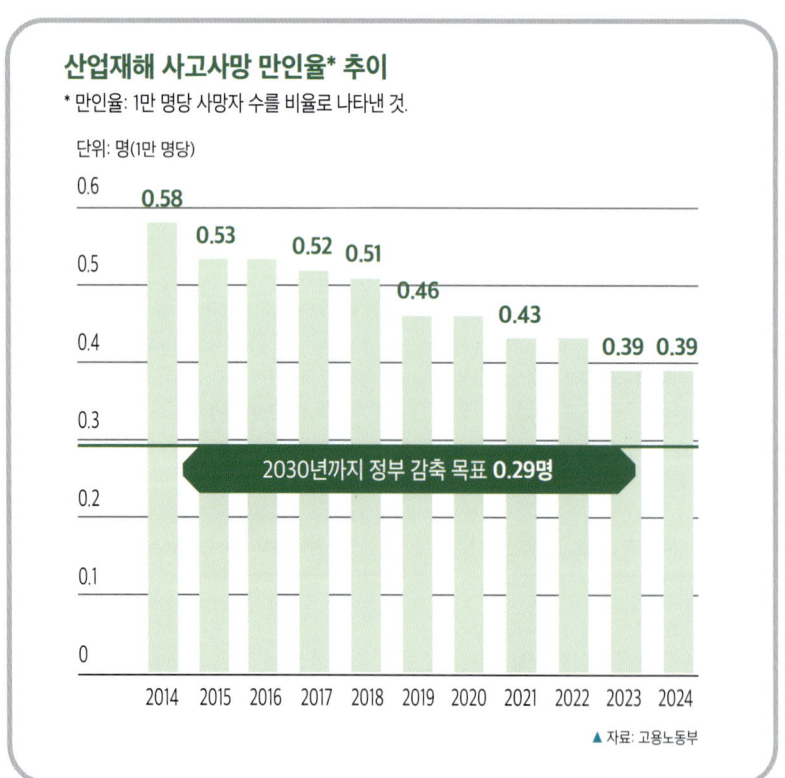

산업재해 사고사망 만인율* 추이

* 만인율: 1만 명당 사망자 수를 비율로 나타낸 것.

단위: 명(1만 명당)

2014: 0.58
2015: 0.53
2016: 0.52
2017: 0.51
2018: 0.46
2019: (그래프)
2020: 0.43
2021: (그래프)
2022: 0.39
2023: 0.39

2030년까지 정부 감축 목표 0.29명

▲ 자료: 고용노동부

화 확대, 해외 이전으로 대응할 수밖에 없다는 입장이다. 하도급 구조가 뿌리 깊은 산업의 경우 1차 협력사만 HD현대중공업 2,420곳, 삼성중공업 1,430곳, 한화오션 1,334곳에 달하는데, 결국 하도급 근로자들에게 치명적 손실로 이어질 것이라고 주장했다.

노란봉투법의 다른 축인 '하청 노동자의 원청 교섭권 보장'을 두고도 세계적인 흐름에 맞는지 논쟁이 있다. 국제노동기구(ILO)가 하청 노동자의 원청 교섭권이 결사의 자유 협약(87호, 98호)에 부합한다고 해석해 왔으며, 영국, 프랑스, 독일 등은 파업권 보장과 함께 노조, 노동자에 대한 손해배상 청구를 엄격히 제한하고 있다고 노동계는 주장한다.

반면 경영계는 노란봉투법의 핵심인 '사용자 범위 확대'가 세계적으로 유례없는 입법이라며 맞섰다. 다수 국가는 '고용 계약상 사용자'만을 인정하며, 우리처럼 '실질적 지배력' 개념을 도입할 경우 법 적용이 모호해져 노사 간 분쟁을 키울 수 있다는 것이다. 또 선진국은 불법 점거 자체가 드물어 손해배상 제한 논의가 필요 없지만, 한국은 파업 시 사업장 점거로 막대한 손실이 발생해 손해배상 책임을 제한하는 것은 사실상 노조 편향 입법이라는 지적도 나왔다. 이에 따라 외국 기업의 '탈한국'을 부추길 것이란 전망이다.

✦ 이재명 정부는 '산재와의 전쟁' 중

노동자의 안전과 관련한 노동 개혁 이슈도 커다란 쟁점이다. 이재명 대통령은 산재 사망 사고가 날 때마다 강경 발언과 높은 수위의 대책을 언급하며 '산재와의 전쟁'을 선포했다. 이재명 대통령은 산재 사망을 "미필적 고의 살인"이라고 언급하며 대통령 직보 체계를 구축하고 건설 면허 취소, 공공입찰 제한, 금융대출 제한, 징벌적 손해배상 등 법률상 가능한 모든 제재 방안을 검토하라고 지시했다.

이재명 대통령의 강경 기조는 중대재해처벌법의 효과가 기대에 못 미친다는 판단에서 비롯된다. 중대재해처벌법은 현장 책임자뿐 아니라 사업주와 경영 책임자까지 산재의 형사 책임을 물어 1년 이상 징역형에 처할 수 있는 강력한 법으로, 많은 논란 속에 2022년 1월 말부터 시행됐다. 경영 책임자의 안전 확보 의무를 강화해 산재 예방을 유도하자는 취지의 법이지만, 시행한 지 3년이 지나도 산재로 인한 사망자는 매년 2,000명을 웃돌고 있다.

국회입법조사처가 발표한 「중대재해처벌법 입법 영향 분석」 보고서에 따르면 산재 사망자는 2020년 2,062명, 2021년 2,080명, 2022년 2,223명, 2023년 2,016명, 2024년 2,098명으로 줄어들 기미가 없다. 재해자는 오히려 늘어나는 추세다. 재해자 수는 2020년 10만 8,379명, 2021년 12만 2,713명, 2022년 13만 348명, 2023년 13만 6,796명, 2024년 14만 2,771명으로 해마다 늘었다.

반면 책임자 처벌은 미진했다. 중대재해처벌법 관련 수사 지연 비율은 일반 사건의 최대 5배에 달했다. 재판에 넘겨진 뒤 무죄 비율은 일반 사건의 3배 이상, 집행유예 비율은 2.3배 높았다. 중대재해처벌법 범죄 구성 요건 특성상 입증이 까다롭다 보니 법원의 엄격한 증거재판주의의 벽을 넘지 못한 것이다. 산재임을 '산업안전보건법'으로 입증하고, 중대재해처벌법상 안전·보건 의무 위반, 사업주의 고의·과실 및 예견 가능성까지 모두 증명해야 유죄가 성립된다.

━●━ 중대재해처벌법 시행 전, 후 재해자 수 & 사망자 수 현황

구분	법 시행 전				법 시행 후		
	2018	2019	2020	2021	2022	2023	2024
재해자 수(명)	102,305	109,242	108,379	122,713	130,348	136,796	142,771
사고 재해자	90,832	94,047	92,383	102,278	107,214	113,465	115,773
질병 재해자	11,473	15,195	15,996	20,435	23,134	23,331	26,998
사망자 수(명)	2,142	2,020	2,062	2,080	2,223	2,016	2,098
사고 사망자	971	855	882	828	874	812	827
재해 조사 대상 사망자	-	-	-	-	623	597	589
질병 사망자	1,171	1,165	1,180	1,252	1,349	1,204	1,271

설령 유죄가 선고되더라도 처벌 수위는 '솜방망이'에 그쳤다. 양벌규정(법률을 위반한 사람뿐 아니라, 그가 속한 개인 또는 법인에게도 형법에 따른 책임을 묻는 것을 말함)에 따라 법인에 부과된 벌금은 평균 1억 1,140만 원이었다. 20억 원의 벌금이 선고된 이례적인 사건을 제외하면 벌금은 평균 7,280만 원에 불과했다. 법정 벌금 상한(10억 원)과 괴리가 크다. 중대재해처벌법 제정의 동기가 된 영국의 기업살인법의 경우 유죄 판결 사건의 평균 벌금액은 41만 2,509파운드, 한화로 약 7억 7,498만 원이었다.

국회입법조사처는 중대재해처벌법 시행 후 안전보건 인식은 개선됐지만, 중대재해의 배경이 되는 노동 강도는 거의 변하지 않았다고 진단했다. 그러면서 ▲ 산업 안전보건 근로감독관 확대 ▲ 매출액, 이익 연동 벌금제 ▲ 시장 논리에 따른 인센티브 강화 등을 대안으로 제시했다. 또 "중대재해처벌법 일부 규정이 불명확하다. (…) 양형 기준 정비와 함께 검찰, 경찰, 노동부가 협업하는 '합동수사단(가칭)' 설치가 필요하다."라고 제언했다.

후진적 산재 사고는 반드시 줄여야 할 우리 사회의 과제라는 데는 이해관계자 모두가 공감하는 분위기다. 다만, 중대재해처벌법 시행 3년 결과를 두고 경영계는 정부와 정반대 해석을 내놓았다. 오히려 일벌백계식 처벌 만능주의의 한계가 명확해졌다고 경영계는 평가한다. 예방 효과가 불명확한 상황에서 사업주에게 과도한 책임과 비용을 부과한다면 되레 기업인의 경영 의욕만 꺾는 부작용을 초래할 수 있다고 우려했다.

이처럼 노동 개혁은 산적한 구조개혁 과제 중에서도 노사의 이해관계가 첨예하게 맞서 난제에 속한다. 개혁 과정에서 얽히고설킨 모든 이해 당사자들의 합의를 도출하기는 사실상 불가능에 가깝다. 반드시 단기적인 고통이나 희생이 따르기 마련이다. 이창용 한국은행 총재는 우리의 잠재성장률이 2% 아래로 떨어졌음을 강조하며 "우리 경제에 낮게 매달린 과일은 더 이상 없다. (…) 높게 매달린 과일을 수확하기 위해선 어려움이 수반된 노동 개혁이 필요한 때"라고 제언했다.

ISSUE

11

케데헌 신드롬

김승훈

전 서울신문 기자

경북 김천 출생으로 고려대 국문과를 졸업했다. 동국대 국제정보보호대학원에서 석사(자금세탁방지) 학위를 받았다. 《서울신문》에서 사회부, 산업부, 문화부, 사회2부, 경제부, 정치부 등을 거쳤다. 저서로 『김 기자 어떻게 됐어?』『세상을 읽다 시사이슈11 시즌1』『세상을 읽다 시사이슈11 시즌2』『청소년이 꼭 알아야 할 시사이슈 2024』 등이 있으며, 번역서로 『비욘드 코로나 뉴비즈니스 생존전략』『모두가 알고 싶은 원소란 무엇인가』 등이 있다. 기자 시절 '외국인 폭력조직 대해부' 등으로 '이달의 기자상' 5회와 한국신문상을 수상했다.

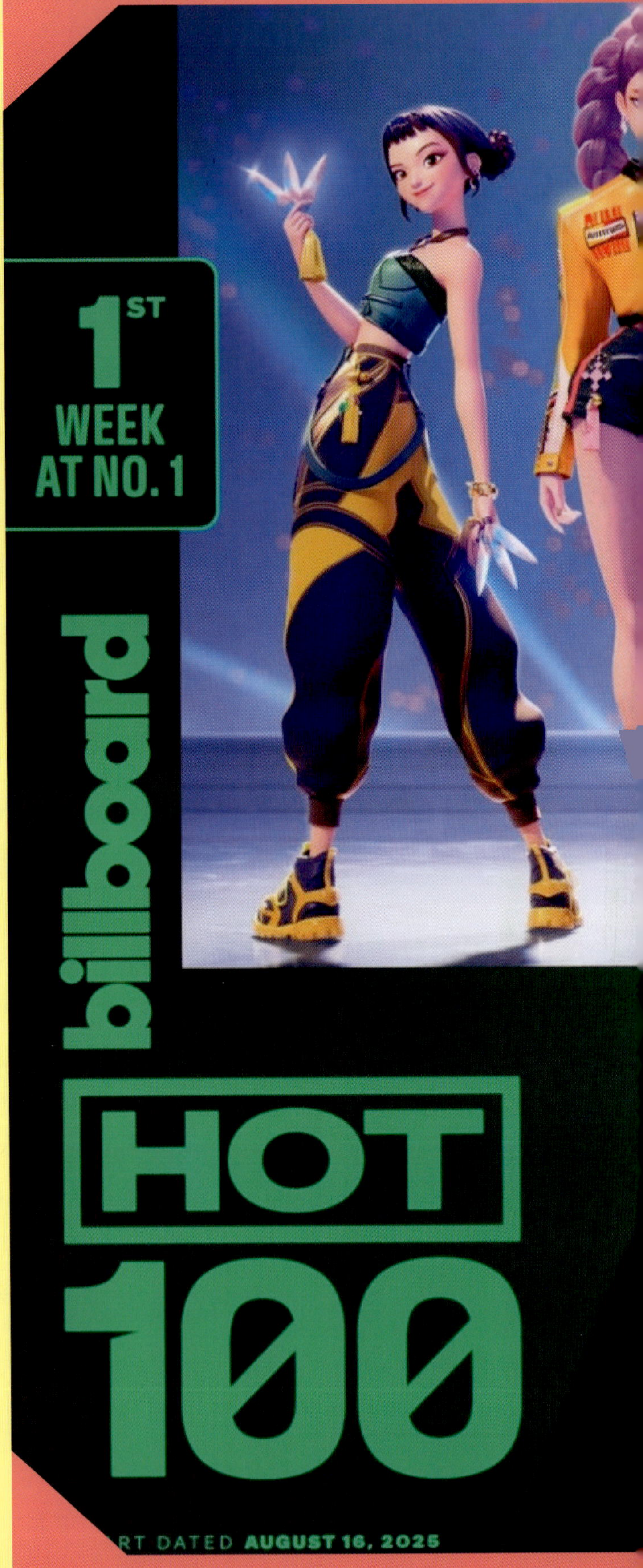

1ST WEEK AT NO. 1
billboard
HOT 100
RT DATED AUGUST 16, 2025

© 빌보드 인스타그램.

NO. 1

ARTIST
HUNTR/X: EJAE, AUDREY NUNA & REI AMI

SONG
GOLDEN

'골든'빌보드 핫100순위	
8월 17일	**1위**
7월 25~31일	**2**
7월 18~24일	**2**
7월 11~17일	**4**
7월 4~10일	**6**
6월 27일~ 7월 3일	**23**
6월 20~26일	**81**

'케이팝 데몬 헌터스' 글로벌 흥행 돌풍

넷플릭스 애니메이션 영화 「케이팝 데몬 헌터스(케데헌)」가 글로벌 흥행 돌풍을 일으키고 있다. 전 세계가 '케데헌 앓이'에 빠지면서 한국 문화가 세계적 문화 현상으로 자리매김하고 있다. 젖먹이 때부터 K팝을 흥얼거리는 세대, 이른바 'K 제너레이션'까지 출현했다. 온라인에선 「케데헌」 세계관을 분석하고 캐릭터들의 춤과 노래를 따라 하는 영상이 줄을 잇고 있다.

"위어 고잉 업, 업, 업(We're goin' up, up, up)." 「케데헌」 오리지널 사운드 트랙(OST) '골든(Golden)'에 나오는 노래 가사다. 노래를 부를수록 고음만 계

▲ 「케이팝 데몬 헌터스」 속 가상 걸그룹 헌트릭스. 왼쪽부터 조이, 루미, 미라. ⓒ넷플릭스.

속 올라가는 게 아니다. 「케데헌」의 인기도 천정부지로 치솟는다. 「케데헌」 신드롬을 전 세계 아이들이 '렛 잇 고(Let It Go)'를 불렀던 2014년 디즈니 애니메이션 영화 「겨울왕국」 때와 비교하는 시각도 있지만 파급력은 그 이상이다. '케데헌 현상'이라 할 만하다.

◆ OST '골든', 영·미 세계 양대 차트 석권

「케데헌」 OST '골든'이 K팝 장르 최초로 세계 양대 차트 정상을 석권했다. 영국 오피셜 싱글 차트 '톱 100' 1위(2025. 8. 1)에 오른 데 이어 미국 빌보드 메인 싱글 차트 '핫 100' 정상(2025. 8. 11)에도 올랐다. 싸이(오피셜 싱글 차트 1위), BTS(핫 100 1위), 블랙핑크(오피셜 앨범 차트 1위) 등 최정상 K팝 가수도 그중 하나밖에 달성하지 못했다. 2025년 6월 20일 애니메이션 공개 이후 약 두 달 만에 이뤄낸 성과다.

빌보드는 2025년 8월 11일(현지 시간) 다음과 같이 소개했다.

> "'골든'이 지난주보다 한 단계 순위를 올리며 알렉스 워렌의 '오디너리(Ordinary)'를 제치고 차트 정상에 올랐다. (…) '골든'은 '핫 100' 차트를 석권한 'K팝과 관련된' 아홉 번째 곡이다."

이전까지 '핫 100' 1위를 차지한 K팝 가수는 그룹 BTS(6곡)와 BTS 멤버인 지민(1곡)과 정국(1곡)뿐이었다. 여성 가수가 부른 K팝 노래로 '핫 100' 1위를 차지한 사례는 '골든'이 최초다.

'골든'은 또 다른 기록도 세웠다. 애니메이션 속 가상 캐릭터가 부른 노래가 '핫 100' 1위를 차지한 것은 3년 만이다. 2022년 디즈니 애니메이션 영화 「엔칸토: 마법의 세계」에 삽입된 '위 돈트 토크 어바웃 브루노(We Don't Talk About Bruno)'가 '핫 100' 1위에 올랐다. '핫 100'에서 애니메이션 OST가 1위를 차지한 경우는 「알라딘」의 '어 홀 뉴 월드(A Whole New World)' 등 극소수다. 3명 이상으로 구성된 여성 그룹이 부른 노래가

'핫 100' 1위를 차지한 건 2001년 8월 미국 걸그룹 데스티니스 차일드(Destiny's Child)의 '부티리셔스(Bootylicious)' 이후 24년 만이다.

「케데헌」의 주인공은 케이팝 3인조 걸그룹이자 퇴마사인 헌트릭스다. 이들은 노래를 불러 얻은 팬들의 마음을 통해 악령을 물리치고, 방어막 '혼문'을 완성하려 한다. 5인조 보이그룹 사자보이즈가 상대 악령 그룹으로 등장해 대결 구도를 펼친다.

극 중 헌트릭스가 부르는 '골든'은 최종 목적인 '황금 혼문'을 상징하는 동시에 주인공들의 과거 상처를 극복하고 빛나는 존재가 되어 가는 과정을 담아낸 노래다. SM엔터테인먼트 연습생 출신 작곡가인 이재와 가수 오드리 누나, 레이 아미가 실제 보컬을 맡았다. 모두 한국계 미국인이다.

빌보드는 "헌트릭스의 실제 가수인 이재와 레이 아미는 대한민국 서울에서 태어났고, 오드리 누나는 뉴저지 출신"이라고 했다. 제작에는 블랙핑크와 빅뱅 등의 음악 제작에 핵심적인 역할을 했던 한국인 프로듀서 테디 등이 참여했다.

시원하게 뻗어 올라가는 고음과 귀에 꽂히는 중독성 강한 멜로디가 오감을 사로잡는다. '골든'의 고음 구간이 보컬 실력을 가늠하는 바로미터로 받아들여지면서 S.E.S. 출신 바다를 비롯해 다비치의 이해리, 마마

'골든' 빌보드 핫100순위	
8월 17일	**1위**
7월 25~31일	**2**
7월 18~24일	**2**
7월 11~17일	**4**
7월 4~10일	**6**
6월 27일~ 7월 3일	**23**
6월 20~26일	**81**

© 빌보드 인스타그램.　　　　　　　　　　　집계 기간 © 빌보드.

무의 솔라, 엔믹스의 릴리, 아이브의 안유진, 소향, 에일리, 권진아 등 수많은 K팝 스타들의 '골든 챌린지'가 줄을 이었다.

'골든'은 그보다 앞서 2025년 8월 1일에는 영국 오피셜 싱글 차트 '톱 100'에서 1위를 기록했다. 이에 대해 마틴 텔벗(Martin Talbot) 오피셜 차트 최고경영자(CEO)는 다음과 같이 평가했다.

> "2012년 10월 싸이의 '강남스타일'이 영국에서 최초로 1위 K팝이 된 지 13년이 흘렀다. (…) 이번 주는 한국 장르가 전 세계를 지배하는(globally dominating) 또 다른 획기적인 순간이다."

아이돌 댄스 음악을 뜻하는 K팝의 시작은 1996년 H.O.T의 데뷔로 거슬러 올라간다. 이후 세 번의 기념비적 순간이 있었는데 첫 번째는 아시아의 뜨거운 한류 열풍을 실감케 했던 2000년 H.O.T의 중국 베이징 콘서트, 두 번째는 유럽 진출의 신호탄이 된 2011년 SM타운의 프랑스 파리 콘서트, 세 번째는 'K팝 인베이전(침공)'이라 불렸던 2020년 BTS의 K 팝 최초 빌보드차트 핫 100 1위 등극이다. 가상의 아이돌이 부른 '골든'의 영미 차트 석권은 K팝 30년 역사의 또 다른 기념비적 순간으로 기록될 만하다.

⭐ 역대 시청 1위 「오징어 게임」넘어 넷플릭스 새 역사… 멈추지 않는 신기록 갱신 행진

「케데헌」이 영화와 쇼 부문을 통틀어 넷플릭스에서 가장 많이 본 작품이 됐다. 넷플릭스 공식 사이트 투둠에 따르면 「케데헌」은 2025년 9월 3일 2억 6,600만 시청 수로 역대 넷플릭스 콘텐츠 중 1위에 올랐다. 넷플릭스는 공개 후 91일간의 누적 시청 수를 비교해 순위를 집계한다.

2021년 「오징어 게임」시즌1(2억 6,520만)과 2022년 「웬즈데이」시즌1(2억 5,210만)이 역대 1, 2위 자리를 지키고 있었지만, 「케데헌」이 두 작품을 제치고 공개 75일 만에 누적 시청 횟수 1위에 올랐다. 앞서 2025년 8월 27일에는 공개된 지 두 달 만에 누적 시청 횟수 2억 3,600만 회로, 넷플릭스 영화 부문 1위에 올랐다. 2021년 11월 공개된 「레드 노티스」가 기록한 2억 3,090만 회를 4년 만에 경신했다.

「케데헌」은 관객이 함께 노래를 따라 부르는 싱어롱 버전을 극장 개봉해 미국 박스오피스 1위에 오르는 이변도 연출했다. 2025년 8월 23~24일 단 이틀 상영으로 1,800만 달러를 벌어들이며 8월 22일 포함 사흘간 상영된 영화들을 제치고 가장 많은 흥행 수입을 올렸다. 넷플릭스가 2007년 온라인 스트리밍 서비스를 시작한 지 18년 만에 처음 기록한 박스오피스 1위다.

영화 OST는 매주 신기록을 경신하고 있다. 주제가 '골든'이 K팝 관련 음악 최초로 미국 빌보드 종합 싱글 차트 '핫 100'과 영국 오피셜 싱글 차트 1위에 오른 데 이어 2025년 8월 30일자 빌보드 핫 100 차트에선 '골든' 외에 '유어 아이돌(Your Idol)' 4위, '소다 팝(Soda Pop)' 5위, '하우 잇츠

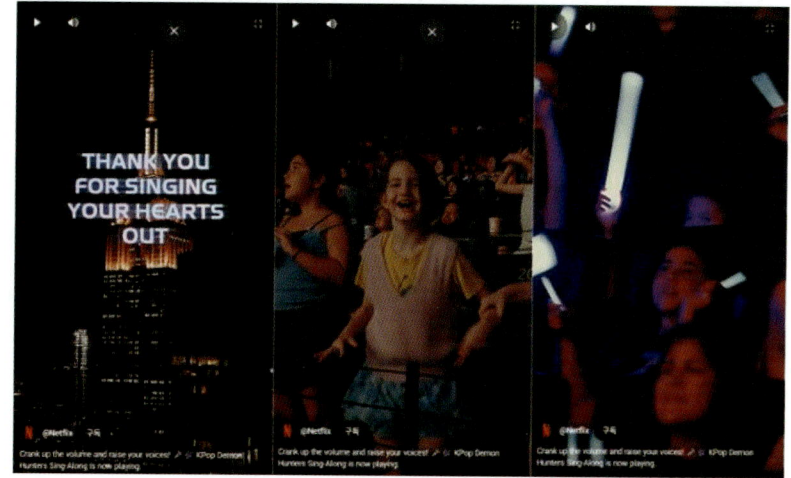

▶ 넷플릭스가 2025년 8월 25일 유튜브를 통해 공개한 「케이팝 데몬 헌터스」 북미 싱어롱 행사 현장. 왼쪽은 주제곡 '골든'에 맞춰 펼쳐진 뉴욕 엠파이어스테이트 빌딩 조명쇼.
© 넷플릭스 유튜브 캡처.

던(How It's Done)' 10위 등 총 네 곡이 톱 10에 진입하며 67년 빌보드 역사상 핫 100 톱 10에 동시에 네 곡을 올린 첫 번째 OST 앨범이 됐다.

「토요일 밤의 열기」「그리스」「퍼플 레인」「사랑을 기다리며」 등 영화 OST에서 네 곡이 순차적으로 톱 10에 오른 적은 있지만 동시에 이름을 올린 건 「케데헌」이 처음이다.

「케데헌」은 한 살배기부터 어른까지 광범위한 팬덤을 거느리고 있다. 소셜네트워크서비스(SNS)에는 기저귀를 찬 한 살배기가 '골든'을 들으며 옹알거리고 들썩이는 영상부터, 10대가 모여 영화 속 K팝 아이돌 그룹을 따라 하는 영상까지 수두룩하다.

「케이팝 데몬 헌터스」와 '골든' 신기록

K팝 OST 최초 빌보드 '핫 100'	1위
영국 오피셜 싱글 차트 '톱 100'	1위
24년 만의 걸그룹 빌보드 '핫 100'	1위
넷플릭스 역대 애니메이션 흥행	1위

2024년 노벨 경제학상 수상자 제임스 A. 로빈슨(James A. Robinson) 미국 시카고대 정치학과 교수는 "아들이 「케데헌」에 푹 빠져 나도 다섯 번이나 봤다. 농담이 아니다."라고 고백했다. 미 일간 《뉴욕타임스(New York Times)》는 "밀레니얼 세대 부모가 1990년대 보이밴드와 걸그룹의 황금기를 다시 경험하고 있다. (…) 이 영화는 올여름 예상치

못한 대박을 터뜨리고 디즈니 영화 「겨울왕국」 같은 문화적 반향을 일으키며 순항하고 있다."라고 평가했다.

✪ 케데헌 '골든' K팝일까? 아닐까?

"「케데헌」 OST '골든'이 미국과 영국 양대 팝 차트를 석권했지만 우리 자본이나 제작자, 가수가 참여하지 않았는데 K팝으로 봐야 할까?"

「케데헌」 돌풍은 역설적으로 K콘텐츠의 본질을 되물었다. "K콘텐츠란 무엇인가?" "한국적인 것이란 무엇인가?" 등등. 「케데헌」 이전의 K콘텐츠는 한국인이 만들었다. 한국 문화를 체득한 한국인이 K콘텐츠를 가장 잘 만든다고 생각했다. K콘텐츠 흥행은 한국인이 만든 콘텐츠를 세계가 인정하느냐의 문제였다. K콘텐츠는 성공했다. 국내 연예기획사의 한국식 아이돌 육성 시스템이 K팝의 신화를 만들었다.

「케데헌」 흥행은 이런 인식에 의문을 제기했다. 「케데헌」 제작사는 「스파이더맨: 뉴 유니버스」 등을 만든 미국 소니픽처스 애니메이션이고, 배급사는 미국 온라인 동영상 서비스(OTT) 넷플릭스다. 작품 속 가상 걸그룹 헌트릭스가 부른 '골든'의 작곡은 이재, 노래는 오드리 누나와 레이 아미가 담당했는데, 이들은 모두 한국계 미국인이다. 감독도 한국계 캐나다인 매기 강이다.

'골든'이 담긴 OST 앨범 발매는 유니버설뮤직 산하 미국 리퍼블릭 레코드가 했다. 작곡가와 가수, 감독도 엄격히 따지면 외국인이고 한국 기획사 참여는 일부에 불과하다. 일각에서 이 노래의 'K팝' 분류가 적절한지에 대해 이견(異見)이 나오는 이유다.

그럼에도 「케데헌」은 K팝 콘텐츠로 분류된다. 이유는 다음과 같다. K팝의 전형적인 곡 구조를 지키면서도, 영미권에 익숙한 팝 특유의 가창력과 영웅물 서사를 더했다. 춤추며 노래하는 아이돌과 '떼창'으로 환호하는 팬들이 만들어 내는 K팝 특유의 에너지가 이 영화의 핵심이다. 중

독성 있는 멜로디에 "어두워진 앞길 속에" "영원히 깨질 수 없는" "밝게 빛나는 우린" 같은 한국어 노랫말이 중간중간 나오는 것도 K팝 스타일이다.

「케데헌」의 주인공은 정체성 위기를 극복하고 악령들과도 끝내 화해하며 감동을 선사한

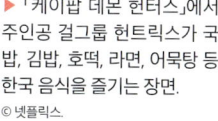

▲ 루미를 가장한 이재.
© 이재 SNS 캡처.

다. '더 나은 사람이 되도록 영감을 주는' 선한 영향력은 K팝을 다른 팝들과 구별 짓는 중요한 특징이다.

「케데헌」 속 캐릭터들은 영어로 말하고 노래하지만 하는 행동은 영락없이 한국인이다. 소파에 기대어 바닥에 앉고, 김밥과 순대와 라면을 먹고, 국밥집에선 수저 아래 냅킨을 깐다. 힘들 땐 한의원과 목욕탕도 간다. 강남, 종로, 남산서울타워, 낙산공원 성곽길, 지하철역 등 서울의 풍경이 영화 배경으로 나온다. 한국과 적당한 거리감이 있는 한국계 외국인 제작진들, 그들만이 포착해 낼 수 있는 낯설고도 친숙한 서울이 영화 속에 들어 있다.

이규탁 한국조지메이슨대학 교수는 "K팝 뮤직비디오를 통해 폭발적인 관심을 끌어 온 한국식 옷차림, 한식 문화, 화장법, 길거리 풍경 등이

▶ 「케이팝 데몬 헌터스」에서 주인공 걸그룹 헌트릭스가 국밥, 김밥, 호떡, 라면, 어묵탕 등 한국 음식을 즐기는 장면.
© 넷플릭스.

영화 장면에도 적극 오마주(hommage)되면서 시너지를 일으킨 것으로 보인다."라고 평했다. 김도헌 대중음악평론가는 "종주국은 한국이지만 올림픽 경기 수상자는 다양한 국적의 외국인이 된 태권도처럼 될 것"이라고 했다. 유명 레이블 관계자는 "지금은 '아이돌 그룹이 화려한 퍼포먼스를 펼치면서 노래하는 것'을 K팝 장르로 보는 시각이 주류 음악 시장에서 굳어졌다."라고 했다.

전문가들은 가수나 투입 자본의 국적을 따지기보다는 콘텐츠에 깃든 요소와 작곡가들의 면면을 살펴볼 때 '골든' 등「케데헌」OST를 K팝으로 봐야 한다고 설명한다.「오징어 게임」이 넷플릭스의 자본과 플랫폼을 활용했지만, 황동혁 감독이 연출한 'K드라마'로 받아들여지는 것과 같은 맥락이다.

이동연 한국예술종합학교 한국예술학과 교수는 다음과 같이 지적했다.

"「케데헌」은 제작, 유통 관점에서는 한국 콘텐츠라 보기 어려운 것이 사실이지만, 내용이 되는 스토리와 음악, 그리고 전체적인 스타일이 K팝에 의존하기 때문에 'K콘텐츠'로 볼 수 있다는 양가적 성격이 있다. (⋯) 현재 K팝 같은 콘텐츠

▶「케이팝 데몬 헌터스」매기 강 감독. ©넷플릭스.

의 제작, 투자, 유통이 글로벌하게 다국적으로 이뤄지고 있어서 'K콘텐츠냐 아니냐'를 묻는 것은 구시대적이다."

나아가 이 교수는 "K콘텐츠를 제작 측면에서 한국인 혹은 한국 자본이 들어갔느냐로 따져 볼 수 있지만, 1980년대 배우의 출신을 넘어 '홍콩스러운 것'을 홍콩 영화라고 한 것처럼, 'K'를 하나의 경향이나 스타일로도 볼 수 있다."라고 해석했다.

「케데헌」은 외국인도 한국인을 능가하는 K콘텐츠 생산자임을 여실히 보여 준 첫 사례다. 매기 강 감독은 다음과 같이 말했다.

"관객이 원하는 건 가짜가 아니라 진짜다. 한국 문화를 숨기지 않고 그대로 보여 주는 것이야말로 K콘텐츠가 더 사랑받는 길 (…) 한국적인 것을 자신감 있게 드러내는 것이 '진정한 글로벌화'다."

매기 강은 속편 소재로 한국의 트로트를 콕 집어 말했다. '가장 한국적인 것이 가장 보편적'이라는 명제가 「케데헌」을 통해 입증됐다.

⭐ 「케데헌」 '가상 아이돌' 시대 열다

'가상 아이돌' 시대가 열렸다. 「케데헌」이 세계적인 인기를 끌면서 오프라인 무대 위에서 팬들과 호흡하던 인간 아이돌의 영역이 가상 세계로 확장됐다. 최신 기술과 스토리텔링이 결합해 실존하지 않지만 존재감을 지닌 '가상 아이돌'이 새로운 K팝 시장의 주류 문화로 떠오를 것이라는 전망이 나오고 있다.

우리나라는 코로나19 팬데믹 시기에 비대면 문화가 확산하면서 엔터테인먼트 산업 활동 영역도 가상 세계로 넓혀졌다. 인공지능(AI)과 디지털 기술을 기반으로 K팝의 성공 요인을 결합한 가상 아이돌 그룹들이 인기를 끌기 시작했다. 2023년 2월 가상 아이돌 '플레이브(PLAVE)'가 데뷔했다. 2024년 2월 플레이브가 발표한 미니 앨범 타이틀곡 '대시'는 멜론에서 1억 8,500만 회 재생돼 상반기 최다 스트리밍 곡에 선정됐다.

2025년 6월 플레이브는 일본에 진출, 데뷔 앨범 '가쿠렌보(Kakurenbo)'로 오리콘, 빌보드 재팬 등 일본 주요 음원 차트를 석권했다. 같은 해 8월에는 가상 아이돌 최초로 톱스타만 설 수 있다는 'K팝 성지' 서울 올

▼ 「케이팝 데몬 헌터스」의 주인공 K팝 걸그룹 헌트릭스. 왼쪽부터 조이, 루미, 미라. 이들이 극 중 부른 '골든'은 미국 빌보드와 영국 오피셜 메인 싱글 차트 정상을 석권하는 진기록을 세웠다. ⓒ넷플릭스.

림픽공원 KSPO돔(체조경기장)에서 단독 콘서트를 열고 첫 아시아 투어에 나섰다. 플레이브는 공연과 음악 프로그램은 물론 매주 라이브 방송을 통해 팬덤을 키웠다. 2025년 3월 서울 시내 한 백화점에 마련된 데뷔 2주년 팝업스토어는 팬들로 인산인해를 이뤘다.

'이세계아이돌'은 2025년 5월 콘서트 '2025 이세계 페스티벌'을 통해 가상 걸그룹 최초로 고척스카이돔에 입성했다. 초대형 발광다이오드(LED)를 배경으로 멤버들은 그룹 또는 솔로로 다양한 무대를 펼치며 객석을 가득 메운 10~20대 남성 관객들과 소통했다.

가상 아이돌 흥행은 K팝이 AI와 같은 첨단 기술을 만나면서 영역을 넓힌 결과다. 헌트릭스, 사자보이즈, 플레이브의 노래는 AI 목소리가 아닌 실제 사람이 하는 것이지만, 이들의 동작 하나하나는 AI 기반 모션 캡처로, 실시간 공연을 송출해도 자연스럽게 느껴질 정도로 기술 발전에 크게 기대고 있다.

심희철 동아방송예술대 엔터테인먼트경영학과 교수는 다음과 같이 전망했다.

"가상 아이돌은 K팝 팬덤의 중요한 요소인 세계관 형성이 쉽고 사생활 리스크 등이 적다는 장점이 있다. 인간적 유대감 형성이나 감정적 연결이 쉽지 않다는 한계를 극복한다면 K팝 시장의 미래가 될 수 있을 것이다."

✦ K팝 기업의 꿈··· 잠도 안 자고 늙지도 않는 '가상 아이돌'

외신들은 '골든'이 '온라인 활동만으로 가상 아이돌이 기록한 첫 세계 양대 차트 1위'라는 점에 주목한다. 미국 일간《월스트리트저널(The Wall Street Journal)》은 2025년 7월 20일(현지 시간) "K팝에서 가장 큰 이름은 BTS가 아니다. 넷플릭스다."라는 제목의 기사에서 「케데헌」의 세계적인 인기에 대해 다음과 같은 진단을 내렸다.

"가상 아이돌 밴드가 인간 아이돌이 한 번도 오르지 못한 정점에 올랐다. 초현실적이다. AI 음원을 비롯해 경계를 허무는 경쟁자들의 등장으로 음악 산업이 새 국면을 맞았다."

《월스트리트저널》은 「케데헌」의 OST 전곡 빌보드 차트 진입 등 실제 아이돌보다 더 돌풍을 일으키는 현상을 집중 조명했다.

「케데헌」 속 사자보이즈 멤버 '미스터리'의 보컬은 그룹 유키스 출신 케빈 우가 맡았는데, 이 음원의 글로벌 플랫폼 '스포티파이' 월간 청취자 수가 약 2,000만 명에 달한다. 「케데헌」이 인기를 끌기 전만 해도 그의 곡 청취자 수는 1만 명 수준에 불과했다. 「케데헌」에 나오는 노래 중 2곡은 스포티파이에서 가장 많이 스트리밍된 곡 1위에 오르기도 했다. 《월스트리트저널》은 BTS나 블랙핑크 같은 K팝 그룹도 달성하지 못한 기록이라고 이 소식을 전했다.

K팝 연구자인 김석영 로스앤젤레스 캘리포니아대(UCLA) 교수는 「케데헌」의 성공에 대해 "그 성공은 팬들이 인간이 아닌 아이돌과 소통할 수 있다는 것을 보여 준다. (⋯) 앞으로 모방작들이 양산될 가능성이 크다."라고 내다봤다. 그러면서 "이건 K팝 기업들의 오랜 꿈"이라며 "잠도 자지 않고, 아프지도 않고, 늙지도 않는 아이돌들이 있다."라고 했다.

반면 K팝 프로듀서 겸 작곡가인 베니 차는 "진짜 아티스트들이 보여 주는 연약함과 화학 작용, 예측 불가능성은 결코 만들어 낼 수 없는 것"이라며 여전한 인간 아티스트의 역할을 강조했다. 영국 BBC는 "헌트릭스와 사자보이즈는 가상 그룹임에도 소셜미디어와 스트리밍을 통해 진정성 있는 팬덤 형성이 가능해졌다."라고 분석했다.

'골든' 빌보드 핫 100 1위에 대한 외신 반응

영국 BBC
"가상 그룹도 소셜미디어와 스트리밍을 통해 팬덤 형성이 가능해졌다."

월스트리트저널
"K팝의 진짜 거물(biggest name)은 BTS가 아닌 넷플릭스다."

더뉴요커
"기획된 K팝 상품임에도 미국 대중에게 친숙함을 선사했다."

⭐ 케데헌, '한류 4.0 시대' 상징

「케데헌」의 글로벌 흥행은 단순한 콘텐츠 성공을 넘어 한류의 진화를 상징한다. 한류는 그간 진화를 거듭해 왔다. 한류 1.0 시대는 1990년대 후반~2000년대 초반 한국 드라마가 중국, 일본, 동남아시아 등 아시아권을 중심으로 선풍적인 인기를 끌며 촉발됐다.「겨울연가」「대장금」「올인」등 한국 드라마는 한류 스타의 개념을 만들었고, 'K드라마'라는 브랜드를 정착시켰다.

한류 2.0 시대는 2000년대 중반~2010년대 전반 K팝을 중심으로, 한국 문화가 아시아 전체와 서구 지역으로 퍼지면서 시작됐다. 동방신기, 소녀시대, EXO를 거쳐 방탄소년단(BTS), 블랙핑크, 세븐틴 등 아이돌 그룹들이 전 세계 팬덤 문화를 형성하며 유튜브, SNS와 결합해 폭발적인 글로벌 확산력을 보여 주었다. K팝은 음악을 넘어 아이돌 그룹의 패션과 안무, 메시지 파급력 등으로 문화적 정체성을 전파했다.

한류 3.0 시대는 2010년대 중반부터 K팝과 드라마를 포함한 한국 문화 전반이 전 세계로 확산한 시기다. 이때부터 디지털 플랫폼과 함께 콘텐츠의 글로벌 소비가 본격화됐다. 넷플릭스를 통해 공개된「오징어 게임」「더 글로리」「지옥」「D.P.」등은 전 세계를 열광하게 하고, '한국은 콘텐츠 강국'이라는 인식을 각인시켰다.

'한류 4.0'은 새로운 패러다임으로, 이전 시대와 명확히 구분된다. 한류의 개념 자체를 확 바꿔 놨다. 이제 한국 문화는 단순한 콘텐츠나 스타 중심의 소비를 벗어나 산업, 기술, 정책, 글로벌 가치와 연결되며 또 하나의 생태계를 만들어 가고 있다. 한류 4.0의 핵심 키워드는 융복합 콘텐츠, 디지털 기술과 문화의 결합, 지속 가능한 라이프스타일 문화(K뷰티, K푸드의 ESG화), 글로벌 파트너십 기반의 확산 전략 등이다. 콘텐츠 산업이 경제, 외교, 과학기술, 환경에까지 영향을 미치는 국가 전략적 자산으로 확장한 것이다.

한류 4.0은 전 세계 문화와의 융합과 상호작용을 핵심 가치로 삼고

통합하는 등 더욱 고도화된 형태로 변화하고 있다. 일본 자본으로 만들어진 미국 소재 다국적 회사 소니픽처스 엔터테인먼트가, 한국 정서가 가득한 「케데헌」을 만든 것처럼 한류 4.0 시대에는 누가 어디서 한국 기반 콘텐츠를 생산했는지는 중요하지 않다.

K팝은 이제 단순히 무대 위의 아이돌에 그치지 않는다. AI를 통해 만들어진 가상 아이돌, 메타버스 팬미팅, AR 콘서트가 일상이 됐다. 한류 드라마도 더 이상 특정 장르에 국한되지 않는다. 최근에는 세계관 기반의 콘텐츠 설계가 주목받고 있다. 드라마, 영화, 게임, 웹툰이 하나의 세계관 속에서 유기적으로 연결되는 '멀티버스형 콘텐츠'가 증가하고 있다. 넷플릭스 드라마 「지옥」은 웹툰 콘텐츠가 드라마로 재탄생한 사례로, 이후 소설과 게임화까지 확장되고 있다.

K뷰티는 한류 화장품에서, 지속 가능한 삶의 방식을 제안하는 라이프스타일 브랜드로 진화하고 있다. 비건, 친환경, 맞춤형 화장품 등 ESG 요소를 담은 브랜드가 글로벌 시장에서 빠르게 성장하고 있다. K푸드도 김치, 불고기, 비빔밥을 넘어 '건강한 발효식품' '푸드테크'를 강조한 제품들이 유럽과 북미 시장에서 인기를 모으고 있다. 최근엔 K푸드 스타트업들이 미국 실리콘밸리 푸드테크 엑셀러레이터에 진출하며 '기술 기반의 식문화'로 각광받고 있다.

🔶 케데헌 돌풍, 돈은 미·일이 벌었다… 산업 전략 없으면 남 좋은 일만

「케데헌」은 OTT 산업과 음악 산업이 맞물리며 초강력 시너지 효과를 발휘했다. 넷플릭스에서 영화를 본 사람들은 영화 속 노래를 찾아 듣고, 음원을 먼저 접한 이들은 영화를 찾아 본다. 「케데헌」의 지식재산권(IP) 가치는 얼마일까? 업계에서는 1조 원이 훌쩍 넘을 것으로 추산한다. 영화와 OST 흥행을 기반으로 굿즈, 재상영, 속편, 뮤지컬 등 여러 파생 상품이 나오거나 출시를 예고하고 있다.

서울을 주 배경으로 하는 영화에는 K팝뿐 아니라 남산타워, 한복, 한옥마을, 김밥, 한글, 팬덤 문화, 심지어 무속신앙까지 등장해 관심을 받고 있지만 한국은 안타깝게도 이 거대한 파생 가치의 주인공이 아니다. IP 수익은 고스란히 미국 플랫폼(넷플릭스)과 일본에서 미국으로 진출한 제작사(소니픽처스)의 몫이다. 세계 각국 팬들이 쏟아 내는 노래와 댄스 커버 영상의 수익은 유튜브와 틱톡이 차지한다.

최근 나온 대한상공회의소 보고서는 「케데헌」 열풍의 이면인 우리나라 IP 산업의 열악한 현실을 여실히 보여 준다. 2025년 8월 17일 대한상공회의소가 발표한 「지식재산권의 산업화 방안」 보고서에 따르면, IP 산업화 역량 지표인 '세계적 지식재산권자(글로벌 탑 라이센서) 50' 명단에 미국이 32개, 일본이 7개, 중국·프랑스가 각각 2개씩 이름을 올렸다. 스웨덴, 영국, 캐나다, 이탈리아, 독일, 핀란드, 덴마크도 각 1개의 IP를 보유하고 있지만, 한국 IP는 단 하나도 없다.

글로벌 IP의 부가가치는 크다. 미키마우스를 보유한 월트 디즈니는 2024년 약 620억 달러(약 86조 원)의 상품 판매를 기록했다. 이외에 위키드의 NBC유니버셜(170억 달러), 트랜스포머의 해즈브로(161억 달러), 배트맨의 워너브라더스(150억 달러) 등 미국 라이센서 32개 사의 IP에서 발생한 수익은 총 2,424억 5,000만 달러(약 338조 원)였다. 2024년 한국 국내총생산(GDP)의 13% 수준이다. 일본도 헬로키티를 보유한 산리오(84억 달러), 포켓몬스터를 보유한 포켓몬컴퍼니(120억 달러) 등이 막대한 수익을 올렸다.

보고서는 한국의 IP 산업이 부진한 이유로 '원천 IP 부족' 'IP의 다각적 활용에 대한 전략 미흡' '뒷받침할 투자 여력 부족' 등을 꼽았다. 보고서는 "수출 관세장벽이 높아지고 있는 가운데 제조업 위주의 하드 머니보다는 소프트한 머니를 벌어들이는 것이 중요하다."고 강조하며, 스토리 중심의 수퍼 IP 전략이 필요하다고 제언했다.

이재명 대통령은 취임 연설에서 "K팝부터 K드라마, K무비, K뷰티, K푸드까지 한국 문화가 세계를 사로잡고 있다."며 '글로벌 소프트파워 5대 강국' 비전을 제시했다. 치밀한 IP 전략이 필요하다. 대한상공회의소 보고서는 "스토리 중심의 수퍼 IP 전략을 입체적으로 지원할 '케데헌 법안'이라도 만들어야 할 때라는 게 업계 설명"이라고 전했다.

보고서는 또한 글로벌 OTT 플랫폼에 대응할 IP 주권 펀드 조성, K산업의 해외 지재권 확보 지원 등이 필요하다고 제안했다. IP 주권 펀드 조성은 제작사가 일정 지분을 보유한 프로젝트에 정부가 자금을 지원함으로써 IP 권리를 공유하는 방안이다. 이를 통해 넷플릭스 같은 플랫폼이 제작비 전액을 투자하는 대가로 IP와 파생 수익을 독점하는 구조를 피할 수 있다는 것이다.